CPA 수석이 알려주는 컴팩트 회계학

김용재의 고급회계

합격에 필요한 것만 담았다!

CPA 수석이 개발한 획기적인 풀이법 전수!

https://hmstory.kr

머리말 PREFACE

1. 여러분은 '회계학'을 배우는 것이 아닙니다.

여러분은 회계학이 아닌 '시험 문제 풀이 방법'을 배우는 수험생입니다. 수단과 방법을 가리지 말고 어떻게든 한 문제라도 더 맞히면 됩니다. 따라서 본 교재는 오로지 '시험 문제 풀이'에 초점을 맞추고 있습니다. 이론적 배경은 중요하지 않습니다. 그렇다 보니 결론만 있고, 설명이 없어서 이해가 가지 않는 부분도 있을 것입니다. 설명이 없는 것은 문제 풀이에 도움이 되지 않기 때문에 달아놓지 않은 것입니다. '왜' 그렇게 푸는지는 중요하지 않습니다. 여러분은 '어떻게' 푸는 것인지에만 집중하세요.

2. 이 시험은 구석에서 나오는 어렵고 지엽적인 문제를 맞혀서 붙는 시험이 아닙니다.

회계사 수험생분들께서 저에 대해 갖고 계신 오해가 있습니다.

'김수석은 수석했으니까 모든 내용을 다 알았겠지?'

단호하게 말씀드립니다. 아니요. 전 모든 내용을 다 아는 상태로 시험장에 가지 않았습니다. 오히려 저는 교재에 있는 내용 중에서 시험에 자주 나오지 않는 내용을 상당히 많이 쳐냈습니다. 이 시험은 늘 나오는 빈출 주제에서 출제된 문제를 실수 없이 맞혀서 붙는 시험입니다.

공부를 하다 보면 제 교재에서는 다루지 않지만, 다른 책에서는 다루는 주제들을 발견하실 겁니다. 절대로 불안해하지 마세요. 제 교재에서 다루지 않는 주제들은 시험에 자주 나오지 않기 때문에 뺀 것입니다. 다른 교재에 있는 모든 주제들을 공부하게 되면 오히려 빈출 주제를 몰라서 틀릴 위험이 큽니다. 시험 합격 전까지는 시험에 자주 나오는 주제들을 위주로 공부하시고, 나머지 주제들은 시험 합격 이후에 배우셔도 전혀 늦지 않습니다. 불안해하지 마시고, 저만 따라오시면 합격의 달콤함을 분명 맛보시게 될 겁니다.

수험생 여러분의 합격을 진심으로 기원하며

CPA 김수석, **김용재** 회계사 올림

고급회계 출제 경향

회계사 1차 시험 '회계학'은 50문제가 출제됩니다. 이 중에서 재무회계 35문제, 정부회계 5문제, 원가관리회계 10문제가 출제됩니다. 재무회계 35문제는 보통 중급회계 25문제와 고급회계 10문제로 구성되어 있습니다. 이처럼 회계사 1차 시험에서는 고급회계가 무시할 수 없을 만큼 중요한 비중을 차지합니다.

세무사 1차 시험 '회계학개론'에서는 40문제가 출제됩니다. 이 중에서 재무회계 24문제, 원가관리회계 16문제가 출제됩니다. 그런데 세무사 1차 시험에서는 고급회계가 출제되지 않는 해도 있으며, 많이 나와봤자 2문제가 출제됩니다. 세무사 1차 시험은 평균 60점만 넘기면 되는 절대평가이므로, 전략적으로 고급회계를 대비하지 않는 것을 추천드립니다.

세무사 2차 시험에서는 고급회계가 가끔 등장하는데, 회계사 1차 시험보다도 쉬울 만큼 굉장히 기초적인 수준에서 출제되고 있습니다. 세무사 수험생은 2차 시험을 준비할 때에만 이 교재로 고급회계를 대비하시면 되겠습니다. 여유가 되신다면 패턴 회계학 고급회계편까지 보시면 더 좋고, 여유가 없다면 본서만 보시더라도 세무사 2차 시험 대비로는 충분합니다.

목차 contents

CHAPTER 01 환율변동효과

CHAPTER 02 위험회피회계

CHAPTER 03 사업결합

CHAPTER 04 연결

CHAPTER 05 연결회계-기타사항

CHAPTER 06 지분법

advanced accounting

C·H·A·P·T·E·R

01

환율변동효과

CHAPTER 01 환율변동효과

본 장에서는 원화가 아닌 다른 통화, 즉 외화로 거래를 한 경우와 외화로 재무제표를 작성한 경우에 대해 배울 것이다. 그런데 외화는 환율에 따라 가치가 변하므로 환율이 변함에 따라 손익이 발생할 수 있다. 이를 '환율변동효과'라고 부른다. 환율변동효과는 회계사 1차 시험에서 평균적으로 1문제 이상 출제된다.

1 외환차이

원화로 장부를 기록하는 기업이 외화로 거래를 하기도 한다. 이 경우 외화 자산, 부채가 발생하는데 외화 자산, 부채를 재무제표에 반영하는 방법을 배울 것이다.

1. 화폐성 항목 vs 비화폐성 항목

화폐성 항목	비화폐성 항목
매출채권, 매입채무, 대여금, 차입금	재고자산, 유·무형자산
미지급금, 미수금	선급금, 선수금
채권, 사채	주식

(1) 화폐성 항목: 미래의 현금흐름이 확정된 항목

화폐성 항목이란, **보유하는 화폐단위들과 확정되었거나 결정가능한 화폐단위 수량으로 회수하거나 지급하는 자산·부채**를 말한다. 예를 들어, 미지급금, 미수금은 아직 현금흐름이 발생하지 않았고, 미래에 발생할 현금유출입액이 정해져 있으므로 화폐성 항목이다. 채권도 미래에 수취할 이자와 액면금액이 정해져 있으므로 화폐성 항목이다.

(2) 비화폐성 항목: 미래의 현금흐름이 확정되지 않은 항목

비화폐성항목이란, **확정되었거나 결정 가능한 화폐단위의 수량으로 받을 권리나 지급할 의무가 없는 자산·부채**를 말한다. 예를 들어, 선급금, 선수금은 '이미 발생한 현금흐름'에 대한 권리나 의무이다. 이미 돈을 줬거나, 받았기 때문에 미래의 현금흐름이 없으며, 비화폐성 항목으로 분류한다. 주식은 채권과 달리 미래에 수취할 배당이 확정적이지 않으며, 투자 원금을 발행자로부터 돌려받지도 못하므로 비화폐성 항목이다.

2. 화폐성 항목의 외화환산

(1) 거래일

기능통화로 외화거래를 최초로 인식하는 경우에 거래일의 외화와 기능통화 사이의 현물환율을 외화금액에 적용하여 기록한다.

(2) 보고기간 말

화폐성 항목은 매 보고기간 말 마감환율로 환산한다. 마감환율은 기말환율로 이해하면 된다. 이때 거래일의 환율과 마감환율이 다르기 때문에 손익이 발생하는데, 이를 외환차이(PL)로 인식한다.

(3) 결제일

화폐성 항목이 결제되는 경우 결제일의 환율과 화폐성 항목의 장부금액을 계산한 환율(거래일의 환율 or 마감환율)이 다르므로 손익이 발생하는데, 이를 외환차이(PL)로 인식한다.

참고 외환차이 vs 외환차손익 vs 외화환산손익

구분	외환차이	외환차손익	외화환산손익
이익	외환차이	외환차익	외화환산이익
손실		외환차손	외화환산손실

화폐성 항목은 매 보고기간 말과 결제일마다 환율변동으로 인한 손익이 발생하는데, 이를 기준서에서는 '외환차이'라고 부른다. 교재에 따라 '외환차손익', '외화환산손익', '환율변동손익' 등 다양한 표현이 등장하는데, 어떤 표현을 이용하든 상관없다. 전부 당기손익(PL)이라는 것만 구분하면 된다. 본서에서는 외환차이라는 표현만 사용하겠다.

사례

㈜김수석은 20X1년 11월 17일 상품을 $1,000에 수출하고, 수출대금 중 $400은 20X1년 12월 25일에 회수하였으며, 나머지 $600은 20X2년 2월 20일에 회수하였다. ㈜김수석의 기능통화는 원화이며, 환율자료는 다음과 같을 때, ㈜김수석의 20X1년 11월 17일부터 20X2년 2월 20일까지 일자별 회계처리를 하시오.

20X1.11.17	20X1.12.25	20X1.12.31	20X2.2.20
₩1,000/$	₩1,050/$	₩1,100/$	₩1,030/$

|회계처리|

20X1.11.17	매출채권	1,000,000[1]	매출	1,000,000
20X1.12.25	현금	420,000[2]	매출채권 외환차이	400,000 20,000
20X1.12.31	매출채권	60,000[3]	외환차이	60,000
20X2.2.20	현금 외환차이	618,000[4] 42,000	매출채권	660,000

[1]$1,000 × ₩1,000 = 1,000,000
[2]$400 × ₩1,050 = 420,000
[3]$600 × (₩1,100 − ₩1,000) = 60,000
[4]$600 × ₩1,030 = 618,000

3. 비화폐성 항목의 외화환산

비화폐성 항목은 원화 금액만 계산해서 원래 하던 대로 회계처리하면 된다. 역사적원가(= 취득원가)로 평가하는 자산은 취득원가를 그대로 두면 되고, 공정가치로 평가하는 자산은 원화 기준의 공정가치로 평가한다.

구분		적용환율	외환차이
화폐성 항목		마감환율	PL
비화폐성 항목	역사적원가로 측정	거래일의 환율	없음
	공정가치로 측정	공정가치 측정일의 환율	전부 PL or OCI

(1) 역사적원가로 평가하는 자산 예 유형자산 원가모형

원화 취득원가 = 취득원가($) × 거래일 환율

역사적원가로 측정하는 비화폐성 외화항목은 거래일의 환율로 환산한다. 역사적원가로 평가하는 자산은 기말에 평가를 하지 않기 때문에 환율변동효과는 발생하지 않으며, 취득 시 계상한 금액을 그대로 기말에 계상하면 된다.

(2) 공정가치로 평가하는 자산 예 유형자산 재평가모형, 금융자산

원화 공정가치 = 기말 FV($) × 기말 환율

공정가치로 측정하는 비화폐성 외화항목은 공정가치가 측정된 날의 환율로 환산한다. 이때 거래일의 환율과 공정가치 측정일의 환율은 다르기 때문에 환율변동효과가 발생한다.

비화폐성항목에서 생긴 손익을 기타포괄손익으로 인식하는 경우에 그 손익에 포함된 환율변동효과도 기타포괄손익으로 인식한다. 그러나 비화폐성항목에서 생긴 손익을 당기손익으로 인식하는 경우에는 그 손익에 포함된 환율변동효과도 당기손익으로 인식한다.

공정가치로 평가하는 자산은 공정가치 변동 손익과 환율변동효과를 구분하지 않고 전부 OCI 또는 PL로 인식한다. 예를 들어, 재평가모형을 적용하는 유형자산이라면 평가손익을 오르면 OCI, 내려가면 PL로 인식한다. 금융자산이라면 계정과목에 따라 평가손익을 OCI(FVOCI 금융자산) 또는 PL(FVPL 금융자산)로 인식한다. 이 과정에서 평가손익은 공정가치 변동분과 환율 변동분으로 구성되는데, 이를 구분하지 않고 전부 OCI 또는 PL로 인식한다.

(3) 둘 이상의 금액을 비교하여 장부금액이 결정되는 항목 예 재고자산

저가 = min[원화 NRV, 취득원가] 단, 원화 NRV = 기말 NRV($) × 기말 환율

재고자산은 기말에 저가법 평가를 한다. 저가는 NRV와 취득원가 중 작은 금액인데, 원화 NRV는 기말 NRV에 기말 환율을 곱해서 구하면 된다.

예제

01 유럽에서의 사업 확장을 계획 중인 ㈜대한(기능통화 및 표시통화는 원화(₩)임)은 20X1년 10월 1일 독일 소재 공장용 토지를 €1,500에 취득하였다. 그러나 탄소 과다배출 가능성 등 환경 이슈로 독일 주무관청으로부터 영업허가를 얻지 못함에 따라 20X2년 6월 30일 해당 토지를 €1,700에 처분하였다. 이와 관련한 추가정보는 다음과 같다.

• 환율(₩/€) 변동정보

일자	20X1.10.1.	20X1.12.31.	20X2.6.30.
환율	1,600	1,500	1,550

• 20X1년 12월 31일 현재 ㈜대한이 취득한 토지의 공정가치는 €1,900이다.

상기 토지에 대해 (1) 원가모형과 (2) 재평가모형을 적용하는 경우, ㈜대한이 20X2년 6월 30일 토지 처분 시 인식할 유형자산처분손익은 각각 얼마인가? 2022. CPA

	(1) 원가모형	(2) 재평가모형
①	처분이익 ₩165,000	처분손실 ₩185,000
②	처분이익 ₩235,000	처분손실 ₩215,000
③	처분이익 ₩235,000	처분손실 ₩185,000
④	처분이익 ₩385,000	처분손실 ₩215,000
⑤	처분이익 ₩385,000	처분손실 ₩185,000

해설

토지는 비화폐성 항목이므로, **원화 금액만 계산해서 원래 하던 대로 회계처리**하면 된다. 원가모형을 적용하면 취득원가 그대로 두고, 공정가치모형을 적용하면 기말에 공정가치로 평가해야 한다.

1. 토지의 유형자산처분손익 = 처분가액 − 처분 시점의 장부금액

(1) 원가모형

: €1,700 × @1,550 − €1,500 × @1,600 = **235,000 이익**

(2) 재평가모형

: €1,700 × @1,550 − €1,900 × @1,500 = **(−)215,000 손실**

|회계처리|

(1) 원가모형

X1.10.1	토지	2,400,000	현금	2,400,000
X1.12.31	− 회계처리 없음 −			
X2.6.30	현금	2,635,000	토지 유형자산처분이익	2,400,000 **235,000**

(2) 재평가모형

X1.10.1	토지	2,400,000	현금	2,400,000
X1.12.31	토지	450,000	재평가잉여금	450,000
X2.6.30	현금 유형자산처분손실	2,635,000 **215,000**	토지	2,850,000

답 ②

02 ㈜세무는 원화를 기능통화로 사용하는 해외사업장으로 20X1년 초 달러 표시 재고자산을 $100에 매입하여 20X1년 말까지 보유하고 있다. 동 재고자산의 순실현가능가치와 거래일 및 20X1년 말의 환율이 다음과 같을 때, 20X1년 말 현재 재고자산의 장부금액 및 재고자산평가손실은? 2017. CTA

구분	외화금액	환율
취득원가	$100	거래일 환율(₩1,000/$)
순실현가능가치	$96	20X1년 말 마감환율(₩1,050/$)

	장부금액	재고자산평가손실
①	₩96,000	₩4,000
②	₩100,000	₩0
③	₩100,000	₩4,000
④	₩100,000	₩4,200
⑤	₩100,800	₩0

해설

(1) 취득원가: $100 × 1,000 = 100,000
(2) NRV: $96 × 1,050 = 100,800

(3) 저가(= 장부금액): min[100,000, 100,800] = 100,000
→ 평가손실(PL): 취득원가 − 저가 = 0

답 ②

03 해외사업장이 없는 ㈜갑의 기능통화는 원(₩)화이며, 20X1년말 현재 외화자산·부채와 관련된 자료는 다음과 같다.

계정과목	외화 금액	최초 인식금액
매출채권	$20	₩22,000
기타포괄손익 – 공정가치측정 금융자산	50	44,000
선급금	10	9,000
매입채무	30	28,000
선수금	40	43,000
차입금	80	85,000

- 기타포괄손익 – 공정가치측정 금융자산은 지분증권으로 $40에 취득하였고, 20X1년말 공정가치는 $50이다.

20X1년말의 마감환율은 $1당 ₩1,000이다. 위 외화자산·부채와 관련하여 발생하는 외환차이가 ㈜갑의 20X1년도 포괄손익계산서의 당기순이익에 미치는 영향은 얼마인가? 단, 위 외화자산·부채에 대해서는 위험회피회계가 적용되지 않으며, 모두 20X1년에 최초로 인식되었고, 법인세효과는 고려하지 않는다. 2013. CPA 수정

① ₩3,000 감소
② ₩2,000 감소
③ ₩1,000 증가
④ ₩2,000 증가
⑤ ₩3,000 증가

해설

(1) 매출채권, 매입채무 (화폐성 항목)
매출채권 외환차이: $20 × 1,000 − 22,000 = (−)2,000
매입채무 외환차이: 28,000 − $30 × 1,000 = (−)2,000

(2) FVOCI 금융자산 (비화폐성 항목 − FV평가)
FV: $50 × 1,000 = 50,000
평가손익(OCI): 50,000 − 44,000 = 6,000 이익
− 평가손익을 OCI로 인식하므로 당기순이익에 미치는 영향은 없다.

(3) 선급금, 선수금 (비화폐성 항목)
선수금과 선급금은 비화폐성 항목이고, 공정가치 평가를 하지 않는 계정이므로 취득원가 그대로 둔다.

(4) 차입금 (화폐성 항목)
외환차이: 85,000 − $80 × 1,000 = 5,000

(5) PL에 미치는 영향
: −2,000 − 2,000 + 5,000 = **1,000 증가**
− 매입채무와 차입금은 부채이므로 '최초 인식금액 − 기말금액'이 외환차이가 된다.

답 ③

4. 외화사채의 외화환산

외화로 사채를 발행하거나, 차입금을 차입한 경우 외화환산은 다음 과정을 거친다.

STEP 1 외화($)로 상각표 그리기

외화사채는 유효이자율 상각표를 외화로 그린다. 가령, 액면금액 $1,000의 사채를 발행하였다면 상각표는 다음과 같다. (표시이자율 8%, 유효이자율 10%, 만기 3년)

	유효이자(10%)	액면이자(8%)	상각액	장부금액
X0	1,000 × 0.751 + 80 × 2.487 =			950
X1	95	80	15	965
X2	97	80	17	982
X3	98	80	18	1,000

STEP 2 평균환율로 이자비용 인식하기

외화로 발생한 손익은 평균환율로 환산한다. 따라서 외화 기준 이자비용(유효이자)에 해당 기간의 평균환율을 곱해서 원화 기준으로 이자비용을 인식한다.

STEP 3 지급일 환율로 액면이자 지급하기

이자 지급일에 현금을 지급할 텐데, 현금을 지급일의 환율로 환산한다. 이자 지급일이 기말이라면 기말환율을 쓰면 되고, 기말이 아니라면 지급일의 환율을 쓰면 된다.

STEP 4 기말환율로 차입금 환산하기

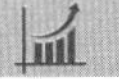

사채는 화폐성 항목이므로 매기 마감환율로 환산해주어야 한다. 기초 사채 장부금액을 전부 제거하고, 기말 사채 장부금액을 전부 계상하면 된다. 기말 사채 장부금액은 상각표에서 계산한 외화 장부금액에 기말환율을 곱하면 구할 수 있다.

대차차액은 외환차이로 맞추기

Step 4까지 하면 대차가 안 맞을텐데, 외환차이(PL)로 대차를 맞춰주자.

|외화사채 회계처리|

이자비용	유효이자 × 평균환율	현금	액면이자 × 지급일 환율
사채(기초)	기초 BV × 기초환율	사채(기말)	기말 BV × 기말환율
	외환차이(PL) XXX		

예제

04 ㈜대한의 기능통화는 원화이다. ㈜대한은 20X1년 7월 1일에 은행으로부터 미화 1,000달러를 1년 만기로 차입하였다. 차입금의 표시이자율은 연 6%이며, 만기시점에 원금과 이자를 일시상환하는 조건이다. 차입기간 중 달러화 대비 원화의 환율변동내역은 다음과 같다.

구분	일자 또는 기간	환율(₩/$)
차입일	20X1. 7. 1.	1,100
평균	20X1. 7. 1. ~ 20X1. 12. 31.	1,080
기말	20X1. 12. 31.	1,050
평균	20X2. 1. 1. ~ 20X2. 6. 30.	1,020
상환일	20X2. 6. 30.	1,000

㈜대한은 20X2년 6월 30일에 외화차입금의 원리금을 모두 상환하였다. ㈜대한의 20X2년도 포괄손익계산서에 당기손익으로 보고되는 외환차이(환율변동손익)는 얼마인가? 단, 이자비용은 월할 계산한다. 2018. CPA

① ₩52,100 손실 ② ₩50,900 손실 ③ ₩50,000 이익
④ ₩50,900 이익 ⑤ ₩52,100 이익

해설

Step 1. 외화($)로 상각표 그리기

	유효이자(6%)	액면이자(6%)	상각액	장부금액
X1.7.1				1,000
X1.12.31	30	30	0	1,000
X2.6.30	30	30	0	1,000

문제에 유효이자율이 제시되지 않았으므로, 표시이자율과 같다고 본다. 쉽게 생각해서, 1,000달러를 6%의 이자율로 빌린 상황이다.

Step 2. 평균환율로 이자비용 인식하기

X2년 이자비용: $30 × 1,020 = 30,600

Step 3. 지급일 환율로 액면이자 지급하기

현금 지급액: $60 × 1,000 = 60,000

기초 미지급이자: $30 × 1,050 = 31,500

– 본 문제는 사채를 7.1에 발행했기 때문에 기초에 미지급이자가 있다. 따라서 기초 미지급이자까지 제거해주어야 한다.

Step 4. 기말환율로 차입금 환산하기

X1년 말 차입금 잔액: $1,000 × 1,050 = 1,050,000

X2년 7월 1일 차입금 잔액: $1,000 × 1,000 = 1,000,000

Step 5. 대차차액은 외환차이로 맞추기

|회계처리|

X1.7.1	현금	1,100,000	차입금(X1.7.1)	1,100,000
X1.12.31	이자비용	32,400	미지급이자	31,500
	차입금(X1.7.1)	1,100,000	차입금(X1.12.31)	1,050,000
			외환차이(PL)	50,900
X2.6.30	이자비용	30,600	현금	60,000
	미지급이자	31,500		
	차입금(X1.12.31)	1,050,000	차입금(X2.6.30)	1,000,000
			외환차이(PL)	52,100
	차입금(X2.6.30)	1,000,000	현금	1,000,000

답 ⑤

5. 외화채권의 외화환산 심화

앞에서 다룬 외화사채의 외화환산은 외화 채무자의 회계처리를 다룬 것이다. 반대로 외화 채권자는 금융자산의 계정 분류에 따라 다음과 같이 채권을 환산한다.

(1) AC 금융자산의 외화환산

외화채권을 AC 금융자산으로 분류하는 경우에는 앞서 다룬 외화사채와 같은 방식으로 처리하면 된다. 사채를 금융자산으로, 이자비용을 이자수익으로 대차만 뒤집어주면 된다.

(2) FVOCI 금융자산의 외화환산

Step 1. 외화($)로 상각표 그리기
Step 2. 평균환율로 이자수익 인식하기
Step 3. 수령일 환율로 액면이자 수령하기
Step 4. 기말환율로 채권 환산하기
Step 5. 대차차액은 외환차이로 맞추기
Step 6. 기말 환율로 공정가치 평가하기

FVOCI 금융자산은 AC 금융자산과 동일하게 회계처리하되, 기말 공정가치 평가만 추가하면 된다. 따라서 Step 1~Step 5까지는 AC 금융자산과 똑같이 수행한 뒤, 마지막에 Step 6만 추가하면 된다. Step 5에서 기말환율로 환산을 했기 때문에 공정가치 평가손익(OCI)은 다음과 같이 계산된다.

FVOCI 금융자산(채무상품) 공정가치 평가손익 = (기말 FV − 기말 BV) × 기말환율

|외화채권 회계처리|

현금	액면이자 × 수령일 환율	이자수익	유효이자 × 평균환율
금융자산(기말)	기말 BV × 기말환율	금융자산(기초)	기초 BV × 기초환율
		외환차이(PL) XXX	
금융자산	**평가손익**	OCI	**평가손익**

사례

기능통화가 원화인 ㈜김수석은 20X1년 1월 1일 ㈜이차석이 발행한 액면금액 $1,000의 사채(유효이자율 10%, 액면이자율 8%, 매년 말 이자 지급)를 $950에 취득하였다. 20X1년 말 현재 동 사채의 공정가치는 $980이며, 일자별 환율은 다음과 같다.

	기초(₩/$)	평균(₩/$)	기말(₩/$)
20X1년	900	950	1,000

㈜김수석이 동 사채를 (1)상각후원가 측정 금융자산으로 분류한 경우와 (2)기타포괄손익 – 공정가치 측정 금융자산으로 분류한 경우 20X1년도 회계처리를 하시오.

(1) AC 금융자산

|유효이자율 상각표|

	유효이자(10%)	액면이자(8%)	상각액	장부금액
X0				950
X1	95	80	15	965

|회계처리|

X1.1.1	AC 금융자산	855,000	현금	855,000
X1.12.31	현금	80,000	이자수익	90,250
	AC 금융자산	965,000	AC 금융자산	855,000
			외환차이	99,750

(2) FVOCI 금융자산

공정가치 평가손익 회계처리가 추가되는 것을 제외하고는 AC 금융자산과 동일하다.

|회계처리|

X1.1.1	FVOCI 금융자산	855,000	현금	855,000
X1.12.31	현금	80,000	이자수익	90,250
	FVOCI 금융자산	965,000	FVOCI 금융자산	855,000
			외환차이	99,750
	FVOCI 금융자산	15,000	OCI	15,000

금융자산 평가손익: ($980 – $965) × 1,000 = 15,000 이익

2 재무제표의 표시통화로의 환산 ★중요!

재무제표는 어떠한 통화로도 보고할 수 있다. 표시통화와 기능통화가 다른 경우에는 경영성과와 재무상태를 표시통화로 환산한다.
예를 들어, 대부분의 거래가 달러로 이루어지는 한국 기업은 달러로 장부를 기록할 수 있다. 그러나 그 기업이 우리나라에서 공시하는 재무제표는 원화로 작성된 재무제표여야 하므로 달러 재무제표를 원화 재무제표로 환산해야 한다. 이처럼, 영업활동에서 사용하는 기능통화와 재무제표에 공시하는 표시통화가 다를 경우 재무제표를 표시통화로 환산해야 한다. 재무제표의 표시통화로의 환산은 다음 순서대로 진행한다.

STEP 1 자산-부채: 기말환율로 환산

자산과 부채는 보고기간 말의 마감환율(기말환율)로 환산한다. 자산에서 부채를 빼서 순자산을 먼저 구한 뒤, 기말환율을 곱해서 재무상태표 차변에 적자.

STEP 2 당기순이익: 평균환율로 환산

수익과 비용은 원칙적으로 거래일의 환율로 환산한다. 하지만 문제에서는 거래일별 환율을 제시하는 것이 불가능하므로, 평균환율로 환산할 것이다. 수익에서 비용을 차감한 당기순이익에 평균환율을 곱하자.

STEP 3 자본: 자본 증가 시점의 환율

본 유형에서 자본은 크게 자본금과 이익잉여금으로 구분하는데, 항목별로 자본이 증가된 시점의 환율로 환산하면 된다.

(1) 자본금: **증자일**의 환율
자본금은 증자 시에 증가한다. 회사 설립 시에만 증자를 했다면 자본금을 전부 설립일의 환율로 환산하면 되고, 설립 이후에도 증자가 있었다면 각 증자일의 환율로 환산하면 된다.

(2) 이익잉여금: **NI가 집계된 연도**의 평균환율

이익잉여금 = X1년도 NI × X1년도 평균환율 + X2년도 NI × X2년도 평균환율 + …

이익잉여금은 당기순이익의 누적액이다. 기존에 계상되어있는 이익잉여금은 그대로 두고, 연도별 당기순이익을 누적하면 된다. 당기순이익은 평균환율로 환산하므로, 이익잉여금은 연도별 평균환율로 환산하게 된다.

기타포괄손익누계액: 대차차액

Step 3까지 마치면 재무상태표의 대차가 안 맞을 텐데, 차이 부분을 OCI(해외사업장 환산차이)로 메꾸자. 참고로, 이때 발생하는 OCI는 재분류 조정 대상이다.

B/S

① 자산 – 부채: 기말환율	② 자본: 자본 증가 시점의 환율 – 자본금: 증자일의 환율 – 이익잉여금: NI가 집계된 연도의 평균환율 ③ OCI: 대차차액

포괄손익계산서상 기타포괄손익 및 총포괄손익

> 기타포괄손익(OCI) = 당기말 기타포괄손익누계액 – 전기말 기타포괄손익누계액
> 총포괄손익(CI) = 당기순이익(NI) + 기타포괄손익(OCI)

Step 4에서 계산한 기타포괄손익누계액은 재무상태표 상에 표시되는 '잔액'이다. 문제에서 '포괄손익계산서상' 기타포괄손익을 묻는다면 변동분을 구해야 한다. 변동분을 구하기 위해서는 당기말 기타포괄손익누계액에서 전기말 기타포괄손익누계액을 차감하면 된다.
포괄손익계산서상 총포괄손익을 구하기 위해서는 당기순이익에 기타포괄손익(변동분)을 더하면 된다. 당기순이익은 Step 2에서 구한 금액을 이용하면 된다.

> **참고** '기능통화는 초인플레이션 경제의 통화가 아니다.': 무시! **심화**
> 이제부터 풀어볼 예제에는 위 문장이 포함되어 있다. 지금까지 배운 재무제표의 환산방법은 기능통화가 '초인플레이션 경제의 통화가 아닌 경우' 사용하는 방법이다. 만약 기능통화가 초인플레이션 경제의 통화인 경우에는 자산, 부채, 자본, 수익, 비용 및 비교표시되는 금액을 포함한 모든 금액을 최근 재무상태표 일자의 마감환율로 환산한다. 하지만 기능통화가 초인플레이션 경제의 통화인 경우에 대해서는 문제를 출제하지 않는다. **따라서 기능통화가 초인플레이션 경제의 통화인 경우의 재무제표 환산방법은 몰라도 되며, 위 문장은 신경 쓰지 말고 그냥 알려준 방법대로 재무제표를 환산하면 된다.**

예 제

01 20X1년초에 설립된 ㈜한국의 기능통화는 미국달러화($)이며 표시통화는 원화(₩)이다. ㈜한국의 기능통화로 작성된 20X2년말 요약재무상태표와 환율변동정보 등은 다음과 같다.

요약재무상태표

㈜한국　　20X2. 12. 31 현재　　(단위: $)

자 산	2,400	부 채	950
		자 본 금	1,000
		이 익 잉 여 금	450
	2,400		2,400

- 자본금은 설립 당시의 보통주 발행금액이며 이후 변동은 없다.
- 20X1년과 20X2년의 당기순이익은 각각 $150와 $300이며, 수익과 비용은 연중 균등하게 발생하였다.
- 20X1년부터 20X2년말까지의 환율변동정보는 다음과 같다.

	기초(₩/$)	평균(₩/$)	기말(₩/$)
20X1년	900	940	960
20X2년	960	980	1,000

- 기능통화와 표시통화는 모두 초인플레이션 경제의 통화가 아니며, 위 기간에 환율의 유의한 변동은 없었다.

㈜한국의 표시통화로 환산된 20X2년말 재무상태표상 환산차이(기타포괄손익누계액)는?

2017. CPA

① ₩0　② ₩72,500　③ ₩90,000
④ ₩115,000　⑤ ₩122,500

해설

X2말 B/S

① 자산 − 부채: 기말환율 = $(2,400 − 950) × 1,000(X2말) = 1,450,000	② 자본: 자본 증가 시점의 환율 − 자본금: 증자일의 환율 = $1,000 × 900(X1초) = 900,000 − 이익잉여금: NI가 집계된 연도의 평균환율 = $150 × 940(X1) + $300 × 980(X2) = 435,000 ③ OCI: 대차차액 = 1,450,000 − 900,000 − 435,000 = **115,000**

답 ④

02 ㈜대한은 20X1년 초 설립된 해운기업이다. 우리나라에 본사를 두고 있는 ㈜대한의 표시통화는 원화(₩)이나, 해상운송을 주된 영업활동으로 하고 있어 기능통화는 미국달러화($)이다. 기능통화로 표시된 ㈜대한의 20X1년 및 20X2년 요약 재무정보(시산표)와 관련 정보는 다음과 같다.

• ㈜대한의 20X1년 및 20X2년 요약 재무정보(시산표)

계정과목	20X1년		20X2년	
	차변	대변	차변	대변
자 산	$3,000		$4,000	
부 채		$1,500		$2,300
자 본 금		1,000		1,000
이 익 잉 여 금		—		500
수 익		2,500		3,000
비 용	2,000		2,800	
합 계	$5,000	$5,000	$6,800	$6,800

• 20X1년 및 20X2년 환율(₩/$) 변동정보

구분	기초	연평균	기말
20X1년	1,000	1,100	1,200
20X2년	1,200	1,150	1,100

• 기능통화와 표시통화는 모두 초인플레이션 경제의 통화가 아니며, 설립 이후 환율에 유의적인 변동은 없었다.
• 수익과 비용은 해당 회계기간의 연평균환율을 사용하여 환산한다.

㈜대한의 20X1년도 및 20X2년도 원화(₩) 표시 포괄손익계산서 상 총포괄이익은 각각 얼마인가? 2022. CPA

	20X1년	20X2년
①	₩600,000	₩120,000
②	₩600,000	₩320,000
③	₩800,000	₩70,000
④	₩800,000	₩120,000
⑤	₩800,000	₩320,000

해설

1. X1년 총포괄이익: 550,000 + 250,000 = **800,000**

X1년 말 B/S	
① 자산 − 부채: 기말환율 = $(3,000 − 1,500) × 1,200(X1말) = 1,800,000	② 자본: 자본 증가 시점의 환율 − 자본금: 증자일의 환율 = $1,000 × 1,000(X1초) = 1,000,000 − 이익잉여금: NI가 집계된 연도의 평균환율 = ($2,500 − $2,000) × 1,100 = 550,000 ③ OCI: 대차차액 = 1,800,000 − 1,000,000 − 550,000 = 250,000

2. X2년 총포괄이익: (1) + (2) = **70,000**
   (1) NI: ($3,000 − $2,800) × 1,150 = 230,000
   (2) OCI: X2말 OCI − X1말 OCI = 90,000 − 250,000 = (−)160,000

X2년 말 B/S	
① 자산 − 부채: 기말환율 = $(4,000 − 2,300) × 1,100(X2말) = 1,870,000	② 자본: 자본 증가 시점의 환율 − 자본금: 증자일의 환율 = $1,000 × 1,000(X1초) = 1,000,000 − 이익잉여금: NI가 집계된 연도의 평균환율 = 550,000 + 230,000 = 780,000 ③ OCI: 대차차액 = 1,870,000 − 1,000,000 − 780,000 = 90,000

답 ③

3 환율변동효과 말문제

1. 통화

(1) 기능통화: 영업활동이 이루어지는 주된 경제 환경의 통화
(2) 표시통화: 재무제표를 표시할 때 사용하는 통화
(3) 외화: '기능통화' (not 표시통화) 이외의 통화 ★중요!
외화가 '표시통화' 이외의 통화라고 하면 틀린 문장이므로 주의하자.

2. 기능통화 및 표시통화의 변경: 기전표소

다음 내용을 앞 글자를 따서 '기전표소'라고 외우자.

(1) 기능통화의 변경: 전진법

기능통화가 변경되는 경우에는 새로운 기능통화에 의한 환산절차를 변경한 날부터 전진적용한다.

(2) 표시통화의 변경: 소급법

표시통화의 변경은 회계정책의 변경에 해당한다. 따라서 표시통화를 변경한 경우에는 비교표시되는 재무제표를 변경 후의 표시통화로 재작성해야 한다.

3. 환율

(1) 환율: 두 통화 사이의 교환비율
(2) 현물환율: 즉시 인도가 이루어지는 거래에서 사용하는 환율
(3) 마감환율: 보고기간말의 현물환율

4. 외환차이

특정 통화로 표시된 금액을 변동된 환율을 사용하여 다른 통화로 환산할 때 생기는 차이

5. 해외사업장환산차이(OCI): 재분류조정 O

기능통화로 표시된 재무제표를 표시통화로 환산하는 과정에서 발생한 외환차이(OCI)를 해외사업장환산차이라고 부르며, 해외사업장 처분 시 재분류조정한다. 해외사업장환산차이가 재분류조정 대상이라는 것은 꼭 기억하자.

예제

01 다음 중 기업회계기준서 제1021호 '환율변동효과'에서 사용하는 용어의 정의로 옳지 않은 것은? 2021. CPA

① 환율은 두 통화 사이의 교환비율이다.
② 외화는 회사 본사 소재지 국가 외에서 통용되는 통화이다.
③ 마감환율은 보고기간 말의 현물환율이다.
④ 표시통화는 재무제표를 표시할 때 사용하는 통화이다.
⑤ 현물환율은 즉시 인도가 이루어지는 거래에서 사용하는 환율이다.

해설

외화는 **기능통화 이외의 통화**이다.

답 ②

02 '환율변동효과'에 관한 설명으로 옳지 않은 것은? 2011. CTA

① 기능통화란 영업활동이 이루어지는 주된 경제 환경의 통화를 말한다.
② 재무제표는 어떠한 통화로도 보고할 수 있으며, 표시통화와 기능통화가 다른 경우에는 경영성과와 재무상태를 기능통화로 환산한다.
③ 외환차이란 특정 통화로 표시된 금액을 변동된 환율을 사용하여 다른 통화로 환산할 때 생기는 차이를 말한다.
④ 기능통화가 초인플레이션 경제의 통화가 아닌 경우 경영성과와 재무상태를 기능통화와 다른 표시통화로 환산하는 방법은 재무상태표의 자산과 부채는 해당 보고기간 말의 마감환율로 환산하며, 포괄손익계산서의 수익과 비용은 해당 거래일의 환율로 환산한다.
⑤ 화폐성항목이란 보유하는 화폐단위들과 확정되었거나 결정가능한 화폐단위 수량으로 회수하거나 지급하는 자산 · 부채를 말한다.

해설

표시통화와 기능통화가 다른 경우에는 경영성과와 재무상태를 **표시통화**로 환산한다.

답 ②

03

외화거래와 해외사업장의 운영을 재무제표에 반영하는 방법과 기능통화재무제표를 표시통화로 환산하는 방법에 관한 다음 설명 중 옳지 않은 것은? 단, 기능통화는 초인플레이션 경제의 통화가 아닌 것으로 가정한다. 2018. CPA

① 기능통화를 표시통화로 환산함에 있어 재무상태표의 자산과 부채는 해당 보고기간말의 마감환율을 적용한다.

② 기능통화를 표시통화로 환산함에 있어 포괄손익계산서의 수익과 비용은 해당 거래일의 환율을 적용한다.

③ 공정가치로 측정하는 비화폐성 외화항목은 공정가치가 측정된 날의 환율로 환산하며, 이 과정에서 발생하는 외환차이는 당기손익으로 인식한다.

④ 보고기업의 해외사업장에 대한 순투자의 일부인 화폐성항목에서 생기는 외환차이는 보고기업의 별도재무제표나 해외사업장의 개별재무제표에서 당기손익으로 인식한다.

⑤ 해외사업장을 처분하는 경우에 기타포괄손익으로 인식한 해외사업장관련 외환차이의 누계액은 해외사업장의 처분손익을 인식하는 시점에 자본에서 당기손익으로 재분류한다.

해설

공정가치로 측정하는 비화폐성 항목에 대한 외환차이는 원래 평가손익을 어떻게 처리하느냐에 따라 OCI 혹은 PL로 인식한다.
④번은 2장에서 배울 것이니 지금은 넘어가자.

답 ③

advanced accounting

C·H·A·P·T·E·R

02

위험회피회계

CHAPTER 02 위험회피회계

기업은 보유자산의 가격변동위험, 이자율 변동위험, 환율변동위험 등에 노출될 수 있다. 이때 기업은 (비)파생상품을 이용하여 위험을 감소시킬 수 있는데, 이를 위험회피(hedge)라고 한다. 이때 위험을 회피하고자 하는 위험자산 및 위험부채를 '위험회피대상', 위험을 회피하기 위해 이용하는 (비)파생상품을 '위험회피수단'이라고 한다. 이 위험회피와 관련된 회계가 위험회피회계이다. 위험회피회계는 회계사 1차 시험에서 평균적으로 1.8문제 정도 출제된다.

1 선도계약

1. 선도계약의 의의

선도계약이란, 미래의 정해진 시점에 특정 자산을 미리 정한 가격으로 매매하기로 맺은 계약을 말한다. 옵션은 권리이므로 행사를 하지 않아도 되지만, 선도는 의무이므로 반드시 행사해야 한다. 본 장에서는 주로 통화선도계약이 등장할 것이다. 통화선도를 매입하면 달러화($)나 엔화(¥) 등을 만기일에 반드시 정해진 가격으로 매입해야 하고, 통화선도를 매도하면 만기일에 반드시 정해진 가격으로 매도해야 한다.

2. 선도계약 회계처리

STEP 1 계약일: 회계처리 없음

선도계약 체결 시에는 현금을 서로 주고받지 않는다. 계약일에는 계약만 체결하고 아무 일도 벌어지지 않으므로 미이행계약에 해당하며, 회계처리는 없다.

STEP 2 기말

선도환율은 주가처럼 시시각각 변동한다. 기말 선도환율의 변동에 따른 선도계약의 평가차익을 PL로 인식한다.

만기일: 차액만 현금 수수

선도계약의 경우 만기에 정말로 원화를 주고 달러화를 사거나 원화를 받으면서 달러화를 팔 수도 있지만, 회계처리 시에는 차액만 서로 주고받는 것으로 표시하는 것이 쉽다. 선도계약을 통해 발생한 이익 또는 손실만 주고받는 것으로 회계처리하자.

사례

㈜김수석은 다음과 같은 통화선도계약을 체결하였다. 다음 통화선도계약에 대하여 20X1년 10월 1일부터 20X2년 3월 31일까지 해야 할 회계처리를 하라.

- 통화선도계약 체결일: 20X1년 10월 1일
- 계약기간: 20X1년 10월 1일~20X2년 3월 31일(만기 6개월)
- 계약조건: 계약만기일에 $100을 ₩1,000/$(선도환율)에 매입하기로 함.
- 환율정보:

일 자	현물환율 (₩/$)	통화선도환율 (₩/$)
20X1. 10. 1	1,030	1,000 (만기 6개월)
20X1. 12. 31	1,070	1,040 (만기 3개월)
20X2. 3. 31	1,100	

일자	차변	금액	대변	금액
10.1	– 회계처리 없음 –			
12.31	선도계약	4,000	평가이익(PL)	4,000
3.31	선도계약	6,000	평가이익(PL)	6,000
	현금	10,000	선도계약	10,000

(1) 일자별 선도계약 평가손익

12.31: (1,040 − 1,000) × $100 = 4,000 이익

3.31: (1,100 − 1,040) × $100 = 6,000 이익

− $당 ₩1,000에 매입하기로 하였는데, 선도환율이 상승하므로 그만큼 이익을 본다.

김수석의 Why? **만기일의 선도환율=만기일의 현물환율**

문제에서는 본 사례처럼 만기일의 선도환율은 제시하지 않을 텐데, 만기일의 선도환율은 현물환율과 같기 때문이다. 따라서 만기일의 선도환율은 현물환율인 1,100으로 보면 된다.
선도환율은 '미래에 외화를 사거나, 팔 수 있는 환율'이다. 오늘이 X1년 10월 1일이라면, X2년 3월 31일에 외화를 매매할 수 있는 선도환율은 오늘 환율과 다를 것이다. 이제 시간이 지나 오늘이 X2년 3월 31일이라고 가정하자. X2년 3월 31일에 외화를 매매할 수 있는 선도환율을 오늘 다시 결정한다면 오늘 환율과 같을 것이다. 오늘이 X2년 3월 31일이기 때문이다.

(2) 만기일 회계처리

만기일에 $100을 ₩100,000에 매입하는 것으로 회계처리해도 되나, 위와 같이 선도계약의 차액만 주고받는 것으로 회계처리하는 것을 추천. 이것이 더 쉽기 때문이다. 실제로도 선도계약 만기일에 달러화를 사고 파는 것이 아니라, 차액만 주고받는다.
₩1,100짜리 달러를 ₩1,000에 매입하므로 $당 ₩100씩 이익인데, 총 $100을 매입하므로 현금 수령액은 ₩10,000이다.

2 외환채권, 채무에 대한 위험회피

|위험회피회계 풀이법|
앞으로 위험회피회계 문제를 풀 때마다 다음과 같은 표를 그릴 것이다. 표를 그리는 방법을 한 단계씩 설명하겠다.

〈환율변동표〉

	계약일	손익	12.31	손익	만기
대상: 외환채권	현물환율	±XXX	현물환율	±XXX	현물환율
수단: 선도매도	(선도환율)	±XXX	(선도환율)	±XXX	(선도환율)

	계약일	손익	12.31	손익	만기
대상: 외환채무	(현물환율)	±XXX	(현물환율)	±XXX	(현물환율)
수단: 선도매입	선도환율	±XXX	선도환율	±XXX	선도환율

STEP 1 대상과 수단 적기

제일 왼쪽에서 첫 줄은 비워두고 두 번째 줄에 대상, 세 번째 줄에 수단을 적는다.

1. 위험회피대상: 외환채권, 외환채무

위험회피 유형별로 대상이 달라지므로 유형별 대상을 기억하자. 이번에 다룰 대상은 외환채권, 외환채무이다. 매출채권 회수 및 매입채무 지급이 달러화($) 등의 외화로 이루어지는 경우 환율변동에 따라 채권, 채무의 가치가 변하므로 환율변동위험에 노출되어 있다.

2. 위험회피수단: 선도계약

어느 위험회피를 적용하든 수단은 전부 선도계약이다. 외환채권이 있다면 미래에 외화($)를 받을 텐데, 선도를 매도하면 확정된 금액의 원화(₩)를 수령할 수 있으므로 환율변동위험을 회피할 수 있다.

반면, 외환채무가 있다면 미래에 외화($)를 지급할텐데, 선도를 매입하면 확정된 금액의 원화(₩)를 지급하면 되므로 환율변동위험을 회피할 수 있다. 선도를 매도했다면 '선도매도', 선도를 매입했다면 '선도매입'을 적자.

STEP 2 날짜 적기

문제에서 날짜를 세 개를 줄 것이다. 계약일, 기말(12.31), 만기일. 왼쪽부터 순서대로 채우면 된다.

STEP 3 환율 적기

1. 위험회피대상: 현물환율

위험회피 유형별로 대상이 달라지고, 그에 따라 적을 환율도 달라진다. 유형별로 어떤 환율을 적는지 기억해두자.

외화 매출채권과 매입채무는 화폐성 항목으로, 매 보고기간 말과 결제일마다 현물환율로 평가하기 때문에 현물환율을 적는다.

2. 위험회피수단: 선도환율

어느 위험회피를 적용하든 수단은 전부 선도계약이다. 수단 옆에는 선도환율을 적는다.

3. 부호 적기

(1) 수단(선도계약)

선도매도이면 선도환율을 음수로, 선도매입이면 선도환율을 양수로 적는다. 선도를 매도한 경우 선도환율이 상승하면 손실을 보고, 선도를 매입한 경우 선도환율이 상승하면 이익을 보기 때문이다.

(2) 대상

대상을 헷지하기 위해 수단을 이용하는 것이므로, 수단과 대상의 부호는 무조건 반대이다. 수단의 부호를 보고, 대상의 부호는 그와 반대로 적으면 된다.

손익 계산하기

부호까지 고려해서 환율을 전부 적었기 때문에, 각 환율 사이의 차이 부분을 손익으로 채워 넣으면 된다.

STEP 5 재무제표에 미치는 영향

외화 매출채권과 매입채무는 화폐성 항목으로, 거래가 발생할 때마다 현물환율로 평가하면서, 평가차익을 PL로 인식한다. 선도계약은 선도환율로 평가하면서, 평가차익을 PL로 인식한다.
위험회피대상(외환채권, 채무)과 수단(선도계약)의 평가손익 모두 PL로 인식하기 때문에 별도의 조작 없이도 저절로 손익이 상쇄되는 효과를 가진다. 따라서 외화채권, 채무에 대해서는 위험회피회계를 적용하는 실익이 없다.

예제

01 ㈜한국은 20X1년 10월 1일에 제품을 $200에 수출하고 판매대금은 20X2년 3월 31일에 받기로 하였다. ㈜한국은 동 수출대금의 환율변동위험을 회피하기 위해 다음과 같은 통화선도계약을 체결하였다.

- 통화선도계약 체결일: 20X1년 10월 1일
- 계약기간: 20X1년 10월 1일~20X2년 3월 31일(만기 6개월)
- 계약조건: 계약만기일에 $200을 ₩1,100/$(선도환율)에 매도하기로 함.
- 환율정보:

일 자	현물환율 (₩/$)	통화선도환율 (₩/$)
20X1. 10. 1	1,070	1,100 (만기 6개월)
20X1. 12. 31	1,050	1,075 (만기 3개월)
20X2. 3. 31	1,090	

외화매출채권 및 통화선도거래가 ㈜한국의 20X2년 당기순이익에 미치는 영향(순액)은 얼마인가? 단, 현재가치 평가 및 채권의 회수가능성에 대한 평가는 고려하지 않으며, 통화선도거래의 결제와 매출채권의 회수는 예정대로 이행되었음을 가정한다. 2016. CPA

① ₩5,000 증가 ② ₩4,000 증가 ③ ₩3,000 증가
④ ₩2,000 증가 ⑤ 영향없음

해설

환율변동표〉

	10.1	손익	12.31	손익	3.31
매출채권	1,070	−20	1,050	+40	1,090
선도매도	(1,100)	+25	(1,075)	−15	(1,090)

X2년 PL에 미치는 영향: (40 − 15) × $200 = **5,000 증가**

참고 회계처리

10.1	매출채권	214,000	매출	214,000
12.31	외환차이(PL)	4,000	매출채권	4,000
	선도계약	5,000	평가이익(PL)	5,000
3.31	매출채권	8,000	외환차이(PL)	8,000
	평가손실(PL)	3,000	선도계약	3,000
	현금	2,000	선도계약	2,000
	현금	218,000	매출채권	218,000

답 ①

02 ㈜한국은 20X1년 10월 1일에 제품을 $1,000에 매입하고 매입대금은 20X2년 3월 31일에 지급하기로 하였다. ㈜한국은 동 수입대금의 환율변동위험을 회피하기 위해 다음과 같은 통화선도계약을 체결하였다.

- 통화선도계약 체결일: 20X1년 10월 1일
- 계약기간: 20X1년 10월 1일~20X2년 3월 31일(만기 6개월)
- 계약조건: 계약만기일에 $1,000을 ₩1,150/$(선도환율)에 매입하기로 함.
- 환율정보:

일 자	현물환율 (₩/$)	통화선도환율 (₩/$)
20X1. 10. 1	1,200	1,150 (만기 6개월)
20X1. 12. 31	1,120	1,080 (만기 3개월)
20X2. 3. 31	1,000	

외화매입채무 및 통화선도거래가 ㈜한국의 20X2년 당기순이익에 미치는 영향(순액)은 얼마인가? 단, 현재가치 평가 및 제품의 저가법 평가는 고려하지 않으며, 통화선도거래와 매입채무의 결제는 예정대로 이행되었음을 가정한다. 2016. CPA 수정

① ₩50,000 증가 ② ₩40,000 증가 ③ ₩30,000 증가
④ ₩20,000 증가 ⑤ 영향없음

해설

환율변동표〉

	10.1	손익	12.31	손익	3.31
매입채무	(1,200)	+80	(1,120)	+120	(1,000)
선도매입	1,150	−70	1,080	−80	1,000

X2년 PL에 미치는 영향: (120 − 80) × $1,000 = **40,000 증가**

참고 회계처리

10.1	제품	1,200,000	매입채무	1,200,000
12.31	매입채무	80,000	외환차이(PL)	80,000
	평가손실(PL)	70,000	선도계약	70,000
3.31	매입채무	120,000	외환차이(PL)	120,000
	평가손실(PL)	80,000	선도계약	80,000
	매입채무	1,000,000	현금	1,000,000
	선도계약	150,000	현금	150,000

답 ②

3 공정가치위험회피

공정가치위험회피란, 인식된 자산이나 부채, 또는 확정계약의 공정가치 변동위험에 대한 위험회피를 의미한다. 공정가치위험회피는 1. 보유자산에 대한 공정가치위험회피와 2. 확정계약에 대한 공정가치위험회피로 나누어 설명한다.

1. 보유자산에 대한 공정가치위험회피

〈가치변동표〉

	계약일	손익	12.31	손익	만기
대상: 보유자산	현물가격	±XXX	현물가격	±XXX	현물가격
수단: 선도매도	(선도가격)	∓XXX	(선도가격)	∓XXX	(선도가격)

STEP 1 대상과 수단 적기

(1) 위험회피 대상

공정가치 변동위험이 있는 보유자산이 위험회피 대상이다. 주로 재고자산이 등장할 것이다.

(2) 위험회피 수단

어느 위험회피를 적용하든 수단은 전부 선도계약이다. 보유자산의 공정가치 하락 위험을 회피하기 위하여 확정된 금액으로 보유자산을 매도하는 선도계약을 체결한다.

STEP 2 날짜 적기

문제에 제시된 계약일, 기말(12.31), 만기일을 왼쪽부터 순서대로 채우면 된다.

STEP 3 가격 적기

(1) 위험회피 대상(보유자산): 현물가격

보유자산의 현물가격이 변동함에 따라 보유자산은 가치변동을 인식하므로 보유자산의 일자별 현물가격을 적는다.

(2) 위험회피 수단: 선도가격

어느 위험회피를 적용하든 수단은 전부 선도계약이다. 수단 옆에는 선도가격을 적는다. 만기에는 대상과 수단 모두 현물가격을 적으면 된다.

(3) 부호 적기

① 수단(선도계약)

선도매입이면 선도가격을 양수로, 선도매도이면 선도가격을 음수로 적는다.

② 대상

수단과 대상의 부호는 무조건 반대이다. 수단의 부호를 보고, 대상의 부호는 그와 반대로 적는다.

STEP 4 손익 계산하기

부호까지 고려해서 환율을 전부 적었기 때문에, 각 환율 사이의 차이 부분을 손익으로 채워 넣는다.

STEP 5 재무제표에 미치는 영향

(1) 위험회피대상으로 지정하지 않은 경우

재고자산	**재고자산**	**선도매도**	**PL**
BP 〉NRV	평가손실 / 재고자산	선도계약 / 이익	상쇄
BP 〈 NRV	— 회계처리 없음 —	손실 / 선도계약	**감소 (회계 불일치)**

재고자산은 저가법 평가를 하므로 BP에 비해 NRV가 작은 경우에만 평가손실을 인식한다. 재고자산의 시세가 하락하면 선도매도에서는 이익이 발생하므로 당기순이익에 미치는 영향은 상쇄된다. 반면, 재고자산의 BP보다 NRV가 크다면 재고자산 평가 회계처리가 없다. 재고자산의 시세가 상승하면 선도매도에서는 손실이 발생하므로 당기순이익은 감소한다. 선도계약은 재고자산의 가치 변동 위험을 회피하기 위해서 체결한 것인데 오히려 선도계약으로 인해서 당기순이익의 변동성이 커진다. 이러한 현상을 회계불일치라고 부르며, 이러한 회계불일치를 해소하기 위해 위험회피회계를 적용한다.

(2) 위험회피대상으로 지정한 경우

재고자산	**재고자산**	**선도매도**	**PL**
BP 〉NRV	평가손실 / 재고자산	선도계약 / 이익	상쇄
BP 〈 NRV	**재고자산 / 평가이익**	손실 / 선도계약	**상쇄 (불일치 해소)**

공정가치위험회피대상으로 지정 시 위험회피대상의 평가손익을 PL로 인식한다. 따라서 BP가 NRV보다 작건, 크건 관계없이 재고자산의 평가손익을 인식하여 당기순이익에 미치는 영향은 상쇄되면서 회계불일치가 해소된다.

예제

03 ㈜김수석은 20X1년 10월 1일에 보유하고 있는 제품의 시가가 하락할 위험을 회피하기 위해서 만기가 20X2년 3월 1일인 선도가격(₩12,000)에 제품 100단위를 판매하는 선도계약을 체결하여 위험회피관계를 지정하였으며, 이는 위험회피회계 적용요건을 충족한다. 일자별 제품의 시가 및 선도가격은 다음과 같다. 단, 제품의 원가는 개당 ₩7,000이다.

일자	제품의 개당 시가	제품의 선도가격
20X1. 10. 1.	₩11,000	₩12,000(만기 5개월)
20X1. 12. 31.	10,800	11,500(만기 2개월)
20X2. 3. 1.	10,500	

파생상품평가손익 계산 시 화폐의 시간가치는 고려하지 않는다. 20X2년 3월 1일에 수행하는 회계처리가 포괄손익계산서 상 당기순이익에 미치는 순효과는 얼마인가? 2021. CPA 수정

① ₩70,000 이익 ② ₩50,000 손실 ③ ₩30,000 이익
④ ₩30,000 손실 ⑤ ₩10,000 이익

해설

〈환율변동표〉

	계약일	손익	기말	손익	만기
제품	11,000	−200	10,800	−300	10,500
선도매도	(12,000)	+500	(11,500)	+1,000	(10,500)

X2년도 당기순이익에 미치는 영향: (−300 + 1,000) × 100단위 = **70,000 이익**

10.1	− 회계처리 없음 −			
12.31	평가손실	20,000	제품	20,000
	선도계약	50,000	평가이익	50,000
3.1	평가손실	30,000	제품	30,000
	선도계약	100,000	평가이익	100,000
	현금	150,000	선도계약	150,000

제품의 시가가 원가에 비해 훨씬 크므로 순실현가능가치도 원가보다 클 것이다. 따라서 위험회피회계를 적용하지 않는다면 제품에 대해서 평가손실을 인식하지 않아야 한다. 하지만 위험회피회계를 적용하므로 제품에 대한 평가손실을 인식하며, 선도계약에 대한 평가이익과 상쇄된다.

답 ①

04 ㈜대한은 20X1년 9월 1일에 옥수수 100단위를 ₩550,000에 취득하였다. 20X1년 10월 1일에 ㈜대한은 옥수수 시가하락을 우려하여 만기가 20X2년 3월 1일인 선도가격(₩520,000)에 옥수수 100단위를 판매하는 선도계약을 체결하여 위험회피관계를 지정하였으며, 이는 위험회피회계 적용요건을 충족한다. 일자별 옥수수 현물가격 및 선도가격은 다음과 같다.

일자	옥수수 100단위 현물가격	옥수수 100단위 선도가격
20X1. 10. 1.	₩550,000	₩520,000(만기 5개월)
20X1. 12. 31.	510,000	480,000(만기 2개월)
20X2. 3. 1.	470,000	

자산에 대한 손상 징후에 따른 시가 하락은 고려하지 않는다. 파생상품평가손익 계산 시 화폐의 시간가치는 고려하지 않는다. 20X2년 3월 1일에 수행하는 회계처리가 포괄손익계산서 상 당기순이익에 미치는 순효과는 얼마인가? 2021. CPA

① ₩50,000 이익 ② ₩45,000 손실 ③ ₩30,000 이익
④ ₩30,000 손실 ⑤ ₩10,000 이익

해설

〈환율변동표〉

	계약일	손익	기말	손익	만기
옥수수	550,000	−40,000	510,000	−40,000	470,000
선도매도	(520,000)	+40,000	(480,000)	+10,000	(470,000)

X2년도 당기순이익에 미치는 영향: (−)40,000 + 10,000 = **(−)30,000**

일자	차변	금액	대변	금액
10.1	— 회계처리 없음 —			
12.31	평가손실(PL)	40,000	옥수수	40,000
	선도계약	40,000	평가이익(PL)	40,000
3.1	**평가손실(PL)**	**40,000**	옥수수	40,000
	선도계약	10,000	**평가이익(PL)**	**10,000**
	현금	50,000	선도계약	50,000

문제에서 옥수수 '100단위'의 가격을 제시했으므로, 100을 곱하면 안 된다.

답 ④

2. 확정계약에 대한 공정가치위험회피 ★중요!

〈환율변동표〉

	계약일	손익	12.31	손익	만기
대상: 확정매입	(선도환율)	∓XXX	(선도환율)	∓XXX	(선도환율)
수단: 선도매입	선도환율	±XXX	선도환율	±XXX	선도환율

	계약일	손익	12.31	손익	만기
대상: 확정매출	선도환율	±XXX	선도환율	±XXX	선도환율
수단: 선도매도	(선도환율)	∓XXX	(선도환율)	∓XXX	(선도환율)

대상과 수단 적기

(1) 위험회피 대상: 확정계약

확정계약을 체결한 경우 위험회피 대상은 **확정계약**이다. 확정계약이란, 미래의 특정일에 거래 대상의 특정 수량을 특정 가격으로 교환하기로 하는 구속력 있는 약정을 의미한다. 확정계약을 체결했다면 공정가치 위험회피를 적용할 수 있다.

(2) 위험회피 수단: 통화선도계약

어느 위험회피를 적용하든 수단은 전부 선도계약이다. **일반적으로 확정계약은 외화확정계약이 제시된다.** 확정매입계약을 체결한 경우 외화로 매입대금을 지급해야 하므로 환율 상승 위험을 회피하기 위하여 확정된 금액으로 외화를 매입하는 선도계약을 체결한다. 반면, 확정매출계약을 체결한 경우 외화로 매출대금을 수령하므로 환율 하락 위험을 회피하기 위하여 확정된 금액으로 외화를 매도하는 선도계약을 체결한다.

STEP 2 날짜 적기

문제에 제시된 계약일, 기말(12.31), 만기일을 왼쪽부터 순서대로 채우면 된다.

STEP 3 환율 적기

(1) 위험회피 대상(확정계약): 선도환율

확정계약은 선도환율을 적는다. 확정계약은 미래에 계약이 체결되므로, 현재 환율이 아닌 미래의 환율(선도환율)로 평가하기 때문이다. 왜 선도환율을 적는지는 문제를 푸는 데 전혀 중요하지 않다. 그냥 외우자.

(2) 위험회피 수단: 선도환율

수단 옆에는 선도환율을 적는다.

(3) 부호 적기

① 수단(선도계약): 선도매입이면 양수로, 선도매도이면 음수로

② 대상: 대상의 부호는 수단과 무조건 반대

STEP 4 손익 계산하기

부호까지 고려해서 환율을 전부 적었기 때문에, 그 차이 부분을 손익으로 채워 넣으면 된다. 확정계약에 대한 공정가치 위험회피는 수단과 대상 모두 선도환율을 사용하기 때문에 금액이 같고 부호만 다르다.

STEP 5 손익계산서에 미치는 영향

(1) 위험회피대상으로 지정하지 않은 경우

	확정계약	선도계약	PL
확정계약 – 손실	손실 / 확정계약	선도계약 / 이익	0
확정계약 – 이익	– 회계처리 없음 –	손실 / 선도계약	**감소 (회계 불일치)**

① 확정계약에서 손실이 발생하는 경우

확정계약은 손실부담계약에 해당하는 경우 계약손실(PL)을 인식하면서 충당부채를 계상한다. 확정계약을 헤지하기 위해 선도계약을 체결하였으므로 선도계약의 손익은 확정계약과 반대로 발생하며, 확정계약에서 계약손실이 발생하였으므로 선도계약에서는 이익이 발생한다. 대상과 수단 모두 선도환율로 평가하고, 평가손익을 모두 PL로 인식하므로 손익이 상계되어, 손익에 미치는 영향이 없다.

② 확정계약에서 이익이 발생하는 경우

확정계약은 보수주의로 인해 계약이익은 인식하지 않는다. 하지만 선도계약에서는 선도 평가손실이 발생하기 때문에 당기순이익은 감소한다. 선도계약은 확정계약의 가치 변동 위험을 회피하기 위해서 체결한 것인데 오히려 선도계약으로 인해서 당기순이익이 영향을 받는다. 이러한 현상을 회계불일치라고 부르며, 이러한 회계불일치를 해소하기 위해 위험회피회계를 적용한다.

(2) 위험회피대상으로 지정한 경우

	확정계약	선도계약	PL
확정계약 – 손실	손실 / 확정계약	선도계약 / 이익	0
확정계약 – 이익	**확정계약 / 이익**	손실 / 선도계약	0 (**불일치 해소**)

공정가치위험회피대상으로 지정 시 위험회피대상의 평가손익을 PL로 인식한다. 따라서 확정계약에 대해서 손실만 인식하는 것이 아니라 이익도 인식함에 따라 회계불일치를 해소할 수 있다. 대상과 수단 모두 선도환율로 평가하고, 평가손익을 모두 PL로 인식하므로 손익이 상계되어, 손익에 미치는 영향이 없다.

사례

㈜김수석은 20X1년 10월 1일에 6개월 후 제품 100단위를 ₩100,000에 취득하는 확정계약을 체결하였다. ㈜김수석은 확정계약 체결 후 제품의 시가 하락 위험을 회피하기 위하여 20X1년 10월 1일에 6개월 후 제품 100단위를 ₩100,000에 매도하는 선도계약을 체결하였다. 일자별 제품의 시가 및 선도가격은 다음과 같다.

일자	제품의 개당 시가	제품의 선도가격
20X1. 10. 1.	₩1,200	₩1,000(만기 6개월)
20X1. 12. 31.	1,100	970(만기 3개월)
20X2. 3. 31.	900	

파생상품평가손익 계산 시 화폐의 시간가치는 고려하지 않는다. 확정계약이 공정가치 위험회피대상으로 지정된 경우 20X1년 10월 1일부터 20X2년 3월 31일까지 해야 할 회계처리를 하라.

〈환율변동표〉

	계약일	손익	기말	손익	만기
확정매입	1,000	–30	970	–70	900
선도매도	(1,000)	+30	(970)	+70	(900)

10.1	– 회계처리 없음 –			
12.31	PL	3,000	확정계약	3,000
	선도계약	3,000	PL	3,000
3.31	PL	7,000	확정계약	7,000
	선도계약	7,000	PL	7,000
3.31	제품	90,000	현금	100,000
	확정계약	10,000		
	현금	10,000	선도계약	10,000

STEP 6 재무상태표에 미치는 영향 ★중요!

	지정 X		지정 O	
확정계약 – 이익	– 회계처리 없음 –	손실 / 선도계약	확정계약 / 이익	손실 / 선도계약
확정계약 – 손실	손실 / 확정계약	선도계약 / 이익	손실 / 확정계약	선도계약 / 이익

FV회피	지정X		지정O
	확정계약 이익	확정계약 손실	
NI	감소	0 (100% 상계됨)	
OCI	N/A		
자산	불변	증가	
부채	증가	증가	
자본	감소	불변	

(1) 위험회피대상으로 지정하지 않은 경우

확정계약에서 이익이 발생하는 경우에는 확정계약 평가이익을 인식하지 않는 반면, 선도계약 평가손실만 인식하기 때문에 당기순이익은 감소하면서 자본도 감소한다.

확정계약에서 손실이 발생하는 경우에는 위험회피를 지정한 것과 같은 결과가 도출된다.

(2) 위험회피대상으로 지정한 경우

선도에서 평가이익이 발생하든, 평가손실이 발생하든 무조건 같은 금액만큼 부호만 반대로 확정계약을 인식하기 때문에 자산과 부채는 동액만큼 증가하며, 자본은 불변이다.

예 제

05 회계시스템을 수출하는 ㈜선진은 20X1년 10월 1일에 6개월 후 뉴욕에 있는 고객에게 새로 개발된 회계시스템을 $2,000에 판매하는 확정계약을 체결하였다. 이 확정계약은 법적 강제력을 갖는 계약으로 불이행시에는 그에 따른 위약금을 지불해야 한다. ㈜선진은 환율 하락위험을 회피하기 위해 20X2년 3월 31일에 $2,000를 ₩1,060/$에 매도하는 통화선도계약을 20X1년 10월 1일 체결하였다. 환율에 대한 정보는 아래와 같다.

일 자	현물환율(₩/$)	통화선도환율(₩/$)
20X1. 10. 1	₩1,020	₩1,060(만기 6개월)
20X1. 12. 31	₩1,080	₩1,130(만기 3개월)
20X2. 3. 31	₩1,150	–

확정계약이 (1) 공정가치 위험회피대상으로 지정된 경우와 (2) 위험회피대상으로 지정되지 않은 경우 각각에 대하여, 위 거래가 20X1년말 순자산에 미치는 영향은 얼마인가?

2015. CPA

	(1)	(2)
①	영향없음	영향없음
②	영향없음	₩140,000 감소
③	₩140,000 감소	영향없음
④	영향없음	₩140,000 증가
⑤	₩140,000 증가	영향없음

해설

빠른 풀이〉

FV회피	지정X		지정O
	확정계약 이익	확정계약 손실	
자산	불변	증가	
부채	증가	증가	
자본	감소	불변	

(1) 지정한 경우

공정가치위험회피로 지정한 경우에는 선도계약에서 이익이 발생하든, 손실이 발생하든 확정계약이 같은 금액으로 부호만 반대로 인식되므로 계산을 해볼 것도 없이 **순자산은 불변**이다.

(2) 지정하지 않은 경우

순자산은 불변 혹은 감소인데 출제자의 심리상 지정한 경우와 지정하지 않은 경우가 같은 경우를 냈을 가능성은 거의 없다. 지정하지 않으면 감소로 찍자. 답은 ②번이다.

〈환율변동표〉

	계약일	손익	기말	손익	만기
확정매출	1,060	+70	1,130	+20	1,150
선도매도	(1,060)	−70	(1,130)	−20	(1,150)

X1년도 금액: 70 × $2,000 = 140,000

FV회피	(1) 지정 O	(2) 지정 X
자산	140,000 증가	−
부채	140,000 증가	140,000 증가
자본	**불변**	**140,000 감소**

지정하지 않은 경우, 확정계약에서 이익이 나기 때문에 확정계약에 대한 회계처리 없이, 선도계약만 평가한다. 선도계약에서 평가손실이 발생하므로 순자산은 감소한다.

|회계처리|

회계처리는 참고용으로만 보자. 실전에서는 환율변동표만 그리고 답을 골라낼 수 있어야 한다.

(1) 지정한 경우

10.1	— 회계처리 없음 —			
12.31	PL	140,000	선도계약	140,000
	확정계약	140,000	PL	140,000
3.31	PL	40,000	선도계약	40,000
	확정계약	40,000	PL	40,000
3.31	선도계약	180,000	현금	180,000
	현금	2,300,000	확정계약	180,000
			매출	2,120,000

(2) 지정하지 않은 경우 (확정계약에서 이익 발생)

10.1	— 회계처리 없음 —			
12.31	PL	140,000	선도계약	140,000
	— 확정계약 회계처리 없음 — (이익이므로)			
3.31	PL	40,000	선도계약	40,000
	— 확정계약 회계처리 없음 — (이익이므로)			
3.31	선도계약	180,000	현금	180,000
	현금	2,300,000	매출	2,300,000

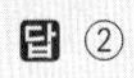

4 현금흐름위험회피

현금흐름위험회피란, 현금흐름 변동위험을 회피하기 위하여 위험회피수단을 활용하는 것을 의미한다. 현금흐름위험회피에는 예상거래에 대한 현금흐름위험회피가 있다.

〈환율변동표〉

	계약일	손익	12.31	손익	만기	누적액
대상: 예상매출	현물환율	+50	현물환율	+150	현물환율	+200
수단: 선도매도	(선도환율)	−100	(선도환율)	−30	(선도환율)	−130
효과적(OCI) 비효과적(PL)		① −50 ❶ −50		③ −80 ❸ +50		② −130 ❷0

STEP 1 대상과 수단 적기

1. 위험회피 대상

예상거래가 있는 경우 위험회피 대상은 예상거래이다. 예상거래란, 이행해야 하는 구속력은 없으나 앞으로 발생할 것으로 예상되는 거래를 의미한다. 발생가능성이 매우 큰 예상거래가 있는 경우 현금흐름 위험회피를 적용할 수 있다.

2. 위험회피 수단

어느 위험회피를 적용하든 수단은 전부 선도계약이다. 예상매입거래가 있는 경우 향후 자산의 가격 상승으로 인한 현금흐름 변동 위험을 회피하기 위하여 확정된 금액으로 자산을 매입하는 선도계약을 체결한다. 반면, 예상매출거래가 있는 경우 향후 보유자산의 가격 하락으로 인한 현금흐름 변동 위험을 회피하기 위하여 확정된 금액으로 자산을 매도하는 선도계약을 체결한 다.

STEP 2 날짜 적기: 계약일, 12.31, 만기

STEP 3 환율 적기

1. 위험회피 대상(예상거래): 현물환율(or 현물가격)

예상거래는 현물환율(or 현물가격)을 쓴다. 왜 현물환율을 적는지는 문제를 푸는 데 전혀 중요하지 않으므로, 그냥 외우자.

2. 위험회피 수단: 선도환율

수단 옆에는 선도환율을 적는다.

3. 부호 적기

(1) 수단(선도계약): 선도매입이면 양수로, 선도매도이면 음수로

(2) 대상: 대상의 부호는 수단과 무조건 반대

선도계약의 매입/매도: 대상과 일치!

	통화	대상	선도계약
확정계약	$	확정판매	통화매도
	$	확정매입	통화매입
예상거래	$	예상판매	통화매도
	₩	예상판매	자산매도
	$	예상매입	통화매입
	₩	예상매입	자산매입

문제에서 선도계약이 매도인지, 매입인지 여부를 안 주는 경우가 있다. 이때는 대상을 보고 우리가 판단해야 한다. **대상과 선도의 방향이 일치한다**는 것만 기억하면 쉽게 판단할 수 있다. **대상이 판매계약 시에는 선도매도, 매입계약 시에는 선도매입이다. 외화로 판매 시에는 통화선도매도를 하고, 외화로 구입 시에는 통화선도매입을** 한다. 원화로 예상판매 시에는 자산을 선도매도하여 판매가격을 고정시키고, 원화로 예상매입 시에는 자산을 선도매입하여 구입가격을 고정시킨다. 원화확정계약은 시험에 출제되지 않으므로 생략한다.

STEP 4 손익 계산하기

1. 손익의 금액, 부호

연도별 환율 변동분을 손익 아래에 채워 넣으면 된다.

2. 효과적(OCI) vs 비효과적(PL)

선도계약의 평가손익 중 효과적인 부분은 OCI(현금흐름위험회피적립금)로, 비효과적인 부분은 PL로 인식한다. 예상거래의 평가손익과 같은 금액까지는 효과적인 부분으로 보고, 예상거래의 평가손익을 초과하는 금액을 비효과적인 부분으로 본다.

(1) X1년도

위 환율변동표에서 X1년도에는 예상거래에서 50의 평가이익이 발생했으므로, 선도계약의 평가손실 －100 중 ① －50은 효과적인 부분으로 보고, ❶ －50은 비효과적인 부분으로 본다.

(2) 누적액

X2년도에는 누적액을 기준으로 효과적인 부분과 비효과적인 부분을 나눈 뒤, 변동분을 손익으로 인식한다. 누적액을 기준으로 예상거래의 평가손익이 선도계약의 평가손익을 초과하므로, ② －130 전부 효과적이며, ❷비효과적인 부분은 없다.

(3) X2년도

② －130, ❷0을 맞추기 위해서 X2년도에 ③ －80, ❸ ＋50을 인식한다. X2년도 예상거래와 선도계약의 손익 크기만 비교해서 효과적인 부분을 계산하지 않도록 주의하자.

효과적인 부분을 OCI로 인식하는 이유

포괄손익계산서에서 정보이용자들이 가장 중점적으로 보는 것은 당기순이익(NI)이다. 선도계약은 이익, 그 중에서도 당기순이익의 변동성을 줄이기 위해서 체결한 것이다. 그런데 예상거래는 말 그대로 예상되는 거래일 뿐, 실제로 계약이 체결된 것이 아니므로 회계처리가 없다. 이처럼 현금흐름위험회피대상(예상거래)이 손익을 인식하지 않으므로, 선도계약의 평가손익을 원래대로 PL로 인식하면 오히려 선도계약으로 인해 당기순이익의 변동성이 커진다. 따라서 효과적인 부분은 OCI로 인식하고, 비효과적인 부분만 PL로 인식하는 것이다. 비효과적인 부분은 헤지라는 목표를 초과하는 부분이므로 일반적인 선도계약 평가손익으로 보고 PL로 인식한다.

손익계산서에 미치는 영향

(1) 위험회피대상으로 지정하지 않은 경우

예상거래	선도계약	PL	OCI
—	선도계약 / PL	선도계약 평가손익	—

예상거래는 말 그대로 '예상되는' 거래이지, 실제로 발생한 거래가 아니므로, 그냥 실제로 거래가 발생한 시점에 회계처리하면 된다. 따라서 예상거래는 회계처리가 없으며, 거래가 발생하기 전까지의 선도계약 평가손익만 PL로 인식한다.

(2) 위험회피대상으로 지정한 경우

예상거래	선도계약		PL	OCI
—	선도계약	OCI(효과적) PL(비효과적)	비효과적	효과적

예상거래는 원래 만기 전까지 회계처리가 없다. 예상거래를 위험회피대상으로 지정하면 선도계약의 평가손익 중 효과적인 부분은 OCI로, 비효과적인 부분은 PL로 인식한다. 위험회피대상으로 지정하지 않은 경우에는 선도계약 평가손익으로 인해 당기순이익이 변동이 컸지만, 위험회피대상으로 지정한 경우에는 효과적인 부분을 OCI로 인식하므로 당기순이익이 변동이 작아진다.

재무상태표에 미치는 영향 중요!

CF회피	지정X	지정O
NI	선도 평가손익	비효과적인 부분
OCI	N/A	효과적인 부분
자산	선도계약 변동분	
부채		
자본		

현금흐름위험회피를 적용하든, 안 하든 PL과 OCI의 계정 분류만 바뀔 뿐, 순자산에 미치는 영향은 동일하다. 선도계약의 변동분만큼 자본이 변화한다.

예 제

01 ㈜대한은 제조공정에서 사용하는 금(원재료)을 시장에서 매입하고 있는데, 향후 예상매출을 고려할 때 금 10온스를 20X2년 3월 말에 매입할 것이 거의 확실하다. 한편 ㈜대한은 20X2년 3월 말에 매입할 금의 시장가격 변동에 따른 미래현금흐름변동위험을 회피하기 위해 20X1년 10월 1일에 다음과 같은 금선도계약을 체결하고, 이에 대해 위험회피회계를 적용(적용요건은 충족됨을 가정)하였다.

- 계약기간: 6개월(20X1. 10. 1. ~ 20X2. 3. 31.)
- 계약조건: 결제일에 금 10온스의 선도계약금액과 결제일 시장가격의 차액을 현금으로 수수함(금선도계약가격: ₩200,000/온스)
- 금의 현물가격, 선도가격에 대한 자료는 다음과 같다.

일자	현물가격(₩/온스)	선도가격(₩/온스)
20X1년 10월 1일	190,000	200,000(만기 6개월)
20X1년 12월 31일	195,000	210,000(만기 3개월)
20X2년 3월 31일	220,000	

- 현재시점의 현물가격은 미래시점의 기대현물가격과 동일하며, 현재가치평가는 고려하지 않는다.

㈜대한은 예상과 같이 20X2년 3월 말에 금(원재료)을 시장에서 매입하여 보유하고 있다. 금선도계약 만기일에 ㈜대한이 당기손익으로 인식할 파생상품평가손익은 얼마인가? 2020. CPA

① ₩50,000 손실　② ₩100,000 손실　③ ₩0
④ ₩50,000 이익　⑤ ₩100,000 이익

해설

환율변동표〉

	계약일	손익	12.31	손익	만기	누적액
대상: 예상매입	(190,000)	−5,000	(195,000)	−25,000	(220,000)	−30,000
수단: 선도매입	200,000	+10,000	210,000	+10,000	220,000	+20,000
효과적(OCI) 비효과적(PL)		①5,000 ❶5,000		③15,000 ❸ −5,000		②20,000 ❷0

X2년도 PL: −5,000 × 10온스 = **(−)50,000**
문제에서 선도계약이 매입인지, 매도인지 제시하지 않았지만, 금을 예상매입하는 상황이므로, 매입 시 지출하는 현금을 고정시키기 위하여 선도매입을 체결하였다는 것을 유추할 수 있다.

참고 회계처리

회계처리는 참고용으로만 보자. 실전에서는 환율변동표만 그리고 답을 골라낼 수 있어야 한다.

(1) 지정한 경우

10.1	— 회계처리 없음 — (선도는 계약 시 현금 유출입이 없으므로.)			
12.31	선도계약	100,000	OCI	50,000
			PL	50,000
3.31	선도계약	100,000	OCI	150,000
	PL	50,000		
3.31	현금	200,000	선도계약	200,000
	OCI	200,000	현금	2,200,000
	금	2,000,000		

금 취득원가: 220,000(현물환율) × 10온스 − 200,000 = 2,000,000

자산의 취득원가이므로 효과적인 부분을 차감한다.

(2) 지정하지 않은 경우

10.1	— 회계처리 없음 — (선도는 계약 시 현금 유출입이 없으므로.)			
12.31	선도계약	100,000	PL	100,000
3.31	선도계약	100,000	PL	100,000
3.31	현금	200,000	선도계약	200,000
	금	2,200,000	현금	2,200,000

금 취득원가: 220,000(현물환율) × 10온스 = 2,200,000

답 ①

02 액정표시 기계장치를 제조하는 ㈜건지는 미국기업인 TH & Co.에 동 기계장치 10대(대당 판매가격 : US$100)를 20X2년 2월 28일에 수출할 가능성이 매우 높다. ㈜건지는 동 예상거래에서 발생할 수 있는 현금흐름 변동위험을 회피하기 위해 20X2년 2월 28일에 기계장치의 판매대금인 US$1,000를 ₩1,100/US$에 매도하는 통화선도계약을 20X1년 12월 1일 EC Bank와 체결하였다. 통화선도계약의 최초원가와 공정가치는 '₩0'이며, 통화선도계약은 법적 구속력을 갖는 해지불능계약이다. ㈜건지는 위 예상거래의 현금흐름변동에 대한 위험회피수단으로 통화선도계약을 지정하고 문서화하는 등 위험회피회계의 적용요건을 모두 충족한다. 통화선도계약에 대한 현재가치평가는 고려하지 않으며, 통화선도계약의 공정가치변동 중 위험회피에 비효과적인 부분은 없다.

	현물환율(₩/US$)	선도환율(₩/US$)
20X1.12. 1	₩1,076	₩1,100(만기 3개월)
20X1.12.31	₩1,040	₩1,080(만기 2개월)
20X2. 2.28	₩1,076	—

㈜건지가 위 거래에 대해 현금흐름위험회피회계를 적용하는 경우 통화선도계약이 ㈜건지의 20X1년도와 20X2년도의 포괄손익계산서상 당기순이익에 미치는 영향은 얼마인가? 단, 위의 예상거래가 ㈜건지의 당기순이익에 미치는 영향은 제외하며, 법인세 효과는 고려하지 않는다. 2011. CPA

	20X1		20X2	
①	영향없음		₩24,000	증가
②	₩20,000	감소	₩4,000	증가
③	₩20,000	증가	₩4,000	감소
④	₩24,000	증가	₩20,000	감소
⑤	₩24,000	감소	₩20,000	증가

해설

환율변동표〉

	계약일	손익	12.31	손익	만기	누적액
대상: 예상판매	1,076	−36	1,040	+36	1,076	0
수단: 선도매도	(1,100)	+20	(1,080)	+4	(1,076)	+24
효과적(OCI) 비효과적(PL)		①20 ❶0		③−20 ❸24		②0 ❷24

X1년도 PL: 0
X2년도 PL: 24 × $1,000 = **24,000 증가**

|회계처리|

12.1	— 회계처리 없음 —			
12.31	선도계약	20,000	OCI	20,000
2.28	OCI	20,000	PL	24,000
	선도계약	4,000		
2.28	현금	24,000	선도계약	24,000
	현금	1,076,000	매출	1,076,000

답 ①

5 외화확정계약 중요!

원화가 아닌 다른 통화($, ¥ 등)로 체결한 확정계약을 본서에서는 외화확정계약이라고 부를 것이다. 외화확정계약은 위험회피회계에서 가장 많이 출제되는 유형이다.

〈환율변동표〉

	계약일	손익	12.31	손익	만기
대상: 확정매출	선도환율	±XXX	선도환율	±XXX	선도환율
수단: 선도매도	(선도환율)	∓XXX	(선도환율)	∓XXX	(선도환율)

	계약일	손익	12.31	손익	만기
대상: 확정매입	(선도환율)	∓XXX	(선도환율)	∓XXX	(선도환율)
수단: 선도매입	선도환율	±XXX	선도환율	±XXX	선도환율

STEP 1 대상과 수단 적기

1. 위험회피 대상

본 패턴에서 다룰 위험회피 대상은 **외화확정계약**이다.

2. 위험회피 수단

어느 위험회피를 적용하든 수단은 전부 선도계약이다.

STEP 2 날짜 적기: 계약일, 12.31, 만기

STEP 3 환율 적기

1. 위험회피 대상(확정계약): 선도환율

외화확정계약도 일종의 확정계약이므로, 선도환율을 적는다.

2. 위험회피 수단: 선도환율

3. 부호 적기

(1) 수단(선도계약): 선도매입이면 양수로, 선도매도이면 음수로

(2) 대상: 대상의 부호는 수단과 무조건 반대

손익 계산하기

연도별 선도환율 변동분을 손익으로 채워 넣으면 된다.

손익계산서에 미치는 영향 ★중요!

외화확정계약은 공정가치위험회피와 현금흐름위험회피 모두 적용할 수 있다. 각 위험회피를 적용하는 경우 손익계산서에 미치는 영향은 다음과 같다.

1. 공정가치위험회피를 적용하는 경우

	확정계약	선도계약	PL
확정계약 – 손실 발생	PL / 확정계약	선도계약 / PL	0
확정계약 – 이익 발생	확정계약 / PL	PL / 선도계약	0

공정가치위험회피에서 대상과 수단 모두 선도환율로 평가하고, 대상과 수단의 평가손익을 모두 PL로 인식하므로 손익이 상계되어, 손익에 미치는 영향이 없다.

2. 현금흐름위험회피를 적용하는 경우

<table>
<tr><th></th><th>확정계약</th><th>선도계약</th><th>PL</th><th>OCI</th></tr>
<tr><td>확정계약 – 손실 발생</td><td>– 회계처리 없음 –</td><td>선도계약 / OCI</td><td rowspan="2">0</td><td rowspan="2">선도계약
평가손익</td></tr>
<tr><td>확정계약 – 이익 발생</td><td>– 회계처리 없음 –</td><td>OCI / 선도계약</td></tr>
</table>

현금흐름위험회피 적용 시 효과적인 부분은 OCI로, 비효과적인 부분은 PL로 인식한다. 외화확정계약은 대상과 수단의 평가손익이 금액이 같고, 부호만 다르므로 100% 효과적이다. 따라서 선도계약 평가손익을 PL로 인식하는 부분 없이 전액 OCI로 인식한다.

재무상태표에 미치는 영향

외화확정계약	FV회피	CF회피
NI	0	
OCI	N/A	선도 평가손익
자산	증가	선도계약 변동분
부채	증가	
자본	불변	

1. 공정가치위험회피를 적용하는 경우

외화확정계약에 대해서 공정가치위험회피를 적용하는 경우는 앞에서 배운 공정가치위험회피와 동일하다. 대상과 수단의 평가손익이 서로 상계되면서 PL에 미치는 영향은 없다. 대상과 수단은 같은 금액으로 부호만 반대로 움직이기 때문에 자산, 부채는 무조건 증가하며, 자본은 불변이다.

2. 현금흐름위험회피를 적용하는 경우

선도 평가손익을 전부 OCI로 인식하면서 평가손익만큼 자본이 변동한다.

사례

기능통화가 원화인 ㈜갑은 20X1년 10월 1일에 외국으로부터 원재료 $2,000을 6개월 후에 매입하기로 하는 확정계약을 체결하였다. 이 확정계약은 법적 강제력을 갖는 계약으로서 불이행시 그에 따른 위약금을 지불해야 하는 내용을 포함하고 있다. 동 계약일에 ㈜갑은 환율변동위험을 회피하기 위하여 6개월 후 $2,000를 ₩1,150/$에 매입하기로 하는 통화선도계약을 체결하였다. 이 통화선도계약은 확정계약에 대한 효과적인 위험회피수단이며, 문서화 등 위험회피요건을 충족하였다. 환율에 대한 정보는 다음과 같다.

일자	현물환율(₩/$)	통화선도환율(₩/$)
20X1년 10월 1일	1,000	1,150(만기 6개월)
20X1년 12월 31일	1,080	1,100(만기 3개월)
20X2년 3월 31일	1,180	

㈜갑이 상기 확정계약에 대해 1)공정가치위험회피를 적용하는 경우와, 2)현금흐름위험회피를 적용하는 경우 각각 20X1년 10월 1일부터 20X2년 3월 31일까지 회계처리를 하시오. 2012. CPA

|환율변동표|

	계약일	손익	기말	손익	만기
확정계약	(1,150)	+50	(1,100)	−80	(1,180)
선도매입	1,150	−50	1,100	+80	1,180

|회계처리|

(1) 공정가치 위험회피

10.1	− 회계처리 없음 −			
12.31	PL	100,000	선도계약	100,000
	확정계약	100,000	PL	100,000
3.31	선도계약	160,000	PL	160,000
	PL	160,000	확정계약	160,000
3.31	현금	60,000	선도계약	60,000
	확정계약	60,000	현금	2,360,000
	원재료	2,300,000		

(2) 현금흐름 위험회피

10.1	− 회계처리 없음 −			
12.31	OCI	100,000	선도계약	100,000
3.31	선도계약	160,000	OCI	160,000
3.31	현금	60,000	선도계약	60,000
	OCI	60,000	현금	2,360,000
	원재료	2,300,000		

외화확정계약에 대해서 FV회피를 적용하든, CF회피를 적용하든 자산의 취득원가 및 매출액은 동일하다. OCI가 없었다면 원재료의 취득원가가 2,360,000일텐데, OCI로 인해서 원재료의 취득원가는 60,000 감소한다.

사례

기능통화가 원화인 ㈜갑은 20X1년 10월 1일에 외국에 $2,000의 제품을 6개월 후에 판매하기로 하는 확정계약을 체결하였다. 이 확정계약은 법적 강제력을 갖는 계약으로서 불이행시 그에 따른 위약금을 지불해야 하는 내용을 포함하고 있다. 동 계약일에 ㈜갑은 환율변동위험을 회피하기 위하여 6개월 후 $2,000를 ₩1,150/$에 매도하기로 하는 통화선도계약을 체결하였다. 이 통화선도계약은 확정계약에 대한 효과적인 위험회피수단이며, 문서화 등 위험회피요건을 충족하였다. 환율에 대한 정보는 다음과 같다.

일자	현물환율(₩/$)	통화선도환율(₩/$)
20X1년 10월 1일	1,000	1,150(만기 6개월)
20X1년 12월 31일	1,080	1,100(만기 3개월)
20X2년 3월 31일	1,180	

㈜갑이 상기 확정계약에 대해 1)공정가치위험회피를 적용하는 경우와, 2)현금흐름위험회피를 적용하는 경우 각각 20X1년 10월 1일부터 20X2년 3월 31일까지 회계처리를 하시오. 2012. CPA 수정

|환율변동표|

	계약일	손익	기말	손익	만기
확정계약	1,150	−50	1,100	+80	1,180
선도매도	(1,150)	+50	(1,100)	−80	(1,180)

|회계처리|

(1) 공정가치 위험회피

10.1	− 회계처리 없음 −			
12.31	선도계약	100,000	PL	100,000
	PL	100,000	확정계약	100,000
3.31	PL	160,000	선도계약	160,000
	확정계약	160,000	PL	160,000
3.31	선도계약	60,000	현금	60,000
	현금	2,360,000	확정계약	60,000
			매출	2,300,000

(2) 현금흐름 위험회피

10.1	— 회계처리 없음 —			
12.31	선도계약	100,000	OCI	100,000
3.31	OCI	160,000	선도계약	160,000
3.31	선도계약	60,000	현금	60,000
	현금	2,360,000	OCI	60,000
			매출	2,300,000

외화확정계약에 대해서 FV회피를 적용하든, CF회피를 적용하든 자산의 취득원가 및 매출액은 동일하다.
OCI가 없었다면 매출액이 2,360,000일텐데, OCI가 재분류조정 되면서 매출액이 60,000 감소한다.

예 제

03 ㈜한국이 아래 자료의 확정계약의 위험회피에 대하여 현금흐름위험회피회계를 적용한다면, 동 위험회피 거래에 대한 회계처리가 20X1년 12월 31일 현재의 재무상태표와 20X1년도 포괄손익계산서에 미치는 영향은? 2010. CPA

12월 결산법인인 ㈜한국은 20X1년 11월 1일에 $20,000,000의 계약을 수주하고 5개월 후 제품인도 및 현금수취 계약을 체결하였다. 동 계약일에 ㈜한국은 환율변동의 위험을 회피하기 위하여 5개월 후 $20,000,000를 달러 당 ₩1,160에 매도하기로 하는 통화선도계약을 체결하였다. 환율에 대한 자료는 다음과 같다. (단, 매출계약은 확정계약이고 수익은 제품인도시점에 인식하며 현재가치 계산은 생략한다. 또한 통화선도계약은 확정계약에 대한 효과적인 위험회피수단이며 문서화 등 위험회피요건을 충족한 것으로 가정한다.)

일 자	현물환율(₩/$)	통화선도환율(₩/$)
20X1. 11. 1	1,100	1,160(만기5개월)
20X1. 12. 31	1,120	1,180(만기3개월)
20X2. 3. 31	1,150	

	자산	부채	자본	당기순이익	총포괄손익
①	변화없음	변화없음	변화없음	변화없음	변화없음
②	증가	증가	변화없음	변화없음	감소
③	변화없음	증가	감소	변화없음	감소
④	변화없음	변화없음	증가	증가	변화없음
⑤	증가	감소	변화없음	감소	감소

해설

환율변동표〉

	계약일	손익	기말	손익	만기
확정계약	1,160	+20	1,180	−30	1,150
선도매도	(1,160)	−20	(1,180)	+30	(1,150)

X1년도 금액: 20 × $20,000,000 = 4억원

자산	부채	순자산	NI	OCI
−	+4억(선도계약)	−4억	−	−4억

외화확정계약에 대해 현금흐름위험회피 적용 시 선도계약만 평가손익을 OCI로 인식한다. 선도계약에서 손실이 발생하므로 부채가 증가하면서 순자산과 OCI가 감소한다.

참고 회계처리 (현금흐름 위험회피)

11.1	− 회계처리 없음 −			
12.31	OCI	4억	선도계약	4억
3.31	선도계약	6억	OCI	6억
3.31	현금	2억	선도계약	2억
	OCI	2억	매출	232억
	현금	230억		

빠른 풀이법

외화확정계약에 대하여 현금흐름위험회피를 적용하였으므로, 당기순이익은 변화가 없다. 2, 3번 모두 총포괄손익은 감소이므로 자본도 감소한다. 답은 3번이다. 또한, 현금흐름위험회피는 선도계약만 발생하므로 자산 또는 부채 하나만 변화가 있다. 하나만 변화하는 것도 3번밖에 없다.

답 ③

6 해외사업장순투자 위험회피

해외사업장순투자 위험회피는 자주 출제되는 주제는 아니다. 시간이 없다면 '해외사업장순투자의 위험회피가 현금흐름위험회피와 동일하다'는 것만 기억하고 넘어가자.

1. 해외사업장순투자

(1) 해외사업장순투자의 의의

해외사업장이란 보고기업과 다른 국가에서 또는 다른 통화로 영업활동을 하는 종속기업, 관계기업, 공동약정이나 지점을 말한다. 해외사업장에 대한 순투자란 해외사업장의 순자산에 대한 보고기업의 지분 금액을 말한다.

기업이 해외사업장에 투자를 할 때에는 지분을 취득할 수도 있고, 자금 대여를 할 수도 있다. 그런데 기업이 해외사업장에 자금을 대여해준 뒤 미래에 회수할 계획이 없다면 실질적으로 출자한 것이나 다름없다. 따라서 이런 경우에는 취득한 지분뿐 아니라 대여금도 해외사업장순투자로 본다.

(2) 해외사업장순투자의 범위

기업이 해외사업장으로부터 수취하거나 해외사업장에 지급할 화폐성항목 중에서 예측할 수 있는 미래에 결제할 계획이 없고 결제될 가능성이 낮은 항목은 실질적으로 그 해외사업장에 대한 순투자의 일부로 본다. 이러한 화폐성항목에는 장기 채권이나 대여금은 포함될 수 있으나 매출채권과 매입채무는 포함되지 아니한다.

2. 해외사업장순투자의 환산

	지배기업 대여금	환산손익
(1) 별도 F/S	재무상태표에 표시 O	PL
(2) 연결 F/S	**재무상태표에 표시 X**	OCI

(1) 별도재무제표: 대여금 표시 O, 환산손익 PL

화폐성항목은 마감환율을 적용하여 환산하고, 외환차이를 당기손익으로 인식한다. 따라서 해외사업장순투자로 볼 수 있는 화폐성항목(EX〉 대여금)에 대해서는 마감환율로 평가하면서 외환차이를 PL로 인식한다.

(2) 연결재무제표: 대여금 표시 X, 환산손익 OCI

① 지배기업 대여금: 상계제거

연결재무제표 작성 시 지배기업의 대여금과 종속기업의 차입금은 사실상 한 회사 내의 채권, 채무이므로 서로 상계 제거한다.

② 지배기업 대여금의 환산손익: OCI

별도재무제표에서는 지배기업의 대여금에서 발생한 외환차이를 PL로 인식했지만, **연결재무제표에서는 지배기업의 대여금에서 발생한 외환차이를 OCI로 대체한다.** 해외사업장순투자가 형식은 대여금이지만 실질적으로는 지분투자나 마찬가지이므로 대여금으로 인해 연결재무제표 상 당기순이익에 영향을 미치지 않도록 OCI로 대체하는 것이다.

3. 해외사업장순투자 위험회피 심화

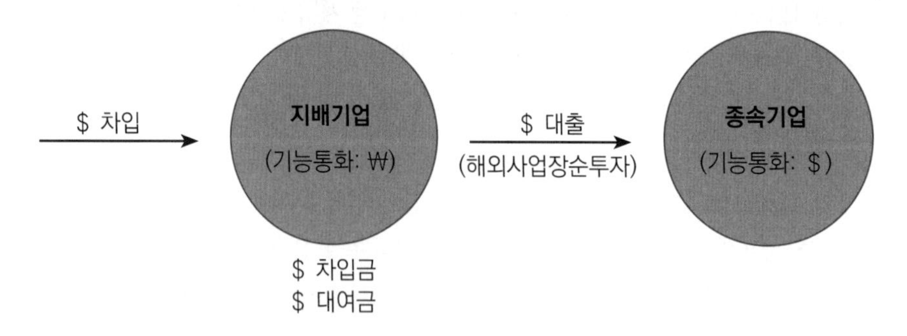

이제 해외사업장순투자의 재원이 지배기업의 외화($) 차입이라고 가정해보자. 이 경우 지배기업은 외화 차입금과 외화 대여금이 동시에 존재한다. 이때 지배기업의 외화차입금을 위험회피수단으로 지정할 수 있으며, 이를 해외사업장순투자 위험회피라고 부른다.

|재무제표에 미치는 영향|

	지배기업 차입금 (수단)		지배기업 대여금 (대상)	
	재무상태표에 표시	환산손익	재무상태표에 표시	환산손익
(1) 별도 F/S	O	PL	O	PL
(2) 연결 F/S	O	PL	X	OCI
(3) 위험회피	O	OCI	X	OCI

(1) 회계불일치

별도재무제표의 손익계산서에서는 차입금과 대여금의 환산차이가 모두 PL이므로 서로 상계되어 당기순이익에 미치는 영향이 없었는데, **연결재무제표에서는 지배기업의 대여금에서 발생한 외환차이를 OCI로 대체함에 따라 PL과 OCI가 상계되지 않고 각각 계상된다.** 차입금과 대여금이 서로 헤지 역할을 하는데, 연결조정분개로 인해 회계불일치가 발생한다.

(2) 위험회피

회계불일치가 발생하는 상태에서 외화차입금을 해외사업장순투자 위험회피수단으로 지정하면 지배기업 차입금에서 발생하는 외환차이를 OCI로 인식하게 된다. 그 결과 지배기업의 연결재무제표에서도 손익에 미치는 영향이 없게 된다.

(3) 현금흐름 위험회피와 동일 ★중요!

해외사업장순투자의 위험회피를 적용하게 되면 수단의 평가손익을 PL에서 OCI로 바꾸어 인식한다. 이 점이 현금흐름 위험회피와 동일하다. **해외사업장순투자의 위험회피가 '현금흐름' 위험회피와 동일하다는 점은 말문제로도 많이 출제되므로 반드시 기억하자.**

예 제

01 환율변동효과에 관한 다음의 설명 중 옳은 것은? 2016. CPA

① 영업활동이 이루어지는 주된 경제 환경의 통화를 기능통화, 재무제표를 표시할 때 사용하는 통화를 표시통화라고 하며, 표시통화 이외의 다른 통화를 외화라고 한다.

② 외화거래를 기능통화로 보고함에 있어서 매 보고기간말의 화폐성 외화항목은 거래일의 환율로 환산하며, 비화폐성 외화항목은 마감환율로 환산한다.

③ 비화폐성항목에서 발생한 손익을 당기손익으로 인식하는 경우에는 그 손익에 포함된 환율변동효과도 당기손익으로 인식하며, 비화폐성항목에서 발생한 손익을 기타포괄손익으로 인식하는 경우에는 그 손익에 포함된 환율변동효과도 기타포괄손익으로 인식한다.

④ 기능통화의 변경에 따른 효과는 소급법을 적용하여 회계처리한다.

⑤ 보고기업의 해외사업장에 대한 순투자의 일부인 화폐성항목에서 생기는 외환차이는 보고기업의 별도재무제표나 해외사업장의 개별재무제표에서 기타포괄손익으로 인식한다.

해설

① **기능통화** 이외의 통화를 외화라고 한다.

② 화폐성 외화항목은 **마감환율**로 환산하며, 비화폐성 외화항목은 거래일(취득원가로 측정하는 항목) or 공정가치 측정일(공정가치로 측정하는 항목)의 환율로 환산한다.

④ 기능통화의 변경에 따른 효과는 **전진법**을 적용하여 회계처리한다. '기전표소'를 기억하자.

⑤ 보고기업의 별도재무제표나 해외사업장의 개별재무제표에서 **당기손익**으로 인식한다. 기타포괄손익으로 인식하는 것은 연결재무제표이다.

답 ③

02 기업회계기준서 제1021호 '환율변동효과'에 대한 다음 설명 중 옳지 않은 것은? 2023. CPA

① 해외사업장의 취득으로 생기는 영업권과 자산·부채의 장부금액에 대한 공정가치 조정액은 해외사업장의 자산·부채로 본다. 따라서 이러한 영업권과 자산·부채의 장부금액에 대한 공정가치 조정액은 해외사업장의 기능통화로 표시하고 마감환율로 환산한다.

② 기능통화가 초인플레이션 경제의 통화인 경우 모든 금액(즉, 자산, 부채, 자본항목, 수익과 비용. 비교표시되는 금액 포함)을 최근 재무상태표 일자의 마감환율로 환산한다. 다만, 금액을 초인플레이션이 아닌 경제의 통화로 환산하는 경우에 비교표시되는 금액은 전기에 보고한 재무제표의 금액(즉, 전기 이후의 물가수준변동효과나 환율변동효과를 반영하지 않은 금액)으로 한다.

③ 보고기업의 해외사업장에 대한 순투자의 일부인 화폐성항목에서 생기는 외환차이는 보고기업의 별도재무제표나 해외사업장의 개별재무제표 및 보고기업과 해외사업장을 포함하는 재무제표에서 외환차이가 처음 발생되는 시점부터 당기손익으로 인식한다.

④ 기능통화가 변경되는 경우에는 새로운 기능통화에 의한 환산절차를 변경한 날부터 전진적용한다.

⑤ 재무제표를 작성하는 해외사업장이 없는 기업이나 기업회계기준서 제1027호 '별도재무제표'에 따라 별도재무제표를 작성하는 기업은 재무제표를 어떤 통화로도 표시할 수 있다.

해설

보고기업의 해외사업장에 대한 순투자의 일부인 화폐성항목에서 생기는 외환차이는 보고기업의 별도재무제표나 해외사업장의 개별재무제표에서 당기손익으로 적절하게 인식한다. 그러나 **보고기업과 해외사업장을 포함하는 재무제표에서는 이러한 외환차이를 처음부터 기타포괄손익으로 인식**하고 관련 순투자의 처분시점에 자본에서 당기손익으로 재분류한다.

03 20X1년초에 ㈜갑은 지분 100%를 소유한 해외종속기업 ㈜ABC에 무이자로 $1,000을 대여하였다. ㈜갑의 기능통화와 표시통화는 원화(₩)이고, ㈜ABC의 기능통화는 달러화($)이다. 동 외화대여금은 '해외사업장에 대한 순투자의 일부'에 해당한다. 20X1년 환율 정보는 다음과 같다.

구 분	환율(₩/$)
20X1년초	1,000
20X1년말	1,100
20X1년 평균	1,050

20X1년도에 동 외화대여금과 관련된 회계처리(연결절차 포함)는 모두 적절히 수행되었다. ㈜갑이 작성하는 20X1년말 연결재무상태표상 외화대여금의 잔액과 동 회계처리가 20X1년도 연결포괄손익계산서상 기타포괄이익에 미치는 영향은 각각 얼마인가? 단, 20X1년초 연결재무상태표상 외화대여금 잔액은 ₩0이고, 동 외화대여거래 이외에 다른 거래는 없었다.

2015. CPA

	외화대여금의 잔액	기타포괄이익에 미치는 영향
①	₩0	₩100,000 증가
②	₩0	영향없음
③	₩1,000,000	영향없음
④	₩1,100,000	영향없음
⑤	₩1,100,000	₩100,000 증가

해설

	지배기업 대여금 (환산손익)
1. 별도 F/S	1,100,000 (100,000 PL)
2. 연결 F/S	0 (100,000 OCI)

(1) 외화대여금 잔액: 0
본 문제는 위험회피는 없으며, 해외사업장순투자만 있는 연결재무제표에 대한 문제이다. 연결재무제표 작성 시 연결조정분개를 통해 지배기업의 대여금과 종속기업의 차입금은 서로 상계 제거하기 때문에 대여금 잔액은 없다.

(2) OCI에 미치는 영향: 100,000 증가
별도재무제표에서는 대여금을 기말 환율로 환산하므로 (1,100 − 1,000) × $1,000 = 100,000을 PL로 인식하지만, 연결재무제표에서는 PL을 OCI로 대체한다.

답 ①

7 스왑 위험회피 심화

스왑(swap)은 바꾼다는 뜻이다. 스왑에는 통화스왑, 금리스왑 등이 있는데, 회계학에서는 금리스왑만 다룬다. 금리스왑이란 고정금리를 변동금리로 바꾸거나, 변동금리를 고정금리로 바꾸는 것을 의미한다.

스왑은 다른 위험회피(확정계약, 예상거래)에 비해 자주 출제되는 편은 아니다. 확정계약 및 예상거래에 대한 FV회피, CF회피를 먼저 완벽하게 한 뒤에 시간이 남으면 스왑 위험회피를 공부하자.

1. 스왑 분석방법

스왑 문제가 출제될 경우 가장 먼저 할 일은 스왑을 분석하는 것이다. 다음과 같은 그림을 그려서 스왑을 분석할 것이다. LIBOR 금리란 런던 금융 시장에서 한 은행이 다른 은행에게 대출할 때 적용되는 이자율로, 변동이자율의 기준이 되는 이자율이라고 생각하면 된다. 본서에서는 줄여서 L%라고 표시할 것이다.

(1) 차입 상황

A는 차입금을 고정이자율 연 5%로 차입하였다. A는 동 일자에 LIBOR를 지급하고 고정이자율 연 4%를 수취하는 이자율스왑계약을 체결하였다.

←5%
A
←4% —
— L%→
B
스왑 후 금리:
L + 1%

(2) 대여 상황

C는 대여금을 고정이자율 연 5%로 대여하였다. C는 동 일자에 LIBOR를 수취하고 고정이자율 연 4%를 지급하는 이자율스왑계약을 체결하였다.

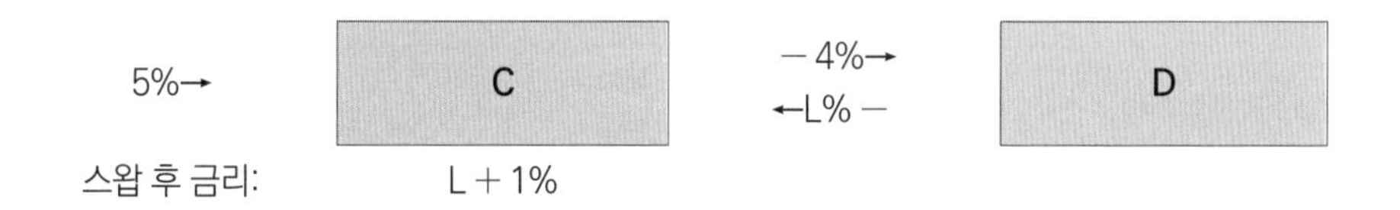

STEP 1 스왑 전 금리 쓰기

스왑 이전에 기존 차입금 혹은 대여금의 금리를 적는다. 차입 상황이면 이자비용이 나가므로 화살표를 바깥으로 그리고, 대여 상황이면 이자수익이 들어오므로 화살표를 안으로 그린다.

STEP 2 스왑으로 주고 받는 금리 쓰기

문제에서 스왑에 대해 설명을 해줄 것이다. 각 기업이 주고, 받는 금리를 표시한다. 주는 금리는 바깥으로, 받는 금리는 안으로 그린다.

STEP 3 스왑 후 금리 쓰기

스왑 전 금리에, 스왑으로 주고 받는 금리를 반영하여 스왑 후 금리를 적는다. 기업은 스왑 후 금리대로 이자비용(or 수익)을 인식한다. 후술할 것이지만, 이 이자비용(or 수익)이 각 기업이 인식하는 PL이 된다.

A는 스왑 전 5%를 지급하지만 스왑을 통해 L%를 지급하고, 4%를 받는다. 고정금리는 4%를 받아서 5%를 지급하므로 최종적으로 부담하는 금리는 (L + 1)%이다.

C는 스왑 전 5%를 수취하지만 스왑을 통해 L%를 받고, 4%를 지급한다. 고정금리는 5%를 받아서 4%를 지급하므로 최종적으로 수취하는 금리는 (L + 1)%이다.

2. 스왑 위험회피의 종류

스왑에 대한 위험회피회계는 공정가치위험회피와 현금흐름위험회피 두 종류로 나뉜다. 금리스왑은 주로 차입 상황으로 출제되므로 본서에서도 차입금을 기준으로 설명하겠다.

	고정금리	변동금리
노출된 위험	공정가치 변동위험	현금흐름 변동위험
필요한 위험회피	공정가치위험회피 (고정금리→변동금리)	현금흐름위험회피 (변동금리→고정금리)

(1) 공정가치위험회피 (고정금리→변동금리)

고정금리 차입금은 미래 현금흐름이 고정되어 있으므로 현금흐름 변동위험은 없으나, 이자율 변동에 따른 차입금의 공정가치 변동위험에 노출되어 있다. 현금흐름이 고정인데 할인율이 변동하면 현재가치가 변하기 때문이다.

고정금리를 변동금리로 바꾸는 스왑을 체결하면 차입금의 공정가치 변동위험을 회피할 수 있으므로 공정가치위험회피에 해당한다.

(2) 현금흐름위험회피 (변동금리→고정금리)

변동금리 차입금은 미래 현금흐름이 이자율 변동에 따라 미래 현금흐름이 변동하므로 현금흐름 변동위험에 노출되어 있다.

변동금리를 고정금리로 바꾸는 스왑을 체결하면 이자 지급액의 변동위험을 회피할 수 있으므로 현금흐름위험회피에 해당한다.

3. 공정가치위험회피 (고정금리→변동금리)

〈가치변동표〉

	X0		X1		X2		X3
고정차입금	(액면가)	∓XXX	(액면가 + FV)	∓XXX	(액면가 + FV)	∓XXX	(액면가)
스왑	0	±XXX	FV	±XXX	FV	±XXX	0
변동차입금	(액면가)		(액면가)		(액면가)		(액면가)

STEP 1 대상과 수단 적기

(1) 위험회피 대상

공정가치 위험회피 대상은 고정금리 차입금이다.

(2) 위험회피 수단

수단은 고정금리를 변동금리로 바꾸는 스왑이다.

STEP 2 날짜 적기

스왑 위험회피에서 제시되는 차입금은 대부분 만기가 3년으로 제시된다. X0, X1, X2, X3을 적자. 표에 적은 날짜는 전부 기말을 의미한다. X0은 X1년초를 의미한다.

STEP 3 금액 적기

(1) 위험회피 수단(스왑): 공정가치

문제에서 제시한 스왑의 공정가치를 적는다. 이때, 부호를 조심하자. 문제에 제시된 스왑의 공정가치를 그대로 적지 말자. 문제에 제시된 스왑과 위험회피수단으로 사용하는 스왑이 반대 방향이라면 부호를 반대로 적어야 할 수도 있다.

예를 들어, 회사는 고정금리를 수취하고 변동금리를 지급하는 스왑을 체결하였는데 문제에서는 변동금리를 수취하고 고정금리를 지급하는 스왑의 공정가치를 제시할 수 있다. 스왑의 방향을 보고 판단하는 것이 가장 정확하지만, **회사가 스왑에서 이익을 보고 있는지, 손실을 보고 있는지에 따라 부호를 결정하는 것이 더 쉽다. '스왑으로 수취하는 금리〉지급하는 금리'라면(이득) 스왑의 공정가치를 양수로 적고, 그 반대라면(손실) 스왑의 공정가치를 음수로 적으면 된다.**

(2) 위험회피 대상(고정차입금): 액면가±스왑의 공정가치

① 부호

차입금이므로, 다음 금액을 음수로 적는다.

② 금액

고정금리라면 현금흐름이 고정이므로, 이자율이 바뀌면 현재가치가 바뀐다. 문제에서 고정차입금의 공정가치를 제시해주면 그 공정가치를 적으면 된다.

(고정차입금) + 스왑의 FV = (변동차입금) = (액면가) (고정차입금) = (액면가 + 스왑의 FV)

만약 문제에서 고정차입금의 공정가치를 제시해주지 않는다면, 변동차입금의 공정가치를 이용해서 고정차입금의 공정가치를 계산해야 한다. 현재 고정금리를 변동금리로 바꾸는 스왑을 체결했기 때문에 기존에 보유하던 고정금리 차입금의 공정가치에 스왑의 공정가치를 더하면 변동금리 차입금의 공정가치와 일치한다.

변동금리라면 이자율이 바뀌더라도 현재가치가 바뀌지 않으므로, **변동금리 차입금의 공정가치는 항상 액면가로 고정**이다. 따라서 액면가에 스왑의 공정가치를 더하면 고정금리 차입금의 가치를 구할 수 있다.

예를 들어, 액면가 ₩1,000,000의 고정차입금이 있는 상황에서 고정금리를 수취하고, 변동금리를 지급하는 스왑을 체결하였다고 하자. 스왑의 공정가치가 ₩100,000이라면 고정차입금의 가치는 다음과 같이 계산한다.

(고정차입금) + 100,000 = (1,000,000) (고정차입금) = (1,100,000)

손익 계산하기=스왑 후 이자비용

: 차입금과 스왑의 평가손익 서로 상계

(외화)확정계약과 마찬가지로, 공정가치위험회피 적용 시 대상(고정차입금)의 평가손익은 수단(스왑)의 평가손익과 금액이 같고 부호만 다르다. 위 사례에서 스왑에서 평가이익 100,000을 인식하지만, 차입금이 100,000 증가하므로 평가손실 100,000을 인식하여 평가손익이 서로 상계된다. 공정가치위험회피는 대상(차입금)과 수단(스왑)의 평가손익을 모두 PL로 인식하므로 평가손익이 상계되어, 당기손익에 미치는 영향이 없다. 따라서 **공정가치위험회피 적용 시 인식하는 당기손익은 스왑 후 이자비용**이다.

※주의 이자비용 계산 시 주의사항

(1) 스프레드를 빼먹지 말 것!

기존 차입금의 이자비용 전체를 다 스왑하는 것이 아니라, 일부만 스왑할 수도 있다. 가령, 5%로 차입한 경우 3%를 수취하고, L%를 지급할 수도 있다. 이 경우 최종적으로 부담하는 이자율은 'L%'가 아닌 'L+2%'이다. **스왑으로 수수하는 이자만 고려하지 말고, 남은 이자(스프레드)도 고려하자.**

(2) 변동금리는 기초의 LIBOR를 적용한다!

스왑 후에 변동금리를 적용받는다면 이자율에는 LIBOR가 포함된다. 이때 **LIBOR는 '기초' 이자율을 적용**한다. 상식적으로 이자율은 차입/대여 전에 정하지, 실제로 이자를 수수할 때 정하는 것이 아니기 때문이다. 예를 들어 X1년말에 지급하는 이자는 X1년초 LIBOR를 바탕으로 계산하고, X2년말에 지급하는 이자는 X2년초 LIBOR를 바탕으로 계산한다.

차입금 장부금액: 기존 차입금 장부금액

스왑 위험회피에서는 차입금 장부금액을 잘 묻는데, 무조건 **스왑 전에 보유하던 기존 차입금의 장부금액으로 답하자.** 기존 차입금이 고정차입금이므로, 가치변동표에 적은 고정차입금의 가치로 답하면 된다.

4. 현금흐름위험회피 (변동금리→고정금리)

〈가치변동표〉

	X0		X1		X2		X3
변동차입금	(액면가)	0	(액면가)	0	(액면가)	0	(액면가)
스왑	FV	±XXX	FV	±XXX	FV	±XXX	0

STEP 1 대상과 수단 적기

(1) 위험회피 대상
현금흐름 위험회피 대상은 변동금리 차입금이다.

(2) 위험회피 수단
수단은 변동금리를 고정금리로 바꾸는 스왑이다.

STEP 2 날짜 적기

X0, X1, X2, X3을 적자.

STEP 3 금액 적기

(1) 위험회피 수단(스왑): 공정가치
문제에서 제시한 스왑의 공정가치를 적는다. '스왑으로 수취하는 금리>지급하는 금리'라면(이득) 스왑의 공정가치를 양수로 적지만, 그 반대라면(손실) 스왑의 공정가치를 음수로 적어야 한다.

(2) 위험회피 대상(변동차입금): 액면가
변동금리라면 이자율이 바뀌더라도 현재가치가 바뀌지 않으므로, 변동금리 차입금의 가치는 항상 액면가로 고정이다. 차입금이므로, 액면가를 음수로 적는다.

STEP 4 손익 계산하기=스왑 후 이자비용

: 스왑 평가손익만 OCI로 인식
변동금리 차입금의 가치는 액면가로 불변이므로 평가손익이 발생하지 않는다. 현금흐름위험회피를 적용하므로 스왑의 평가손익은 전액 OCI로 인식한다. 비효과적인 부분 없이, 100% 효과적이라고 보는 것이다. (이유는 넘어가자.)
대상은 평가손익이 없고, 수단의 평가손익을 모두 OCI로 인식하므로 평가손익이 당기손익에 미치는 영향이 없다. 따라서 현금흐름위험회피 적용 시 인식하는 당기손익은 스왑 후 이자비용이다. 공정가치위험회피와 같은 결과이다.

STEP 5 차입금 장부금액: 기존 차입금 장부금액=액면가

기존 차입금이 변동차입금이므로, 액면가이다.

스왑 위험회피 요약 ★중요!

스왑 위험회피 내용을 표 하나로 요약해보았다. 이 표 하나만 기억하면 스왑 위험회피의 모든 문제를 다 풀 수 있다.

스왑	위험회피	NI =스왑 후 이자손익	OCI	차입금 BV : 기존 차입금	스왑 평가손익
고→변	FV회피	변동이자	X	액면가 + 스왑	100% 상계됨
변→고	CF회피	고정이자	스왑 평가손익	액면가	100% 효과적

※ 주의 이자 스프레드를 빼먹지 말 것!

예제

※ 다음의 자료를 이용하여 문제 1번과 문제 2번에 답하시오.
위험회피회계가 적용되는 위험회피수단 및 위험회피대상항목과 관련된 ㈜갑의 자료는 다음과 같다.

〈상황 1〉
㈜갑은 20X1년 1월 1일에 만기가 3년인 차입금 ₩1,000을 연 'LIBOR + 1%'로 차입하였다. ㈜갑은 시장이자율 변동에 따른 위험을 회피하기 위하여 동 일자에 LIBOR를 수취하고 고정이자율 연 4%를 지급하는 이자율스왑계약을 체결하였다.

〈상황 2〉
㈜갑은 20X1년 1월 1일에 만기가 3년인 차입금 ₩1,000을 고정이자율 연 5%로 차입하였다. ㈜갑은 시장이자율 변동에 따른 위험을 회피하기 위하여 동 일자에 고정이자율 연 4%를 수취하고 LIBOR를 지급하는 이자율스왑계약을 체결하였다.

〈공통사항〉
장기차입금과 이자율스왑 각각의 만기, 원금과 계약금액, 이자지급일과 이자율스왑 결제일은 동일하며, 장기차입금의 이자지급과 이자율스왑의 결제는 매년 말에 이루어지고, 이를 결정하는 LIBOR는 매년 초에 각각 확정된다. 12개월 만기 LIBOR는 다음과 같다.

20X1년초	20X2년초	20X3년초
4.0%	5.0%	2.0%

장기차입금과 이자율스왑계약의 공정가치는 무이표채권할인법(zero − coupon method)에 의하여 산정하며, 20X1년초와 20X1년말 및 20X2년말의 이자율스왑의 공정가치는 각각 ₩0, (−)₩18, ₩19으로 한다. ㈜갑의 차입원가는 모두 비용으로 인식하고, 매년 말 이자율 스왑의 위험회피효과는 모두 효과적이며, 법인세효과는 고려하지 않는다.

01 위 〈상황 1〉에서 장기차입금과 이자율스왑 관련 거래가 ㈜갑의 20X2년도 포괄손익계산서의 당기순이익에 미치는 영향과 20X2년말 재무상태표에 계상될 차입금 금액은 얼마인가? 2013. CPA

	당기순이익에 미치는 영향	차입금 금액
①	₩13 감소	₩1,000
②	₩13 감소	₩1,019
③	₩40 감소	₩1,000
④	₩50 감소	₩1,000
⑤	₩50 감소	₩1,019

해설

←L + 1% [갑] ←L% — — 4%→ [ ]

스왑 후 금리: 5%

가치변동표〉

	X0		X1		X2		X3
변동차입금	(1,000)	0	(1,000)	0	(1,000)	0	(1,000)
스왑	0	+18	18	−37	(19)	+19	0

X2년 초(=X1년 말) LIBOR가 5%이므로 갑 입장에서는 이익이다. 따라서 X1말 스왑의 공정가치 18을 양수로 적는다.
X3년 초(=X2년 말) LIBOR가 2%이므로 갑 입장에서는 손해이다. 따라서 X2말 스왑의 공정가치 19를 음수로 적는다.
X3년 말에는 스왑이 종료되었으므로 스왑의 가치는 0이다.

(1) 당기순이익에 미치는 영향 = 이자손익 = 1,000 × 5% = 50 감소
(2) 차입금 금액 = 기존 차입금 장부금액 = 1,000

참고 회계처리

X1초	현금	1,000	차입금	1,000
X1말	이자비용	50	현금	50
	스왑	18	OCI	18
X2말	이자비용	50	현금	50
	OCI	37	스왑	37
X3말	이자비용	50	현금	50
	스왑	19	OCI	19
	차입금	1,000	현금	1,000

답 ④

02 위 〈상황 2〉에서 장기차입금과 이자율스왑 관련 거래가 ㈜갑의 20X2년도 포괄손익계산서의 당기순이익에 미치는 영향과 20X2년말 재무상태표에 계상될 차입금 금액은 얼마인가?

2013. CPA

	당기순이익에 미치는 영향	차입금 금액
①	₩23 감소	₩1,000
②	₩23 감소	₩1,019
③	₩50 감소	₩1,019
④	₩60 감소	₩1,000
⑤	₩60 감소	₩1,019

해설

←5% 갑 ←4% — — L%→

스왑 후 금리: L + 1%

가치변동표〉

	X0		X1		X2		X3
고정차입금	(1,000)	+18	(982)	−37	(1,019)	+19	(1,000)
스왑	0	−18	(18)	+37	19	−19	0
변동차입금	(1,000)		(1,000)		(1,000)		(1,000)

X2년 초(=X1년 말) LIBOR가 5%이므로 갑 입장에서는 손해이다. 따라서 X1말 스왑의 공정가치 18을 음수로 적는다.
X3년 초(=X2년 말) LIBOR가 2%이므로 갑 입장에서는 이익이다. 따라서 X2말 스왑의 공정가치 19를 양수로 적는다.
X3년 말에는 스왑이 종료되었으므로 스왑의 가치는 0이다.

(1) 당기순이익에 미치는 영향 = 이자손익 = 1,000 × (5 + 1)% = 60 감소
X2년말에 지급하는 이자는 X2년초 LIBOR 5%를 바탕으로 계산한다.

(2) 차입금 금액 = 기존 차입금 장부금액 = 1,019
고정차입금의 공정가치와 스왑의 가치의 합이 액면금액인 1,000이 되어야 한다. 따라서 X2년말 고정차입금은 1,019이다.

참고 회계처리

X1초	현금	1,000	차입금	1,000
X1말	이자비용	50	현금	50
	차입금	18	PL	18
	PL	18	스왑	18
X2말	이자비용	60	현금	60
	PL	37	차입금	37
	스왑	37	PL	37
X3말	이자비용	30	현금	30
	차입금	19	PL	19
	PL	19	스왑	19
	차입금	1,000	현금	1,000

답 ⑤

8 위험회피회계 말문제

1. 위험회피회계 요약 중요!

위험회피회계 말문제에 제시되는 상당수의 선지는 지금까지 배운 계산문제에 대한 내용이다. 따라서 위험회피회계 계산문제 내용을 완벽히 기억하자. 나머지 선지들은 아래에 있는 말문제 관련 내용만 기억해도 대부분 풀 수 있다.

<table>
<tr><th rowspan="2"></th><th rowspan="2">FV회피</th><th rowspan="2">CF회피</th><th colspan="2">외화확정계약</th></tr>
<tr><th>FV회피</th><th>CF회피</th></tr>
<tr><td>NI</td><td>0</td><td>비효과적</td><td colspan="2">0</td></tr>
<tr><td>OCI</td><td>0</td><td>효과적</td><td>0</td><td>선도 평가손익</td></tr>
<tr><td>자산
부채</td><td>증가
증가</td><td rowspan="2">선도계약 변동분</td><td>증가
증가</td><td rowspan="2">선도계약
변동분</td></tr>
<tr><td>자본</td><td>불변</td><td>불변</td></tr>
</table>

스왑	위험회피	NI =스왑 후 이자손익	OCI	차입금 BV : 기존 차입금
고→변	FV회피	변동이자	X	액면가 + 스왑
변→고	CF회피	고정이자	스왑 평가손익	액면가

2. 파생상품

파생상품이란 다음의 세 가지 특성을 모두 가진 금융상품이나 그 밖의 계약을 말한다.

① 기초변수의 변동에 따라 가치가 변동
기초변수는 이자율, 금융상품가격, 일반상품가격, 환율, 가격 또는 비율의 지수, 신용등급 또는 신용지수나 그 밖의 변수를 말한다. 다만, 비금융변수의 경우에는 계약의 당사자에게 특정되지 아니하여야 한다.
② 적은 순투자금액
최초 계약 시 순투자금액이 필요하지 않거나 시장 요소의 변동에 비슷한 영향을 받을 것으로 예상되는 다른 유형의 계약보다 적은 순투자금액이 필요하다.
③ 미래에 결제됨

3. 위험회피수단

위험회피수단 지정 가능	위험회피수단 지정 불가
FVPL 파생상품 FVPL 비파생금융자산, 비파생금융부채 비파생금융자산이나 비파생금융부채의 외화위험 부분	FVPL 지정 금융부채 FVOCI 선택 금융자산 (지분상품) 자기지분상품

(1) 위험회피수단으로 지정할 수 있는 항목

일부 발행한 옵션을 제외하고, 당기손익 – 공정가치 측정 파생상품은 위험회피수단으로 지정할 수 있다. 당기손익 – 공정가치 측정 비파생금융자산이나 비파생금융부채는 위험회피수단으로 지정할 수 있다. 외화위험회피의 경우 비파생금융자산이나 비파생금융부채의 외화위험 부분은 위험회피수단으로 지정할 수 있다.

(2) 위험회피수단으로 지정할 수 없는 항목

위험회피수단이 되기 위해서는 공정가치 변동을 PL로 인식할 수 있어야 한다. 공정가치위험회피의 경우 위험회피수단의 공정가치 변동을 PL로 인식한다. 현금흐름위험회피의 경우 위험회피수단의 공정가치 변동 중에서 비효과적인 부분은 PL로 인식한다. 따라서 공정가치 변동을 PL로 인식할 수 없는 항목은 위험회피수단으로 지정할 수 없다.

① FVPL 지정 금융부채, FVOCI 선택 금융자산 (지분상품)

당기손익 – 공정가치로 측정하도록 지정한 금융부채로서 신용위험의 변동으로 생기는 공정가치의 변동 금액을 기타포괄손익으로 표시하는 금융부채는 제외한다. 공정가치의 변동을 기타포괄손익으로 표시하기로 선택한 지분상품의 투자는 제외한다. 위 두 항목은 공정가치 변동을 무조건 OCI로 인식하므로 위험회피수단으로 지정할 수 없다.

② 자기지분상품

자기지분상품(자기주식)은 공정가치 평가를 하지 않으므로 위험회피수단으로 지정할 수 없다.

(3) 위험회피수단의 지정

조건을 충족하는 금융상품은 전체를 위험회피수단으로 지정해야 한다. 다음의 경우에만 예외적으로 금융상품 일부를 위험회피수단으로 지정하는 것이 허용된다.

① 옵션계약의 내재가치와 시간가치를 구분하여 내재가치의 변동만을 위험회피수단으로 지정하고 시간가치의 변동은 제외하는 경우
② 선도계약에서 선도요소와 현물요소를 구분하고 선도계약의 현물요소의 공정가치 변동만을 위험회피수단으로 지정하는 경우. 이와 비슷하게 외화 베이시스 스프레드는 분리하여 위험회피수단으로 지정하지 않을 수 있다.
③ 전체 위험회피수단의 비례적 부분(예: 명목금액의 50%)을 위험회피관계에서 위험회피수단으로 지정하는 경우. 그러나 위험회피수단의 잔여 만기 중 일부 기간에서만 생긴 공정가치의 일부 변동을 위험회피수단으로 지정할 수 없다.

4. 위험회피대상항목

(1) 위험회피대상항목의 범위

인식된 자산이나 부채, 인식되지 않은 확정계약, 예상거래나 해외사업장순투자는 위험회피대상항목이 될 수 있다. 위험회피대상항목은 단일 항목 또는 항목의 집합일 수 있으며, 단일 항목의 구성요소나 항목 집합의 구성요소도 위험회피대상항목이 될 수 있다. 위험회피대상항목은 신뢰성 있게 측정할 수 있어야 한다.

위험회피대상항목 지정 가능	위험회피대상항목 지정 불가
인식된 자산, 부채 인식되지 않은 확정계약 '발생가능성이 매우 큰' 예상거래	사업을 취득하기로 하는 확정계약 (단, 외화위험에 대하여는 지정 가능)
개별기업 사이의 거래 – 개별 or 별도 F/S	개별기업 사이의 거래 – 연결 F/S
해외사업장순투자, FVOCI 선택 금융자산	지분법적용투자주식, 종속기업투자주식

① 예상거래: 발생 가능성이 매우 커야 함

위험회피대상항목이 예상거래인 경우 그 거래는 발생 가능성이 매우 커야 한다.

② 사업을 취득하기로 하는 확정계약

사업결합에서 사업을 취득하기로 하는 확정계약은 위험회피대상항목이 될 수 없다. 다만, 외화위험에 대하여는 위험회피대상항목으로 지정할 수 있다. 그 이유는 외화위험이 아닌 다른 회피대상위험은 특정하여 식별할 수도 없고 측정할 수도 없기 때문이다. 이러한 다른 위험은 일반적인 사업위험이다.

③ 연결실체 내의 개별기업 사이의 거래

연결실체 내의 개별기업 사이의 거래는 연결실체 내의 개별기업의 개별재무제표나 별도재무제표에서 위험회피대상항목으로 지정할 수 있으나, 연결재무제표에서는 위험회피대상항목으로 지정할 수 없다. 연결실체 내의 개별기업 사이의 거래는 연결재무제표에서 상계제거되기 때문이다.

④ 지분법적용투자주식, 종속기업투자주식, 해외사업장순투자

지분법적용투자주식은 공정가치위험회피의 위험회피대상항목이 될 수 없다. 그 이유는 지분법은 투자주식의 공정가치 변동 대신에 피투자기업의 손익 중 투자기업의 몫을 당기손익으로 인식하기 때문이다. 또한, 연결대상 종속기업에 대한 투자주식은 공정가치위험회피의 위험회피대상항목이 될 수 없다. 그 이유는 종속기업투자는 공정가치 변동을 인식하지 않고 원가법으로 회계처리하기 때문이다.

해외사업장순투자의 위험회피는 이와 다른데, 이는 투자지분의 공정가치 변동에 대한 공정가치위험회피가 아니라 외화 익스포저에 대한 위험회피이므로 위험회피대상항목이 될 수 있기 때문이다.

⑤ FVOCI 선택 금융자산: 공정가치위험회피대상 가능, 수단이 평가손익을 OCI로 인식

원칙적으로 공정가치위험회피를 적용하는 경우 위험회피'대상'의 평가손익을 당기손익으로 인식한다. 그러나 FVOCI 선택 금융자산(지분상품)은 평가손익을 기타포괄손익으로 인식해야 한다. 수단(선도계약)은 평가손익을 당기손익으로 인식하는데 대상이 평가손익을 기타포괄손익으로 인식하므로 회계불일치가 발생한다.

따라서 FVOCI 선택 금융자산이 공정가치위험회피대상인 경우에는 위험회피'수단'이 평가손익을 기타포괄손익으로 인식함으로써 회계불일치를 해소한다.

(2) 위험회피대상항목의 지정

위험회피관계에서 항목 전체나 항목의 구성요소를 위험회피대상항목으로 지정할 수 있다. 전체 항목은 항목의 모든 현금흐름 변동이나 모든 공정가치 변동을 말한다. 항목의 구성요소는 항목의 전체 공정가치 변동이나 현금흐름의 변동보다 적은 부분을 말한다.

(3) 외부 당사자와 관련된 것만 위험회피수단 및 위험회피대상항목으로 지정 가능

위험회피회계의 목적상 보고기업의 외부 당사자와 관련된 자산, 부채, 확정계약 또는 발생가능성이 매우 높은 예상거래만을 위험회피대상항목으로 지정할 수 있다. 또한, 위험회피회계의 목적상 보고실체의 외부 당사자와 체결한 계약만을 위험회피수단으로 지정할 수 있다.

외부 당사자와 관련된 거래가 아니라면 거래의 양 당사자가 사실상 하나이기 때문에 거래에서 발생하는 손익이 상쇄된다. 만약 기업이 이익을 본다면 상대방은 손실을 볼텐데, 상대방이 외부 당사자가 아니라면 기업은 이익을 볼 수 없다.

5. 위험회피회계의 적용 조건

다음의 조건을 모두 충족하는 위험회피관계에 대해서만 위험회피회계를 적용한다.

(1) 적격한 수단과 대상

위험회피관계는 적격한 위험회피수단과 적격한 위험회피대상항목으로만 구성된다.

(2) 문서화

위험회피의 개시시점에 위험회피관계와 위험회피를 수행하는 위험관리의 목적과 전략을 공식적으로 지정하고 문서화한다. 이 문서에는 위험회피수단, 위험회피대상항목, 회피대상위험의 특성과 위험회피관계가 위험회피효과에 대한 요구사항을 충족하는지를 평가하는 방법(위험회피의 비효과적인 부분의 원인 분석과 위험회피비율의 결정 방법 포함)이 포함되어야 한다.

(3) 위험회피효과에 관한 요구사항 모두 충족

① 위험회피대상항목과 위험회피수단 사이에 **경제적 관계가 있다.**
② **신용위험의 효과가** 위험회피대상항목과 위험회피수단의 경제적 관계로 인한 가치 변동 보다 **지배적이지 않다.**
③ 위험회피관계의 **위험회피비율은** 기업이 실제로 위험을 회피하는 위험회피대상항목의 수량과 위험회피대상항목의 수량의 위험을 회피하기 위해 기업이 실제 사용하는 **위험회피수단의 수량의 비율과 같다.**

6. 위험회피회계의 중단

(1) 자발적 중단 불가 ★중요!

기업은 위험회피회계를 자발적으로 중단할 수 없다. 위험회피관계가 적용조건을 충족하지 않는 경우에만 전진적으로 위험회피회계를 중단한다.

(2) 위험회피관계 전체 중단

위험회피관계가 전체적으로 적용조건을 충족하지 못하는 경우에는 위험회피관계 전체를 중단한다. 예를 들면 다음과 같다.

① 위험회피관계가 위험회피회계를 적용할 수 있었던 근거인 위험관리목적을 더 이상 충족하지 않는다.
② 위험회피수단이 (위험회피관계의 일부였던 전체 수량이) 매각되거나 종료되었다.
③ 위험회피대상항목과 위험회피수단 사이의 경제적 관계가 더 이상 존재하지 않거나 신용위험의 효과가 경제적 관계에서 비롯된 가치 변동보다 지배적이 되기 시작한다.

(3) 위험회피관계 일부 중단: 가능

위험회피관계의 일부만이 적용조건을 더 이상 충족하지 못하는 경우에 일부 위험회피관계를 중단한다(나머지 위험회피관계에 대하여 위험회피회계를 지속한다). 예를 들면 다음과 같다.

① 위험회피관계를 재조정할 때 위험회피대상항목의 수량 중 일부가 더 이상 위험회피관계의 일부가 되지 않도록 위험회피비율을 조정할 수 있다. 따라서 더 이상 위험회피관계의 일부가 아닌 위험회피대상항목의 수량에 대해서만 위험회피회계를 중단한다.
② 위험회피대상항목인 예상거래 수량의 일부가 더 이상 발생할 가능성이 매우 크지 않다면 더 이상 발생할 가능성이 매우 크지 않은 위험회피대상항목의 수량에 대해서만 위험회피회계를 중단한다.

7. 현금흐름위험회피적립금

(1) 현금흐름위험회피적립금의 측정

현금흐름위험회피수단인 선도계약의 평가손익 중 위험회피에 효과적인 부분은 기타포괄손익(현금흐름위험회피적립금)으로 인식한다. 위험회피대상항목과 관련된 별도의 자본 요소(효과적인 부분)는 다음 중 적은 금액(절대금액 기준)으로 조정한다.

① 위험회피수단의 **손익누계액**
② 위험회피대상항목의 **공정가치**(현재가치) **변동 누계액**(위험회피대상 미래예상현금흐름의 변동 누계액의 현재가치)

(2) 현금흐름위험회피적립금의 처리

현금흐름위험회피적립금 누계액은 다음과 같이 회계처리한다.

	OCI 처리 방법	재분류조정
예상거래로 비금융자산/부채 인식 or (외화)확정계약	자산, 부채의 장부금액에 직접 포함	X
위 상황이 아닌 경우	PL에 영향을 미치는 기간에 반영	O
OCI가 차손이며 회복되지 않을 것으로 예상	회복되지 않을 것으로 예상되는 금액을 즉시 재분류조정	O

① 위험회피대상 예상거래로 인해 후속적으로 비금융자산이나 비금융부채를 인식하게 되거나, 비금융자산이나 비금융부채에 대한 위험회피대상 예상거래가 공정가치위험회피회계를 적용하는 확정계약이 된다면, 현금흐름위험회피적립금에서 그 금액을 제거하고 관련 자산 또는 부채의 최초 원가나 그 밖의 장부금액에 그 금액을 직접 포함한다. 이것은 재분류조정이 아니며, 따라서 기타포괄손익에 영향을 미치지 않는다.

② ①가 적용되지 않는 현금흐름위험회피의 경우에 해당 금액은 위험회피대상 미래예상현금흐름이 당기손익에 영향을 미치는 기간(예: 이자수익이나 이자비용을 인식하는 기간이나 예상매출이 생긴 때)에 현금흐름위험회피적립금에서 당기손익에 재분류한다.
③ 그러나 현금흐름위험회피적립금이 차손이며 그 차손의 전부나 일부가 미래 기간에 회복되지 않을 것으로 예상된다면, 회복되지 않을 것으로 예상되는 그 금액을 재분류조정으로 즉시 당기손익으로 재분류한다.

예제

01 파생상품을 이용한 위험회피회계와 관련된 다음의 설명 중 옳은 것은? 2014. CPA 수정

① 공정가치위험회피회계를 적용하는 경우 위험회피대상항목의 손익은 기타포괄손익으로 인식한다.
② 현금흐름위험회피회계를 적용하는 경우 위험회피수단의 손익 중 위험회피에 효과적인 부분은 당기손익으로 인식한다.
③ 미인식 확정계약의 공정가치변동위험을 회피하기 위해 파생상품을 이용하는 경우 파생상품의 공정가치 변동은 확정계약이 이행되는 시점에 당기손익으로 인식한다.
④ 지분법적용투자주식과 종속기업에 대한 투자주식은 공정가치위험회피의 위험회피대상항목이 될 수 있다.
⑤ 변동이자율 수취조건의 대출금에 대해 이자율스왑(변동금리 지급, 고정금리 수취)계약을 체결하면 이는 현금흐름위험회피유형에 해당한다.

해설

① 공정가치위험회피회계를 적용하는 경우 위험회피대상항목의 손익은 **당기손익**으로 인식한다.
② 현금흐름위험회피회계를 적용하는 경우 위험회피수단의 손익 중 위험회피에 효과적인 부분은 **기타포괄손익**으로 인식한다.
③ 미인식 확정계약의 공정가치변동위험을 회피하기 위해 파생상품을 이용하는 경우 파생상품의 공정가치 변동은 **확정계약이 이행되는 시점뿐 아니라 재측정하는 시점마다** 당기손익으로 인식한다.
④ 지분법적용투자주식과 종속기업에 대한 투자주식은 공정가치위험회피의 위험회피대상항목이 될 수 **없다**.

답 ⑤

02 기업회계기준서 제1109호 '금융상품'에 대한 다음 설명 중 옳지 않은 것은? 2019. CPA

① 인식된 자산이나 부채, 인식되지 않은 확정계약, 예상거래나 해외사업장순투자는 위험회피대상항목이 될 수 있다. 이 중 위험회피대상항목이 예상거래(또는 예상거래의 구성요소)인 경우 그 거래는 발생 가능성이 매우 커야 한다.

② 사업결합에서 사업을 취득하기로 하는 확정계약은 외화위험을 제외하고는 위험회피대상항목이 될 수 없다. 그러나 지분법적용투자주식과 연결대상 종속기업에 대한 투자주식은 공정가치위험회피의 위험회피대상항목이 될 수 있다.

③ 해외사업장순투자의 위험회피에 대한 회계처리 시, 위험회피수단의 손익 중 위험회피에 효과적인 것으로 결정된 부분은 기타포괄손익으로 인식하고 비효과적인 부분은 당기손익으로 인식한다.

④ 현금흐름위험회피가 위험회피회계의 적용조건을 충족한다면 위험회피대상항목과 관련된 별도의 자본요소(현금흐름위험회피적립금)는 (가)위험회피 개시 이후 위험회피수단의 손익누계액과 (나)위험회피 개시 이후 위험회피대상항목의 공정가치(현재가치) 변동 누계액 중 적은 금액(절대금액 기준)으로 조정한다.

⑤ 외화위험회피의 경우 비파생금융자산이나 비파생금융부채의 외화위험 부분은 위험회피수단으로 지정할 수 있다. 다만, 공정가치의 변동을 기타포괄손익으로 표시하기로 선택한 지분상품의 투자는 제외한다.

해설

지분법적용투자주식과 연결대상 종속기업에 대한 투자주식은 공정가치위험회피의 위험회피대상항목이 될 수 없다.

③ 해외사업장순투자의 위험회피는 현금흐름위험회피와 같으므로, 효과적인 부분은 OCI로, 비효과적인 부분은 PL로 인식한다.

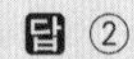
답 ②

03 기업회계기준서 제1109호 '금융상품'에 대한 다음 설명 중 옳지 않은 것은? 2023. CPA

① 외화위험회피의 경우 비파생금융자산이나 비파생금융부채의 외화위험 부분은 위험회피수단으로 지정할 수 있다. 다만, 공정가치의 변동을 기타포괄손익으로 표시하기로 선택한 지분상품의 투자는 제외한다.

② 연결실체 내의 화폐성항목이 기업회계기준서 제1021호 '환율변동효과'에 따라 연결재무제표에서 모두 제거되지 않는 외환손익에 노출되어 있다면, 그러한 항목의 외화위험은 연결재무제표에서 위험회피대상항목으로 지정할 수 있다.

③ 위험회피관계가 위험회피비율과 관련된 위험회피 효과성의 요구사항을 더는 충족하지 못하지만 지정된 위험회피관계에 대한 위험관리의 목적이 동일하게 유지되고 있다면, 위험회피관계가 다시 적용조건을 충족할 수 있도록 위험회피관계의 위험회피비율을 조정해야 한다.

④ 단일 항목의 구성요소나 항목 집합의 구성요소는 위험회피대상항목이 될 수 있다.

⑤ 사업결합에서 사업을 취득하기로 하는 확정계약은 위험회피대상항목이 될 수 있다. 다만, 외화위험에 대하여는 위험회피대상항목으로 지정할 수 없다.

해설

사업결합에서 사업을 취득하기로 하는 확정계약은 위험회피대상항목이 될 수 없다. 다만, 외화위험에 대하여는 위험회피대상항목으로 지정할 수 있다.

답 ⑤

advanced accounting

C·H·A·P·T·E·R

03

사업결합

CHAPTER 03 사업결합

기업이 다른 기업을 지배하는 방법은 합병과 인수가 있다. 합병은 피취득자의 법적 실체가 소멸되며 하나의 회사가 되는 것을 의미하며, 인수는 피취득자의 법적 실체가 유지되는 상태로 의결권의 전부 또는 일부를 취득하는 것을 의미한다.
기준서에서는 합병 및 인수 모두 사업결합으로 본다. 사업결합이란 취득자가 하나 이상의 사업에 대한 지배력을 획득하는 거래나 그 밖의 사건을 의미한다. 취득자는 피취득자에 대한 지배력을 획득하는 기업을 말하며, 피취득자는 취득자가 사업결합으로 지배력을 획득하는 대상 사업을 말한다.

1 영업권과 염가매수차익

사업결합 시 취득자는 피취득자의 자산, 부채 및 이전대가를 모두 취득일의 공정가치로 측정한다. 이때, 취득자는 다음 금액을 영업권 또는 염가매수차익으로 인식한다.

> 영업권 = 이전대가 − 피취득자의 순자산 공정가치 × 지분율
> (영업권이 음수인 경우 염가매수차익(PL) 인식)

쉽게 생각해서, 영업권은 피취득자 순자산의 공정가치에 비해 더 주는 웃돈(프리미엄)이라고 생각하면 된다. 영업권은 취득자의 무형자산에 해당한다. 만약 위 식대로 계산한 영업권이 음수일 경우 염가매수차익(당기손익)을 인식한다.

1. 이전대가: FV 평가

이전대가란 취득자가 피취득자를 취득하기 위해 피취득자의 이전 소유주에게 지급한 현금, 주식 등의 대가를 말한다. 이전대가는 공정가치로 측정한다. 문제에서 이전대가로 주식을 지급하는 경우가 있는데, 이때는 주식을 공정가치(not 액면금액)로 평가해야 한다.

2. 피취득자의 순자산: FV 평가

취득자는 피취득자의 자산, 부채를 공정가치로 측정한다. 따라서 피취득자의 자산 공정가치에서 부채 공정가치를 차감하여 피취득자의 순자산 공정가치를 계산하자.

3. 흡수합병: 지분율=100%

문제에서 취득자가 피취득자를 '**흡수합병**'하였다고 제시할 수 있는데, 이 경우 **지분율은 100%로** 보면 된다. 합병은 두 회사가 하나의 회사가 되는 것이므로 취득자가 피취득자의 모든 지분을 취득하기 때문이다.

예 제

01 20X1년 1월 1일에 ㈜서울은 ㈜부산의 발행주식 60%를 ₩180,000에 취득하여 지배권을 획득하였다. 주식 취득 시점 현재 ㈜부산의 식별가능한 순자산의 장부금액과 공정가치는 다음과 같다.

	장부금액	공정가치
현금	₩90,000	₩90,000
재고자산	70,000	80,000
건물(순액)	100,000	130,000
특허권	0	20,000
차입금	50,000	50,000
자본금	100,000	
자본잉여금	50,000	
이익잉여금	60,000	

이 사업결합으로 인하여 ㈜서울이 인식할 영업권의 금액은? 2014. 감평사

① ₩18,000 ② ₩30,000 ③ ₩32,000
④ ₩38,000 ⑤ ₩54,000

해설

현금	₩90,000
재고자산	80,000
건물(순액)	130,000
특허권	20,000
차입금	(50,000)
순자산 공정가치	270,000

영업권: 180,000 − 270,000 × 60% = **18,000**

답 ①

02 ㈜관세는 20X1년 초 ㈜대한을 흡수합병하였으며, 합병일 현재 ㈜대한의 식별가능한 순자산 장부금액과 공정가치는 아래와 같다. 합병 시 ㈜관세가 흡수합병의 이전대가로 ㈜관세의 보통주 10,000주(주당 액면금액 ₩500, 주당 공정가치 ₩3,000)를 발행하여 지급하였다면, 합병으로 인해 ㈜관세가 인식할 영업권 혹은 염가매수차익은? 2016. 관세사

재무상태표

㈜대한 20X1년 합병일 현재 (단위: 원)

	장부금액	공정가치		장부금액	공정가치
현금	7,000,000	7,000,000	부채	5,000,000	7,000,000
재고자산	6,000,000	9,000,000	자본금	10,000,000	
유형자산	15,000,000	18,000,000	자본잉여금	20,000,000	
무형자산	8,500,000	6,500,000	이익잉여금	1,500,000	
자산총계	36,500,000		부채·자본 총계	36,500,000	

① 염가매수차익 ₩3,500,000
② 염가매수차익 ₩1,500,000
③ 영업권 ₩3,500,000
④ 영업권 ₩10,500,000
⑤ 영업권 ₩28,500,000

해설

현금	7,000,000
재고자산	9,000,000
유형자산	18,000,000
무형자산	6,500,000
부채	(7,000,000)
순자산 공정가치	33,500,000

영업권: 10,000 × @3,000 − 33,500,000 × 100% = (−)3,500,000 (염가매수차익)
− 영업권이 음수로 계산되므로 염가매수차익을 인식한다.

답 ①

2 취득자산과 인수부채의 측정 ★중요!

취득자는 피취득자로부터 취득한 자산과 인수하는 부채를 취득일의 공정가치로 측정한다. 하지만 인식원칙과 측정원칙에 대하여 일부 제한적인 예외가 있다. 리스, 매각예정자산, 우발부채, 보상자산, 재취득한 권리 등이 있다.

1. 리스

기준서에서는 피취득자가 리스 이용자인 경우와 리스 제공자인 경우에 대해 서술하고 있다. 이때, 금융리스는 소유권이 이전되고, 운용리스는 소유권이 이전되지 않으므로 리스자산의 소유권은 '금융'리스 이용자와 '운용'리스 제공자에게 있다. 따라서 언급하지 않더라도 사업결합에서 등장하는 리스 이용자는 '금융'리스 이용자이고, 리스 제공자는 '운용'리스 제공자이다.

(1) 피취득자가 (금융)리스 이용자인 경우

사업결합 시 피취득자가 리스를 이용하고 있는 경우, 피취득자는 리스이용자이므로 리스부채와 사용권자산을 계상한다. 리스부채와 사용권자산은 다음과 같이 계산하며, 영업권 계산 시 피취득자의 순자산에 포함한다.

① 리스부채=취득일의 리스료의 PV
취득자는 취득한 리스가 취득일에 새로운 리스인 것처럼 나머지 리스료의 현재가치로 리스부채를 측정한다.

② 사용권자산=리스부채+유리한 조건의 가치-불리한 조건의 가치
취득일의 리스료의 현재가치로 재측정한 리스부채 금액에 시장조건에 비해 유, 불리한 조건을 조정한다. 피취득자가 이용하고 있는 리스는 과거에 체결한 계약이므로 시장조건에 비해 유리하거나, 불리할 수 있다. 따라서 사용권자산의 공정가치를 계산하기 위해서는 리스부채에 시장조건에 비해 유리한 조건을 더하고, 불리한 조건을 뺀다.

(2) 피취득자가 (운용)리스 제공자인 경우: 유, 불리한 조건 반영 X!

피취득자가 리스제공자인 경우에 취득자는 그 운용리스의 대상인 건물이나 특허권과 같은 자산을 취득일의 공정가치로 측정할 때 해당 리스조건을 고려한다. 취득자는 시장조건과 비교할 때 그 운용리스의 조건이 유리하든 불리하든 별도의 자산이나 부채를 인식하지 않는다.
운용리스자산은 취득자산에 해당하므로 공정가치로 평가한다. 그리고 그 공정가치에는 리스의 유불리가 이미 반영되어 있을 것이다. 따라서 유불리를 별도 자산이나 부채로 인식하지 않겠다는 뜻이다.

2. 무형자산

(1) 피취득자가 인식 못 해도 취득자는 무형자산으로 인식 가능

취득자는 사업결합에서 취득한 식별할 수 있는 무형자산을 영업권과 분리하여 인식한다. 따라서 **피취득자가 무형자산으로 인식하지 못했더라도 식별가능하고, 신뢰성 있게 측정가능하다면 취득자는 무형자산으로 인식한다.**

예를 들면 취득자는 피취득자가 내부에서 개발하고 관련 원가를 비용으로 처리하였기 때문에 피취득자 자신의 재무제표에 자산으로 인식하지 않았던 브랜드명, 특허권, 고객 관계와 같은 식별할 수 있는 무형자산의 취득을 인식한다.

(2) 무형자산으로 인식 불가능한 항목 중요!

① **잠재적 계약**
② **집합적 노동력** (시너지 효과)
③ 피취득자의 영업권

위 항목들은 식별가능한 자산이 아니므로 취득자가 무형자산으로 인식할 수 없다. 위 항목이 문제에 제시되면 그냥 무시하자.

3. 매각예정비유동자산: 순공정가치로 측정

중급회계에서 매각예정비유동자산은 순공정가치와 장부금액 중 작은 금액으로 측정한다고 배웠다. 사업결합으로 취득한 매각예정비유동자산도 규정이 비슷하다.

취득자는 취득일에 매각예정자산으로 분류한 취득 비유동자산(또는 처분자산집단)을 **공정가치에서 처분부대원가를 뺀 금액으로 측정한다.**

4. 우발부채

: 유출가능성 낮아도 FV를 신뢰성 있게 측정할 수 있으면 '충당부채'로 인식 중요!

중급회계에서 충당부채의 인식조건에 대해 배웠다. 경제적 효익이 있는 자원이 유출될 가능성이 '높고', 공정가치의 신뢰성 있는 측정이 가능해야 재무상태표에 충당부채를 계상할 수 있다. 유출가능성이 높지 않다면 '우발'부채를 공시한다.

그러나 피취득자의 현재의무로 인해 **경제적 효익이 있는 자원이 유출될 가능성이 높지 않더라도 공정가치를 신뢰성 있게 측정할 수 있다면 취득자는 취득일에 사업결합으로 인수한 우발부채를 인식한다.**

피취득자의 우발부채임에도 불구하고 공정가치를 신뢰성 있게 측정할 수 있다면 취득자는 이를 인식한다. 기준서 원문은 '우발부채를 인식한다'인데, 취득자의 재무상태표에 우발부채를 표시할 수는 없으므로, 회계처리를 할 때는 '충당부채'로 인식한다. 이로 인해 피취득자의 순자산은 감소하며, 영업권은 증가한다.

5. 보상자산: 우발부채를 인식할 때만 FV로 인식

보상자산이란, 피취득자에게 우발부채가 있을 때 피취득자의 이전 소유주가 취득자에게 해당 우발부채와 관련된 손실을 일정 한도로 보장하고, 초과분은 보상해주는 계약이다. 예를 들어, 사업결합 전에 피취득자가 피소된 사건이 있다고 하자. 취득자가 이 소송으로 인해 사업결합을 망설이고 있다면, 피취득자의 주주는 해당 소송과 관련된 배상금 중 100억이 넘는 부분은 자신이 부담하겠다는 조건을 걸 수 있다. 이 경우 취득자는 피취득자의 주주로부터 현금을 받을 수 있는 가능성이 있으므로 자산을 인식하는데, 이것이 바로 보상자산이다.
보상자산은 관련된 우발부채를 인식하는 경우에만 공정가치로 인식한다. 우발부채의 신뢰성 있는 측정이 불가능해서 우발부채를 인식하지 않았다면 보상자산도 인식하지 않는다.

6. 재취득한 권리: 갱신여부 고려하지 말고, 잔여계약기간에 기초하여 측정

재취득한 권리란, 취득자가 피취득자에게 부여했던 권리를 합병으로 재취득하게 되는 것을 의미한다. 예를 들어, B사가 A사로부터 A사의 특허기술을 이용할 수 있는 권리를 취득한 상태에서, A사가 B사를 합병한다고 하자. 이때 B사가 보유하던 A사의 특허권은 재취득한 권리가 된다.
이처럼 사업결합으로 재취득한 권리는 계약갱신을 고려하지 말고, '잔여계약기간에 기초하여' 측정한다. 계약조건 상 이후에 갱신이 가능하더라도 갱신을 무시하고 합병일 현재 남은 계약 기간에 근거한 공정가치로 측정하라는 뜻이다.

7. 법인세

취득자는 사업결합으로 취득 자산과 인수 부채에서 생기는 이연법인세 자산이나 부채를 기업회계기준서 제1012호 '법인세'에 따라 인식하고 측정한다.
취득자는 취득일에 존재하거나 취득의 결과로 생기는 일시적 차이와 피취득자의 이월액이 잠재적으로 법인세에 미치는 영향을 기업회계기준서 제1012호에 따라 회계처리한다.
'사업결합으로 인한 법인세효과는 중급회계에서 배운 규정대로 처리한다'는 것만 기억하고 넘어가자. 법인세가 있는 사업결합의 구체적인 처리 방법은 '4장 연결'에서 다룰 것이다.

8. 취득관련원가: 영업권에 미치는 영향 X

합병직접비용 및 일반관리비용, 지분상품 발행원가, 유형자산 관련 지출은 다음과 같이 처리한다. 셋 중 영업권에 영향을 미치는 항목은 없다. 따라서 영업권이나 염가매수차익을 묻는 문제에서 다음 요소가 제시되더라도 그냥 무시하고 계산하면 된다.

구분	처리방법
중개수수료, 컨설팅 수수료, 일반관리원가	당기비용
지분상품의 발행원가	주식의 발행금액에서 차감
유형자산 관련 지출 (Ex)등기비용)	유형자산의 취득원가에 가산

취득 관련 원가는 취득자가 사업결합을 이루기 위해 사용한 원가이다. 그러한 원가에는 ① 중개수수료, ② 자문 · 법률 · 회계 · 가치평가 · 그 밖의 전문가나 컨설팅 수수료, ③ 일반관리원가(예: 내부 취득 부서의 유지 원가), ④ 채무증권과 지분증권의 등록·발행 원가 등이 있다. 취득자는 취득 관련 원가에 대하여 ④를 제외하고는, 원가를 사용하고 용역을 제공받은 기간에 비용으로 회계처리한다. ④는 주식의 발행금액에서 차감하여 주식발행초과금에서 차감하거나 주식할인발행차금에 가산한다.
유형자산 관련 지출은 회계기준에 언급은 없지만, 유형자산의 취득원가에 가산하는 것으로 보자.

9. 이전대가 중 비화폐성 자산 심화

취득자가 피취득자에게 지급하는 이전대가 중 비화폐성 자산(ex)토지)이 포함될 수 있다. 이 경우 다음과 같이 처리한다.

	평가	평가손익
원칙	FV	PL
예외	BV	없음

(1) 원칙: FV로 측정, 평가손익은 PL

앞에서 언급했듯, 이전대가는 공정가치로 평가하므로, 비화폐성 자산을 지급하는 경우에도 공정가치로 측정한다. 이때, 평가손익을 당기손익으로 인식한다는 것을 주의하자. 예를 들어, 취득자가 이전대가로 토지를 지급하는 경우에도 토지의 공정가치 평가손익을 당기손익으로 인식한다. 토지의 재평가잉여금을 OCI로 인식하는 것과 다르므로 주의하자.

(2) 예외: BV로 측정, 평가손익 X

사업결합 후 결합기업에 여전히 남아 있고, 취득자가 계속 통제하는 경우가 있다. 원래 이전대가란 피취득자의 이전 '소유주'에게 지급하는 것인데, 이전대가를 피취득자에게 지급하는 경우 이런 일이 발생한다. 이전대가를 피취득자(기업)에게 이전하는 경우 피취득자는 다시 사업결합으로 취득자의 것이 되므로 취득자는 이전대가를 계속 통제하게 된다. 따라서 이전대가를 공정가치로 평가하지 않고, 그대로 취득일 직전의 장부금액으로 계상하며, 금액 변동이 없기 때문에 평가손익은 발생하지 않는다.

사례

㈜김수석은 20X1년 1월 1일 ㈜이차석을 흡수합병하였다. 취득일 현재 ㈜이차석의 자산의 공정가치는 ₩12,000, 부채의 공정가치는 ₩2,000이다. ㈜김수석은 장부금액 ₩15,000, 공정가치 ₩17,000인 토지를 이전대가로 지급하였다. 다음 각 물음은 독립적이다.

물음 1) 20X1년 1월 1일 ㈜김수석의 회계처리를 하시오.
물음 2) 토지가 사업결합 이후에도 ㈜김수석에 여전히 남아 있고, 따라서 ㈜김수석이 토지를 계속 통제할 때, 20X1년 1월 1일 ㈜김수석의 회계처리를 하시오.

물음 1)

토지	2,000	PL	2,000
자산	12,000	부채	2,000
영업권	7,000	토지	17,000

물음 2)

자산	12,000	부채	2,000
		염가매수차익	10,000
토지	15,000	토지	15,000

예 제

03 20X1년 초 ㈜세무는 ㈜대한의 주주들에게 현금 ₩700,000을 지급하고 ㈜대한을 흡수합병하였다. 합병당시 ㈜대한의 자산과 부채의 장부금액과 공정가치는 다음과 같다.

	장부금액	공정가치
자산	₩3,000,000	₩3,200,000
부채	2,700,000	2,800,000

한편, 합병일 현재 ㈜세무는 ㈜대한이 자산으로 인식하지 않았으나, 자산의 정의를 충족하고 식별가능한 진행 중인 연구개발프로젝트를 확인하였다. 또한, 해당 프로젝트의 공정가치를 ₩50,000으로 신뢰성 있게 측정하였다. 20X1년 초 ㈜세무가 합병 시 인식할 영업권은? 2021. CTA

① ₩250,000 ② ₩300,000 ③ ₩350,000
④ ₩400,000 ⑤ ₩450,000

해설

1. 종속기업의 순자산 FV: 3,200,000 − 2,800,000 + 50,000 = 450,000

2. 영업권: 이전대가 − 종속기업의 순자산 FV × 100%
= 700,000 − 450,000 × 100% = **250,000**
− 흡수합병 시 두 회사는 하나가 되므로, 종속기업에 대한 지분율은 100%이다.

답 ①

04 다음은 ㈜대한과 ㈜민국에 대한 자료이다.

- ㈜대한은 20X1년 1월 1일을 취득일로 하여 ㈜민국을 흡수합병하였다. 두 기업은 동일 지배하에 있는 기업이 아니다. 합병대가로 ㈜대한은 ㈜민국의 기존주주에게 ₩800,000의 현금과 함께 ㈜민국의 보통주(1주당 액면가 ₩1,000) 3주당 ㈜대한의 보통주(1주당 액면가 ₩3,000, 1주당 공정가치 ₩10,000) 1주를 교부하였다.
- 취득일 현재 ㈜민국의 요약재무상태표는 다음과 같다.

요약재무상태표

20X1년 1월 1일 현재

	장부금액	공정가치
유동자산	₩600,000	₩800,000
유형자산(순액)	1,500,000	2,300,000
무형자산(순액)	500,000	700,000
자산	₩2,600,000	
부채	₩600,000	₩600,000
보통주자본금	900,000	
이익잉여금	1,100,000	
부채와 자본	₩2,600,000	

- ㈜대한은 합병시 취득한 ㈜민국의 유형자산 중 일부를 기업회계기준서 제1105호 '매각예정비유동자산과 중단영업'에 따라 매각예정자산으로 분류하였다. 20X1년 1월 1일 현재 해당 자산의 장부금액은 ₩200,000이고 공정가치는 ₩300,000이며, 이 금액은 취득일 현재 ㈜민국의 요약재무상태표에 반영되어 있다. 매각예정자산으로 분류된 동 유형자산의 순공정가치는 ₩250,000이다.

㈜대한이 합병일(20X1년 1월 1일)에 수행한 사업결합 관련 회계처리를 통해 인식한 영업권은 얼마인가? 2024. CPA

① ₩350,000 ② ₩400,000 ③ ₩600,000
④ ₩650,000 ⑤ ₩700,000

해설

(1) 이전대가: 800,000 + 300주 × @10,000 = 3,800,000
　– 교부 주식 수: 900,000(자본금) ÷ 1,000(액면금액) ÷ 3주 = 300주

(2) 순자산 공정가치

유동자산 유형자산 무형자산 부채	2,300,000 – 300,000 + 250,000	800,000 = 2,250,000 700,000 (600,000)
계		3,150,000

　– 매각예정비유동자산은 순공정가치로 평가해야 하나, 공정가치로 포함되어 있으므로 금액을 감소시켜야 한다.

(3) 영업권: 3,800,000 – 3,150,000 = **650,000**

 ④

3 잠정금액

사업결합 시에는 이전대가 및 피취득자의 순자산을 공정가치로 측정하는데, 공정가치 측정이 완료되지 않은 경우 일단 '잠정금액'으로 회계처리한 후 이후에 수정할 수 있다.

1. 수정 시점에 따른 잠정금액 수정 가능 여부

잠정금액은 이후에 추가로 입수한 정보를 바탕으로 수정할 수 있다. 하지만 잠정금액을 시간제한 없이 아무 때나 수정할 수 있는 것은 아니다.

취득일로부터 1년 내에 수정	잠정금액 수정 O
취득일로부터 1년 후에 수정	잠정금액 수정 X
예외: 오류수정에 해당하는 경우	잠정금액 수정 O

측정기간은 사업결합에서 인식한 잠정금액을 사업결합 후 조정할 수 있는 기간이다. 측정기간은 취득한 날부터 1년을 초과할 수 없다. 취득일로부터 1년 내에는 잠정금액을 수정할 수 있지만, 1년 후에는 잠정금액을 수정할 수 없다. 단, 오류수정의 경우 예외적으로 1년 후에도 잠정금액을 수정할 수 있다. 오류수정은 소급법을 적용하기 때문이다.
1년 내에 수정하거나, 오류수정에 해당하여 잠정금액을 수정하는 경우 피취득자의 순자산이 변하므로 영업권도 같이 수정한다.

예제

01 ㈜대한은 20X1년 10월 1일에 ㈜민국의 의결권 있는 보통주식 100%를 ₩480,000에 취득하고 ㈜민국을 흡수합병하였다. 취득일 현재 ㈜민국의 식별가능한 순자산 장부금액과 공정가치는 아래와 같다.

㈜민국의 식별가능한 순자산	장부금액	공정가치
유형자산	₩30,000	?
유형자산을 제외한 순자산	₩290,000	₩350,000

㈜대한은 ㈜민국의 식별가능한 순자산 중 유형자산에 대한 가치평가를 20X1년말까지 완료하지 못해 잠정적으로 ₩50,000을 공정가치로 인식하였다. 취득일 현재 동 유형자산의 잔존내용연수는 5년이며, 잔존가치 없이 정액법으로 상각한다. ㈜대한이 20X2년 4월 1일에 위 유형자산의 취득일 현재 공정가치를 ₩40,000으로 추정한 독립된 가치평가결과를 받았다면, ㈜대한의 20X2년말 재무상태표에 보고될 영업권과 위 유형자산의 장부금액은 얼마인가? 단, 영업권의 손상여부는 고려하지 않는다. 2016. CPA

	영업권	유형자산의 장부금액
①	₩70,000	₩30,000
②	₩70,000	₩29,000
③	₩80,000	₩37,500
④	₩90,000	₩30,000
⑤	₩90,000	₩29,000

해설

취득일이 X1년 10월 1일이고, X2년 4월 1일에 잠정금액을 수정하려고 하므로 1년 이내이다. 따라서 잠정금액을 수정할 수 있다.

(1) 영업권: 480,000 − (350,000 + 40,000) × 100% = **90,000**
(2) X2말 유형자산 BV: 40,000 × 45/60 = **30,000**
− 잔존가치 없이, X1.10.1~X2.12.31까지 총 15개월을 상각하므로 45/60을 곱했다.

답 ④

※ 다음 자료를 이용하여 2번과 3번에 답하시오.

㈜대한은 20X1년 7월 1일을 취득일로 하여 ㈜민국을 흡수합병하고, ㈜민국의 기존 주주들에게 현금 ₩350,000을 이전대가로 지급하였다. ㈜대한과 ㈜민국은 동일 지배하에 있는 기업이 아니다. 합병 직전 양사의 장부금액으로 작성된 요약재무상태표는 다음과 같다.

요약재무상태표

20X1. 7. 1. 현재 (단위: ₩)

계정과목	㈜대한	㈜민국
현금	200,000	100,000
재고자산	360,000	200,000
사용권자산(순액)	–	90,000
건물(순액)	200,000	50,000
토지	450,000	160,000
무형자산(순액)	90,000	50,000
	1,300,000	650,000
유동부채	250,000	90,000
리스부채	–	100,000
기타비유동부채	300,000	200,000
자본금	350,000	150,000
자본잉여금	100,000	50,000
이익잉여금	300,000	60,000
	1,300,000	650,000

〈추가자료〉

다음에서 설명하는 사항을 제외하고 장부금액과 공정가치는 일치한다.

- ㈜대한은 ㈜민국이 보유하고 있는 건물에 대해 독립적인 평가를 하지 못하여 취득일에 잠정적인 공정가치로 ₩60,000을 인식하였다. ㈜대한은 20X1년 12월 31일에 종료하는 회계연도의 재무제표 발행을 승인할 때까지 건물에 대한 가치평가를 완료하지 못했다. 하지만 20X2년 5월 초 잠정금액으로 인식했던 건물에 대한 취득일의 공정가치가 ₩70,000이라는 독립된 가치평가 결과를 받았다. 취득일 현재 양사가 보유하고 있는 모든 건물은 잔존내용연수 4년, 잔존가치 ₩0, 정액법으로 감가상각한다.
- ㈜민국은 기계장치를 기초자산으로 하는 리스계약의 리스이용자로 취득일 현재 잔여리스료의 현재가치로 측정된 리스부채는 ₩110,000이다. 리스의 조건은 시장조건에 비하여 유리하며, 유리한 금액은 취득일 현재 ₩10,000으로 추정된다. 동 리스는 취득일 현재 단기리스나 소액 기초자산 리스에 해당하지 않는다.
- ㈜민국은 취득일 현재 새로운 고객과 향후 5년간 제품을 공급하는 계약을 협상하고 있다. 동 계약의 체결가능성은 매우 높으며 공정가치는 ₩20,000으로 추정된다.
- ㈜민국의 무형자산 금액 ₩50,000 중 ₩30,000은 ㈜대한의 상표권을 3년 동안 사용할 수 있는 권리이다. 잔여계약기간(2년)에 기초하여 측정한 동 상표권의 취득일 현재 공정가치는 ₩40,000이다. 동 상표권을 제외하고 양사가 보유하고 있는 다른 무형자산의 잔존내용연수는 취득일 현재 모두 5년이며, 모든 무형자산(영업권 제외)은 잔존가치 없이 정액법으로 상각한다.
- ㈜민국은 취득일 현재 손해배상소송사건에 계류 중에 있으며 패소할 가능성이 높지 않아 이를 우발부채로 주석공시하였다. 동 소송사건에 따른 손해배상금액의 취득일 현재 신뢰성 있는 공정가치는 ₩10,000으로 추정된다.

02 ㈜대한이 취득일(20X1년 7월 1일)에 수행한 사업결합 관련 회계처리를 통해 최초 인식한 영업권은 얼마인가? 2020. CPA

① ₩40,000 ② ₩50,000 ③ ₩60,000
④ ₩70,000 ⑤ ₩90,000

03 위에서 제시한 자료를 제외하고 추가사항이 없을 때 20X2년 6월 30일 ㈜대한의 재무상태표에 계상될 건물(순액)과 영업권을 제외한 무형자산(순액)의 금액은 각각 얼마인가? 단, ㈜대한은 건물과 무형자산에 대하여 원가모형을 적용하고 있으며, 감가상각비와 무형자산상각비는 월할계산한다. 2020. CPA

	건물(순액)	영업권을 제외한 무형자산(순액)
①	₩187,500	₩108,000
②	₩195,000	₩108,000
③	₩195,000	₩116,000
④	₩202,500	₩108,000
⑤	₩202,500	₩116,000

해설

02.

(1) 순자산 BV: 260,000

(2) 순자산 FV − BV: 10,000 + 30,000 − 10,000 + 10,000 − 10,000 = 30,000

① 건물 평가차액: 60,000 − 50,000 = 10,000

② 사용권자산 평가차액: 120,000 − 90,000 = 30,000

− 사용권자산: 110,000(리스부채) + 10,000(유리한 금액) = 120,000

③ 리스부채 평가차액: 110,000 − 100,000 = 10,000

④ 재취득한 권리: 40,000 − 30,000 = 10,000

− 잔여계약기간에 기초하여 평가한다.

⑤ 우발부채: 10,000

(3) 순자산 공정가치: 260,000 + 30,000 = 290,000

(4) 영업권: 350,000 − 290,000 = **60,000**

답 ③

해설

03.

취득일이 X1년 7월 1일이고, X2년 5월 1일에 잠정금액을 수정하려고 하므로 1년 이내이다. 따라서 잠정금액을 수정할 수 있다.

X2.6.30 건물(순액): (200,000 + 70,000) × 3/4 = **202,500**

− 대한이 민국을 흡수합병하였므로 두 회사는 하나가 되었다. '대한'의 B/S상 건물을 물었기 때문에 합병 전 대한의 B/S상 건물 200,000까지 고려해주어야 한다.

무형자산 순액: (90,000 + 20,000) × 4/5 + 40,000 × 1/2 = **108,000**

− 대한의 무형자산 90,000에 민국의 무형자산 중 상표권을 제외한 20,000(= 50,000 − 30,000)은 내용연수 5년으로 상각하고, 상표권은 잔여계약기간 2년으로 상각한다.

참고 잠정금액 수정 시 영업권

: 60,000(수정 전 영업권) − 10,000(잠정금액으로 인한 건물 평가증) = 50,000

답 ④

4 조건부대가 중요!

조건부대가란, 보통 특정 미래 사건이 일어나거나 특정 조건이 충족되는 경우에, 피취득자의 이전 소유주에게 자산이나 지분을 추가적으로 이전하여야 하는 취득자의 의무를 말한다.

1. 조건부대가의 측정: FV

조건부대가는 쉽게 말해서, 특정 조건이 충족될 경우 취득자가 추가로 지급하는 이전대가라고 생각하면 된다. 원칙적으로 이전대가는 공정가치로 측정하므로, 조건부대가도 취득일의 공정가치로 평가한다.

2. 조건부대가의 계정 분류

<table>
<tr><td rowspan="2">주식 지급</td><td>확정 수량</td><td>자본</td></tr>
<tr><td>변동 수량</td><td rowspan="2">부채</td></tr>
<tr><td colspan="2">현금 지급</td></tr>
</table>

조건부대가를 확정 수량의 주식으로 지급하는 경우 자본으로 분류하지만, 변동 수량의 주식이나 현금으로 지급하는 경우에는 부채로 분류한다.

3. 조건부대가의 공정가치 변동

조건부대가는 공정가치로 평가하므로 공정가치가 변동하는 경우 조건부대가의 금액도 조정해주어야 한다. 공정가치가 변동하는 원인에 따라 다음과 같이 처리 방식이 달라진다.

(1) 취득일에 존재했던 사실로 인한 가치 변동: 소급법 (영업권 수정 O)

취득자가 취득일 후에 인식하는 조건부 대가의 공정가치 변동 중 일부는 취득일에 존재한 사실과 상황에 대하여 취득일 후에 추가로 입수한 정보에 따른 것일 수 있다. 그러한 변동은 잠정금액에서 배운 측정기간의 조정에 해당한다.
측정기간 내의 수정은 소급법을 적용하여 잠정금액을 수정하므로, 취득일에 존재했던 사실임에도 불구하고 취득일에 인지하지 못하다가 나중에 인지한 경우 소급법을 적용하여 다음과 같이 조건부대가와 영업권을 수정한다.

조건부 대가	XXX	영업권	XXX

(2) 취득일 이후에 발생한 사실로 인한 가치 변동: 전진법 (영업권 수정 X)

조건부대가는 취득일에 부여한 이후에 조건 충족 여부에 따라 지급 여부가 달라지므로, 취득일 이후에 공정가치가 변동할 수 있다. 이 경우에는 영업권을 수정하지 않고, 다음과 같이 회계처리한다.

조건부대가의 계정 분류		조건부대가의 변동손익	회계처리
확정 수량 주식 지급	자본	자본	없음 (자본/자본)
변동 수량 주식 or 현금 지급	부채	당기손익(PL)	PL / 부채

① 자본으로 분류한 조건부대가

자본은 가치 변동도 자본으로 인식하기 때문에 회계처리가 의미가 없다. 따라서 조건부대가를 다시 측정하지 않으며, 회계처리를 하지 않는다.

② 자본으로 분류한 조건부대가

조건부대가가 부채로 분류되는 경우 가치 변동을 당기손익으로 인식한다.

4. 조건부대가 지급 시 회계처리

(1) 확정 수량 주식 지급 시

조건부대가(자본)	BV	자본금	액면가
		주발초	XXX

자본은 가치 변동을 인식하지 않기 때문에, 취득일에 인식한 조건부대가 장부금액을 제거하면서 액면가만큼 자본금을 증가시키고, 차액은 주발초로 계상한다.

(2) 변동 수량 주식 or 현금 지급 시

변동 수량의 주식 혹은 현금 지급 시에는 부채를 공정가치로 평가해야 한다. 주식을 지급하면 부채를 제거하면서 액면가만큼 자본금을 증가시키고, 차액은 주발초로 계상한다. 현금을 지급하면 부채를 지급액으로 평가했기 때문에, 부채와 상계하면 된다.

① 변동 수량 주식 지급 시

FV 평가	PL	FV − BV	조건부대가(부채)	FV − BV	┘FV
지급	조건부대가(부채)	FV	자본금 주발초	액면가 XXX	

② 현금 지급 시

FV 평가	PL	지급액 − BV	조건부대가(부채)	지급액 − BV	┘ 지급액
지급	조건부대가(부채)	지급액	현금	지급액	

사례

㈜김수석은 20X1년 1월 1일 ㈜이차석을 흡수합병하였다. 취득일 현재 ㈜이차석의 자산의 공정가치는 ₩12,000, 부채의 공정가치는 ₩2,000이다. ㈜김수석은 이전대가로 현금 ₩15,000을 지급하였다. 다음 각 물음에 답하시오. 각 물음은 독립적이다.

상황 1. ㈜김수석은 이전대가로 현금 ₩15,000에 추가로, 특정 조건을 충족하는 경우 ㈜이차석의 기존 소유주에게 현금 ₩1,000을 지급한다. 취득일 현재 동 조건부대가의 공정가치는 ₩400이다.

물음 1) ㈜김수석이 사업결합으로 인식할 영업권을 계산하시오.
물음 2) 20X1년 12월 31일 조건부대가의 공정가치는 ₩500으로 변동하였는데, 이러한 변동은 취득일에 존재한 사실과 상황에 대하여 취득일 후에 추가로 입수한 정보에 따른 것이다. 20X1년 12월 31일 ㈜김수석의 회계처리를 하시오.
물음 3) 20X1년 12월 31일 조건부대가의 공정가치는 ₩500으로 변동하였는데, 이러한 변동은 취득일 이후에 발생한 사실로 인한 것이다. 20X1년 12월 31일 ㈜김수석의 회계처리를 하시오.

상황 2. ㈜김수석은 이전대가로 현금 ₩15,000에 추가로, 특정 조건을 충족하는 경우 ㈜이차석의 기존 소유주에게 주식 10주를 지급한다. 취득일 현재 동 조건부대가의 공정가치는 ₩400이다.

물음 1) ㈜김수석이 사업결합으로 인식할 영업권을 계산하시오.
물음 2) 20X1년 12월 31일 조건부대가의 공정가치는 ₩500으로 변동하였는데, 이러한 변동은 취득일에 존재한 사실과 상황에 대하여 취득일 후에 추가로 입수한 정보에 따른 것이다. 20X1년 12월 31일 ㈜김수석의 회계처리를 하시오.
물음 3) 20X1년 12월 31일 조건부대가의 공정가치는 ₩500으로 변동하였는데, 이러한 변동은 취득일 이후에 발생한 사실로 인한 것이다. 20X1년 12월 31일 ㈜김수석의 회계처리를 하시오.

상황 1.

물음 1) 영업권: 15,000 + 400 − (12,000 − 2,000) = 5,400

20X1.1.1	자산	12,000	부채	2,000
	영업권	5,400	현금	15,000
			조건부대가(부채)	400

물음 2)

20X1.12.31	영업권	100	조건부대가(부채)	100

물음 3)

20X1.12.31	PL	100	조건부대가(부채)	100

상황 2.

물음 1) 영업권: 15,000 + 400 − (12,000 − 2,000) = 5,400

20X1.1.1	자산	12,000	부채	2,000
	영업권	5,400	현금	15,000
			조건부대가(자본)	400

물음 2)

20X1.12.31	영업권	100	조건부대가(자본)	100

물음 3) 회계처리 없음

예제

※ 다음 〈자료〉를 이용하여 4번과 5번에 답하시오.

〈자료〉

- 자동차제조사인 ㈜대한과 배터리제조사인 ㈜민국은 동일 지배 하에 있는 기업이 아니다.
- ㈜대한은 향후 전기자동차 시장에서의 경쟁력 확보를 위해 20X1년 7월 1일을 취득일로 하여 ㈜민국을 흡수합병했으며, 합병대가로 ㈜민국의 기존주주에게 ㈜민국의 보통주(1주당 액면가 ₩100) 2주당 ㈜대한의 보통주(1주당 액면가 ₩200, 1주당 공정가치 ₩1,400) 1주를 교부하였다.
- 취득일 현재 ㈜민국의 요약재무상태표는 다음과 같다.

요약재무상태표
20X1년 7월 1일 현재

	장부금액	공정가치
현금	₩50,000	₩50,000
재고자산	140,000	200,000
유형자산(순액)	740,000	800,000
무형자산(순액)	270,000	290,000
자산	₩1,200,000	
매입채무	₩80,000	₩80,000
차입금	450,000	450,000
자본금	160,000	
주식발행초과금	320,000	
이익잉여금	190,000	
부채와 자본	₩1,200,000	

- ㈜대한은 ㈜민국의 유형자산에 대해 독립적인 가치평가를 진행하려 하였으나, 20X1년 재무제표 발행이 승인되기 전까지 불가피한 사유로 인해 완료하지 못하였다. 이에 ㈜대한은 ㈜민국의 유형자산을 잠정적 공정가치인 ₩800,000으로 인식하였다. ㈜대한은 취득일 현재 동 유형자산(원가모형 적용)의 잔존내용연수를 5년으로 추정하였으며, 잔존가치없이 정액법으로 감가상각(월할상각)하기로 하였다.
- ㈜대한은 합병 후 배터리사업 부문의 영업성과가 약정된 목표치를 초과할 경우 ㈜민국의 기존주주에게 현금 ₩100,000의 추가 보상을 실시할 예정이며, 취득일 현재 이러한 조건부대가에 대한 합리적 추정치는 ₩60,000이다.
- 취득일 현재 ㈜민국은 배터리 급속 충전 기술에 대한 연구·개발 프로젝트를 진행 중이다. ㈜민국은 합병 전까지 동 프로젝트와 관련하여 총 ₩60,000을 지출하였으나, 아직 연구 단계임에 따라 무형자산으로 인식하지 않았다. ㈜대한은 합병 과정에서 동 급속 충전 기술 프로젝트가 자산의 정의를 충족하고 있으며 개별적인 식별이 가능하다고 판단하였다. ㈜대한이 평가한 동 프로젝트의 공정가치는 ₩90,000이다.

04 ㈜대한이 취득일(20X1년 7월 1일)에 수행한 사업결합 관련 회계처리를 통해 최초 인식한 영업권은 얼마인가?

2021. CPA

① ₩240,000　② ₩260,000　③ ₩280,000
④ ₩300,000　⑤ ₩320,000

해설

이전대가: 1,600주/2 × @1,400 + 60,000(조건부대가) = 1,180,000
– ㈜민국의 합병 전 보통주식수: 자본금/액면가 = 160,000/100 = 1,600주

㈜민국의 순자산 공정가치: 50,000 + 200,000 + 800,000 + 290,000 – 80,000 – 450,000
+ 90,000(프로젝트) = 900,000

영업권: 1,180,000 – 900,000 = **280,000**

답 ③

05 다음의 〈추가자료〉 고려 시, 20X2년 12월 31일에 ㈜대한의 흡수합병과 관련하여 재무상태표에 계상될 영업권과 유형자산의 장부금액(순액)은 각각 얼마인가?

2021. CPA

〈추가자료〉

- 합병 후 ㈜민국의 배터리 제품에 대한 화재 위험성 문제가 제기되어 20X1년 12월 31일 현재 추가 현금보상을 위한 영업성과 목표치가 달성되지 못했다. 그 결과 ㈜민국의 기존주주에 대한 ㈜대한의 추가 현금보상 지급의무가 소멸되었다. 이는 취득일 이후 발생한 사실과 상황으로 인한 조건부대가의 변동에 해당한다.
- ㈜대한이 ㈜민국으로부터 취득한 유형자산에 대한 독립적인 가치평가는 20X2년 4월 1일(즉, 20X1년 재무제표 발행 승인 후)에 완료되었으며, 동 가치평가에 의한 취득일 당시 ㈜민국의 유형자산 공정가치는 ₩900,000이다. 잔존내용연수, 잔존가치, 감가상각방법 등 기타 사항은 동일하다.
- 자산과 관련한 손상징후는 없다.

	영업권	유형자산(순액)
①	₩120,000	₩640,000
②	₩280,000	₩630,000
③	₩180,000	₩640,000
④	₩280,000	₩540,000
⑤	₩180,000	₩630,000

해설

(1) 조건부대가의 변동
취득일 이후에 발생한 사실로 인한 변동이므로, 영업권을 수정하지 않고 공정가치 변동을 당기손익으로 인식한다.

(2) 잠정금액
측정기간(x2.7.1) 이내에 잠정금액이 확정되었으므로, 소급법을 적용하여 영업권을 수정한다.

(3) 영업권
: 280,000(추가자료 반영 전) − 100,000 = **180,000**
− 피취득자의 순자산이 100,000 증가했으므로 영업권은 100,000 감소한다.

(4) 유형자산(순액)
: 900,000 × 3.5/5 = **630,000**
− 취득일 현재 잔존내용연수가 5년이므로, x1.7.1~x2.12.31까지 1.5년을 잔존가치 없이 정액법으로 상각하면 공정가치의 3.5/5가 남는다.

답 ⑤

5 단계적 취득

단계적 취득이란 지배력을 한 번에 취득하는 것이 아니라, 취득일 전에 일부 지분을 보유하다가 추가 지분을 매입하여 지배력을 취득하는 경우를 말한다. 예를 들어, ㈜대한이 ㈜민국의 지분 10%를 보유하다가 70%를 추가로 취득하여 지배력을 획득하는 경우 단계적 취득에 해당한다. 단계적 취득에서는 취득일 전에 보유하던 기존 지분(10%)을 어떻게 처리하는지가 중요하다.

1. 기존 보유 주식의 평가: 취득일의 FV로 평가 (일괄법)

기준서는 단계적 취득을 조금씩 매입한 것이 아니라, 취득일에 한꺼번에 매입한 것(일괄법)으로 본다. 기존에 보유하던 주식에 취득일에 지급하는 대가까지 추가로 지급하고 피취득자의 순자산을 취득하는 것으로 본다. 따라서 **기존에 보유하던 주식을 이전대가에 포함**한다. 이전대가는 공정가치로 평가하므로 기존에 보유하던 주식을 공정가치로 평가한다.

2. 주식의 평가손익

(1) FVPL or 관계기업투자주식	PL
(2) FVOCI 선택	OCI

기존에 보유하던 주식이 FVPL 금융자산이나 관계기업투자라면 평가손익을 PL로, FVOCI선택 금융자산이면 OCI로 인식해서 영업권 계산 시 이전대가에 포함한다.

예제

※ 다음의 자료를 이용하여 문제 1번과 문제 2번에 답하시오.

- ㈜갑은 20X1년중에 ㈜을의 보통주 10주(지분율 10%)를 ₩3,000에 취득하고, 이를 기타포괄손익 – 공정가치 측정 금융자산으로 선택하였다.
- ㈜갑은 20X2년초에 ㈜을의 나머지 지분 90%를 취득하여 합병하였다. 그 대가로 ㈜갑은 보유하고 있던 보통주 자기주식 18주(주당 장부금액 ₩1,800)를 ㈜을의 다른 주주에게 교부하였다.
- 합병일 현재 ㈜갑의 보통주 공정가치는 주당 ₩2,000, 액면금액은 주당 ₩1,000이며, ㈜갑이 보유하고 있던 ㈜을의 보통주 공정가치는 주당 ₩350이다.
- 합병일 현재 ㈜을의 순자산 장부금액과 공정가치는 다음과 같다.

재무상태표

㈜을 20X2년 1월 1일 현재 (단위:원)

	장부금액	공정가치		장부금액	공정가치
유동자산	₩20,000	₩ 22,000	부채	₩25,000	₩25,000
유형자산	30,000	35,000	자본금	10,000	
무형자산	10,000	13,000	이익잉여금	25,000	
합계	₩60,000		합계	₩60,000	

- 위 재무상태표에 추가적으로 다음과 같은 사실이 발견되었다.
  - ㈜을은 운용리스계약에서 리스제공자인데, 당해 운용리스의 조건이 시장조건에 비하여 ₩500만큼 유리한 것으로 추정된다.
  - 합병일 현재 ㈜을은 새로운 고객과 협상중인 계약이 있으며, 잠재적 계약의 가치는 ₩2,000으로 추정된다.
  - 합병일 현재 ㈜을은 손해배상소송사건에 피소되어 있으며, 손해배상손실금액의 공정가치는 ₩1,500으로 추정된다. 그러나 패소할 가능성은 50% 미만으로 평가된다.
  - ㈜을의 연구개발부서는 우수한 인적자원을 보유하고 있으며, 이로 인한 합병 후의 시너지효과는 상당할 것으로 예상된다. ㈜을이 측정한 인적자원의 공정가치는 ₩1,000이다.

01 ㈜갑이 ㈜을의 합병과 관련하여 합병일에 인식할 취득자산과 인수부채의 순액은 얼마인가? 단, 법인세효과는 고려하지 않는다. 2014. CPA 수정

① ₩43,500 ② ₩44,000 ③ ₩44,750
④ ₩45,500 ⑤ ₩46,000

02 위 1번 문제의 결과와 관계없이, ㈜갑이 ㈜을의 합병과 관련하여 합병일에 인식할 취득자산과 인수부채의 순액을 ₩30,000으로 가정한다. ㈜갑이 합병일에 인식할 영업권의 금액은 얼마인가? 단, 법인세효과는 고려하지 않는다. 2014. CPA

① ₩5,400 ② ₩5,900 ③ ₩6,000
④ ₩9,000 ⑤ ₩9,500

해설

1. 종속기업 순자산 FV
: 22,000 + 35,000 + 13,000 − 25,000 − 1,500(충당부채) = **43,500**
— 리스 제공자는 리스조건의 유, 불리를 반영하지 않는다. 유형자산의 공정가치에 이미 반영되어 있을 것이기 때문이다.
— 잠재적 계약, 시너지효과는 인수자산으로 보지 않는다.

답 ①

2. 영업권
(1) 이전대가: 10주 × @350(을) + 18주 × @2,000(갑) = 39,500

(2) 영업권: 39,500 − 30,000 = **9,500**
— 2번 문제에서 순자산 FV를 30,000으로 가정한다는 조건을 유의하자.

답 ⑤

6 기존 관계 심화

1. 기존 관계의 측정 및 정산손익

사업결합을 고려하기 전에 취득자와 피취득자 사이에 어떤 관계가 존재하였을 수 있다. 이를 '기존 관계'라 한다. 취득자와 피취득자 사이의 기존 관계는 계약적 또는 비계약적일 수 있다. 사업결합으로 기존 관계를 사실상 정산하는 경우에 취득자는 계약적이냐, 비계약적이냐에 따라 다음과 같이 측정한 차손익을 인식한다.

기존 관계	계약적	비계약적
사례	판매자와 고객, 라이선스 제공자와 이용자	**원고와 피고**
기존 관계 측정	min[①, ②] ① 현행 시장거래조건과 비교하여 취득자의 관점에서 유불리한 금액 ② 계약상의 정산 금액(= 위약금)	**공정가치**
정산손익	불리한 관계: 사업결합 이전에 인식한 부채 − 기존 관계 측정금액	
	유리한 관계: 기존 관계 측정금액 − 사업결합 이전에 인식한 자산	

2. 기존 관계 존재 시 회계처리

기존 부채	BV	현금	재측정 금액
정산손익(PL)	재측정 금액 − BV		
종속기업 순자산	FV	이전대가	현금 OR 주식 − 재측정 금액
영업권	**이전대가 − FV**		

사업결합을 통해 기존 관계는 제거되므로 사업결합 전 '취득자'의 장부상에 계상되어 있던 부채의 장부금액을 제거한다. (기존 부채는 취득자의 부채이므로 종속기업 순자산에 포함되어 있지 않다. 따라서 별도로 제거해주어야 한다.) 기존 관계 측정금액과 기존 부채의 장부금액의 차이는 정산손익으로 계상한다.
재측정 금액만큼 현금을 기존 관계를 정산하는데 지급했다고 보고, 이전대가에서 차감하여 영업권을 구한다.

예 제

※ 다음 〈자료〉를 이용하여 1번과 2번에 답하시오.

〈자료〉

- ㈜대한은 20X1년 중에 ㈜민국의 의결권 있는 보통주 150주(지분율 15%)를 ₩150,000에 취득하고, 이를 기타 포괄손익 – 공정가치 측정 금융자산(FVOCI 금융자산)으로 분류하였다.
- ㈜대한은 20X2년 초에 추가로 ㈜민국의 나머지 의결권 있는 보통주 850주(지분율 85%)를 취득하여 합병하였다. 이 주식의 취득을 위해 ㈜대한은 ₩200,000의 현금과 함께 보통주 500주(액면총액 ₩500,000, 공정가치 ₩800,000)를 발행하여 ㈜민국의 주주들에게 지급하였다. 합병일 현재 ㈜민국의 의결권 있는 보통주 공정가치는 주당 ₩1,200, 액면가는 주당 ₩1,000이다. ㈜대한은 신주 발행과 관련하여 ₩10,000의 신주발행비용을 지출하였다.
- 취득일 현재 ㈜민국의 요약재무상태표는 다음과 같다.

요약재무상태표

20X2년 1월 1일 현재

	장부금액	공정가치
유동자산	₩150,000	₩200,000
유형자산(순액)	1,050,000	1,280,000
자산	₩1,200,000	
부채	₩600,000	₩600,000
자본금	200,000	
이익잉여금	400,000	
부채와 자본	₩1,200,000	

- ㈜대한은 합병과 관련하여 만세회계법인에게 ㈜민국의 재무상태 실사 용역을 의뢰하였고, ₩30,000의 용역수수료를 지급하였다. 그리고 ㈜대한은 합병업무 전담팀을 구성하였는데, 이 팀 유지 원가로 ₩20,000을 지출하였다.
- 합병일 현재 ㈜민국의 종업원들은 회사 경영권의 변동에도 불구하고 대부분 이직하지 않았다. 이 때문에 ㈜대한은 합병일 이후 즉시 ㈜민국이 영위하던 사업을 계속 진행할 수 있었으며, ㈜대한의 경영진은 이러한 ㈜민국의 종업원들의 가치를 ₩80,000으로 추정하였다.
- 합병일 현재 ㈜민국의 상표명 'K – World'는 상표권 등록이 되어 있지 않아 법적으로 보호받을 수 없는 것으로 밝혀졌다. 그러나 ㈜민국이 해당 상표를 오랫동안 사용해왔다는 것을 업계 및 고객들이 인지하고 있어, 합병 이후 ㈜대한이 이 상표를 제3자에게 매각하거나 라이선스 계약을 체결할 수 있을 것으로 확인되었다. ㈜대한은 이 상표권의 가치를 ₩30,000으로 추정하였다.

01 ㈜대한이 합병일(20X2년 1월 1일)에 수행한 사업결합 관련 회계처리를 통해 인식한 영업권은 얼마인가? 2023. CPA

① ₩240,000 ② ₩270,000 ③ ₩290,000
④ ₩300,000 ⑤ ₩330,000

해설

영업권: (1) − (2) = 270,000
(1) 이전대가: 150주*1,200 + 200,000 + 800,000 = 1,180,000
(2) ㈜민국의 순자산 공정가치

유동자산 유형자산 부채 상표권	200,000 1,280,000 (600,000) 30,000
계	910,000

합병 직접 비용은 당기비용 처리하며, 집합적 노동력은 식별가능한 취득 자산으로 보지 않는다.

답 ②

02 다음은 ㈜대한과 ㈜민국에 대한 〈추가자료〉이다.

〈추가자료〉

- 합병일 현재 ㈜대한은 ㈜민국이 제기한 손해배상청구소송에 피소된 상태이다. 합병일 현재 ㈜대한과 ㈜민국 간에 계류 중인 소송사건의 배상금의 공정가치는 ₩20,000으로 추정되고, 합병에 의해 이 소송관계는 정산되었다. ㈜대한은 이와 관련하여 충당부채를 설정하지 않았다.

위 〈자료〉와 〈추가자료〉가 ㈜대한의 20X2년도 당기순이익에 미치는 영향은 얼마인가?

2023. CPA

① ₩0 (영향 없음)　② ₩20,000 감소　③ ₩30,000 감소
④ ₩50,000 감소　⑤ ₩70,000 감소

해설

당기순이익에 미치는 영향: 70,000 감소

용역수수료	(30,000)
유지원가	(20,000)
정산손실	(20,000)
계	(70,000)

기존 관계가 비계약적(원고와 피고)이므로 취득자는 기존 관계를 공정가치로 인식한다. 취득자는 사업결합 이전에 부채를 인식하지 않았으므로 부채를 인식하면서 정산손실을 당기비용으로 인식한다.

|취득일 회계처리|

FVOCI	30,000	OCI	30,000
비용(정산손실)	**20,000**	기존 부채	20,000
유동자산	200,000	부채	600,000
유형자산	1,280,000	FVOCI	180,000
상표권	30,000	현금	200,000
기존 부채	20,000	자본금	500,000
영업권	250,000	주발초	300,000
주발초	10,000	현금	60,000
비용(용역수수료)	**30,000**		
비용(팀유지원가)	**20,000**		

답 ⑤

7 현금창출단위

현금창출단위(CGU, Cash Generating Unit)란 다른 자산이나 자산집단에서의 현금유입과는 거의 독립적인 현금유입을 창출하는 식별가능한 최소자산집단을 말한다. 예를 들어, 자동차 정비업체가 워터파크도 인수하여 운영하고 있다고 하자. 이때 워터파크에 있는 토지와 건물은 각각 회수가능액을 추정하는 것보다는, 워터파크 전체를 하나로 보고 회수가능액을 추정하는 것이 합리적이다. 위 기업의 워터파크와 같이 다른 자산과는 독립적으로 현금유입을 창출하는 현금창출단위는 다음과 같이 손상차손을 인식한다.

	토지	건물	영업권	계
손상 전 BV	15,000	5,000	3,000	23,000
손상	②(3,000)	②(1,000)	①(3,000)	(7,000)
X1말 BV	12,000	4,000	0	16,000
감가상각	–	(1,000)		(1,000)
X2 환입 전	12,000	3,000		15,000
환입	3,250	750	0	4,000
X2말 BV	15,250	3,750		19,000
한도		3,750		

STEP 1 현금창출단위의 손상

현금창출단위의 회수가능액이 장부금액에 못 미치는 경우에는 손상차손을 인식한다. 손상차손은 다음과 같은 순서로 배분하여 현금창출단위에 속하는 자산의 장부금액을 감액한다.

1. 영업권 먼저 제거

우선 현금창출단위에 배분한 영업권의 장부금액을 감액한다.

2. 잔여 손상차손을 남은 자산 BV에 비례하여 배분 (한도: 개별자산의 회수가능액)

그 다음에 현금창출단위에 속하는 다른 자산에 각각의 장부금액에 비례하여 배분한다. 단, 개별자산의 회수가능액을 추정할 수 있다면 개별자산의 회수가능액(= MAX[순공정가치, 사용가치])까지만 손상차손을 배분하고, 회수가능액을 추정할 수 없는 다른 개별자산에 손상차손을 추가로 배분한다. 예를 들어 현금창출단위를 구성하고 있는 토지, 건물, 영업권 중 토지의 회수가능액을 추정할 수 있다면 토지는 회수가능액까지만 손상차손을 인식하고, 회수가능액을 추정할 수 없는 다른 자산에 손상차손을 추가로 배분한다.

STEP 2 감가상각

손상차손을 인식한 뒤, 다음 해에 감가상각을 수행한다. 이때, 토지는 상각을 하지 않도록 주의하자.

STEP 3 손상차손환입 심화

손상차손을 인식한 후에 회수가능액이 회복된 경우 손상차손환입을 인식해야 한다. 손상차손환입 시 다음 내용을 주의하자.

1. 영업권 손상차손환입 X

영업권은 손상차손환입을 인식하지 않는다. 영업권은 원래 손상차손환입을 인식하지 않는 자산이다. '4장 연결'에서 배울 것이지만, 현금창출단위에 포함된 영업권뿐 아니라 사업결합을 통해 인식한 영업권도 손상차손환입을 인식하지 않는다. 내부적으로 창출한 영업권은 자산으로 인식하지 않는데, 영업권의 손상차손을 환입하는 것은 내부적으로 창출한 영업권을 인식하는 것이나 마찬가지이기 때문이다.

2. 나머지 자산의 BV에 비례하여 손상차손환입 배분

상각을 완료한 후의 BV에 비례하여 손상차손환입을 배분한다.

3. 원가모형 손상차손환입 한도 주의

원가모형을 적용하는 자산의 경우 손상차손환입에 한도가 있다. 한도에 걸리는 자산은 한도까지만 환입한 후, 나머지 자산에 환입액을 더 배분한다.

예 제

01 ㈜대한은 모든 유형자산에 대하여 원가모형을 적용하며, 매 결산일에 손상발생의 여부를 검토한다. 다음 자료를 이용하여 ㈜대한이 20X0년 말 재무상태표에 인식하여야 할 기계장치의 장부금액을 계산하면 얼마인가? 2012. CTA

- ㈜대한은 보유하고 있는 유형자산 중 건물과 기계장치에 대해 개별적으로 회수가능액을 추정하기 어려워 현금창출단위로 구분하고 있다.
- 동 현금창출단위에는 사업결합으로 취득한 영업권의 배분액이 포함되어 있다.
- 20X0년 말 감가상각 반영 후 손상차손 인식 전 현금창출단위를 구성하는 개별자산인 건물, 기계장치 및 영업권의 장부금액은 각각 ₩9,000,000, ₩3,000,000 및 ₩1,000,000이다.
- ㈜대한은 현금창출단위에 대해 20X0년 말의 회수가능액을 ₩11,000,000으로 추정하였다. 이는 가치의 현저한 하락으로서 손상차손의 인식요건을 충족하며, ㈜대한은 손상차손을 인식하기로 하였다.

① ₩2,000,000 ② ₩2,250,000
③ ₩2,500,000 ④ ₩2,538,462
⑤ ₩2,750,000

해설

	건물	기계장치	영업권	계
손상 전 BV 손상차손	9,000,000 ②(750,000)	3,000,000 ②(250,000)	1,000,000 ①(1,000,000)	13,000,000 (2,000,000)
계	8,250,000	**2,750,000**	—	11,000,000

기계장치에 배부될 손상차손
: (2,000,000 − 1,000,000) × 3,000,000/(9,000,000 + 3,000,000) = 250,000

답 ⑤

02 ㈜한국은 20X1년 1월 1일에 A사업부문과 B사업부문 두 개의 현금창출단위를 가진 ㈜동일을 ₩4,500,000에 100% 취득했다. 이전대가는 각 사업부문별 식별가능한 자산의 공정가치에 따라 배분되며, 20X1년 1월 1일 현재 A사업부문과 B사업부문에 관련된 식별가능한 자산의 공정가치와 배분된 영업권은 다음과 같다.

	식별가능한 유형자산의 공정가치			영업권
	토 지	기계장치	차량운반구	
A사업부문	₩900,000	₩1,200,000	₩300,000	₩300,000
B사업부문	600,000	400,000	600,000	200,000
합 계	₩1,500,000	₩1,600,000	₩900,000	₩500,000
잔존내용연수		4년	3년	
잔존가치		₩0	₩0	
상각방법		정액법	정액법	

20X1년 말 수출규제로 인해 A사업부문의 생산물에 대한 수요가 급감할 것으로 예상되어 ㈜한국이 A사업부문의 회수가능액을 추정한 결과 ₩1,900,000으로 추정되었으며, 따라서 손상차손을 인식했다. 20X1년 말 ㈜한국의 재무상태표에 표시될 A사업부문의 차량운반구의 장부금액은 얼마인가? 단, ㈜한국은 유형자산에 대하여 원가모형을 적용하고 있다. 또한 20X1년 말 개별 자산의 순공정가치와 사용가치는 결정할 수 없다고 가정한다. 2010. CPA

① ₩190,000 ② ₩200,000 ③ ₩290,000
④ ₩300,000 ⑤ ₩590,000

해설

	토지	기계	차량	영업권	계
X1초	900,000	1,200,000	300,000	300,000	
상각		(300,000)	(100,000)		
손상 전 BV	900,000	900,000	200,000	300,000	2,300,000
손상	②(45,000)	②(45,000)	(10,000)	①(300,000)	(400,000)
X1말 BV	855,000	855,000	**190,000**	0	1,900,000

영업권에 손상차손을 우선적으로 배부한 뒤, 나머지 자산의 장부금액에 비례해서 손상차손을 배부하면 된다.

답 ①

8 사업결합이 아닌 자산집단 취득 심화

사업결합에 해당하면 피취득자의 자산, 부채를 공정가치로 평가하고 영업권 또는 염가매수차익을 인식한다.

반면, 사업을 구성하지 않는 자산이나 자산집단의 취득은 일괄취득과 같다. 취득자는 **매수일의 상대적 공정가치에 기초하여 일괄구입가격을 각 자산과 부채에 배분한다.** 따라서 자산, 부채의 취득원가는 자산, 부채의 공정가치와 다른 금액이 되며, **영업권이 생기지 않는다.**

예제

03 ㈜대한은 20X1년 7월 1일 ㈜민국의 A부문을 ₩450,000에 인수하였다. 다음은 20X1년 7월 1일 현재 ㈜민국의 A부문 현황이다. A부문에 귀속되는 부채는 없다.

A부문

㈜민국 20X1년 7월 1일 현재 (단위 : ₩)

계정과목	장부금액	공정가치
토 지	200,000	220,000
건 물	150,000	200,000
기계장치	50,000	80,000
	400,000	

공정가치는 실제보다 과대평가되지 않았다. 20X1년 7월 1일 현재 건물과 기계장치의 잔존 내용연수는 각각 10년과 5년이며 모두 잔존가치 없이 정액법으로 감가상각한다. 20X1년 말까지 ㈜대한은 동 자산들을 보유하고 있으며 손상징후는 없다. 취득일 현재 ㈜민국의 A부문에 표시된 자산 외에 추가적으로 식별가능한 자산은 없으며 20X1년 말까지 다른 거래는 없다. ㈜민국의 A부문이 (가)별도의 사업을 구성하고 ㈜대한이 지배력을 획득하여 사업결합 회계처리를 하는 상황과 (나)별도의 사업을 구성하지 못하여 ㈜대한이 자산 집단을 구성하는 각 자산의 취득원가를 결정하기 위한 회계처리를 하는 상황으로 나눈다. 각 상황이 20X1년 7월 1일부터 20X1년 12월 31일까지 ㈜대한의 당기순이익에 미치는 영향은 각각 얼마인가? 2019. CPA

	(가)	(나)
①	₩32,000 증가	₩16,200 감소
②	₩32,000 감소	₩16,200 감소
③	₩18,000 감소	₩32,400 감소
④	₩18,000 증가	₩32,400 증가
⑤	₩18,000 감소	₩32,400 증가

해설

(가) 사업결합: 50,000(염가매수차익) − 18,000(감가상각비) = **32,000 증가**

구분	취득원가	감가상각비
토지	220,000	−
건물	200,000	200,000/10 × 6/12 = 10,000
기계장치	80,000	80,000/5 × 6/12 = 8,000
계	500,000	18,000

|회계처리|

20X1.7.1	토지	220,000	현금	450,000
	건물	200,000	**염가매수차익**	**50,000**
	기계장치	80,000		
20X1.12.31	**감가상각비**	**10,000**	건물	10,000
	감가상각비	**8,000**	기계장치	8,000

사업결합 시에는 피취득자의 자산, 부채를 공정가치로 평가한 뒤 영업권이나 염가매수차익을 인식한다.

(나) 자산집단 취득: **16,200 감소** (감가상각비)

구분	취득원가	감가상각비
토지	450,000 × 220,000/500,000 = 198,000	−
건물	450,000 × 200,000/500,000 = 180,000	180,000/10 × 6/12 = 9,000
기계장치	450,000 × 80,000/500,000 = 72,000	72,000/5 × 6/12 = 7,200
계	450,000	16,200

|회계처리|

20X1.7.1	토지	198,000	현금	450,000
	건물	180,000		
	기계장치	72,000		
20X1.12.31	**감가상각비**	**9,000**	건물	9,000
	감가상각비	**7,200**	기계장치	7,200

자산집단 취득 시에는 일괄취득으로 보아 일괄구입가격을 공정가치 비율로 안분하며, 영업권이나 염가매수차익이 발생하지 않는다.

답 ①

9 사업결합 말문제

1. 사업

사업이란, 고객에게 재화나 용역을 제공하거나, 투자수익(예: 배당금 또는 이자)을 창출하거나 통상적인 활동에서 기타 수익을 창출할 목적으로 수행되고 관리될 수 있는 활동과 자산의 통합된 집합을 말한다.

(1) 사업의 요소

사업은 투입물 그리고 그 투입물에 적용하여 산출물의 창출에 기여할 수 있는 과정으로 구성된다. 사업의 요소는 다음과 같이 정의한다.

① 투입물(input): 하나 이상의 과정이 적용될 때 산출물을 창출하거나 산출물의 창출에 기여할 수 있는 능력이 있는 모든 경제적 자원. 비유동자산, 지적 재산, 필요한 재료 또는 권리에의 접근을 획득할 수 있는 능력과 종업원 등을 들 수 있다.

② 과정(process): 투입물에 적용할 때 산출물을 창출하거나 산출물의 창출에 기여할 수 있는 모든 시스템, 표준, 프로토콜, 관례, 규칙. 예시로 전략적 경영과정, 운영과정, 자원관리과정 등을 들 수 있다. 이러한 과정은 대개 문서화되어 있지만, 규칙과 관례에 따른 필요한 기술과 경험을 갖추고 조직화된 노동력의 지적 능력은 필요한 과정, 즉 투입물에 적용하여 산출물을 창출할 수 있는 과정을 제공할 수도 있다(회계, 청구, 급여 그리고 그 밖의 관리시스템은 대체로 산출물을 창출할 때 사용하는 과정이 아니다).

③ 산출물(output): 투입물과 그 투입물에 적용하는 과정의 결과물로 고객에게 재화나 용역을 제공하거나, 투자수익(예: 배당금 또는 이자)을 창출하거나 통상적인 활동에서 기타 수익을 창출하는 것.

※ 주의 사업이 되기 위해서는 **산출물**을 반드시 요구하지는 않음 ★중요!
사업은 보통 산출물이 있지만, **사업의 정의를 충족하기 위해 산출물이 요구되는 것은 아니다.**

(2) 사업인지 여부를 파악할 때는 취득자가 사업을 운영할 의도와 관련 없이 평가한다.

활동과 자산의 특정 집합이 사업인지 여부는 시장참여자가 그 통합된 집합을 사업으로 수행하고 운영할 수 있는지에 기초하여 결정한다. 그러므로 특정 집합이 사업인지의 여부를 파악할 때, 매도자가 그 집합을 사업으로 운영하였는지 또는 취득자가 그 집합을 사업으로 운영할 의도가 있는지는 관련성이 없다. 쉽게 말해서, 사업인지는 사업 그 자체로만 판단하지, 취득자가 그 사업을 운영할지 여부와 관련이 없다는 뜻이다.

2. 사업결합 기준서의 적용을 배제하는 경우

(1) 공동기업: 지분법 적용

공동기업은 둘 이상의 당사자가 공동지배력을 가질 뿐 어느 누구도 단독으로 지배력을 가지고 있지 못하므로 사업결합으로 보지 않는다. 이때는 지분법으로 회계처리한다.

(2) 사업을 구성하지 않는 자산이나 자산 집단: 단순한 자산 취득

사업을 구성하지 않는 자산이나 자산 집단의 취득은 '사업' 결합이 아니므로 단순한 자산 취득으로 본다.

(3) 동일지배 하에 있는 기업이나 사업 간 결합

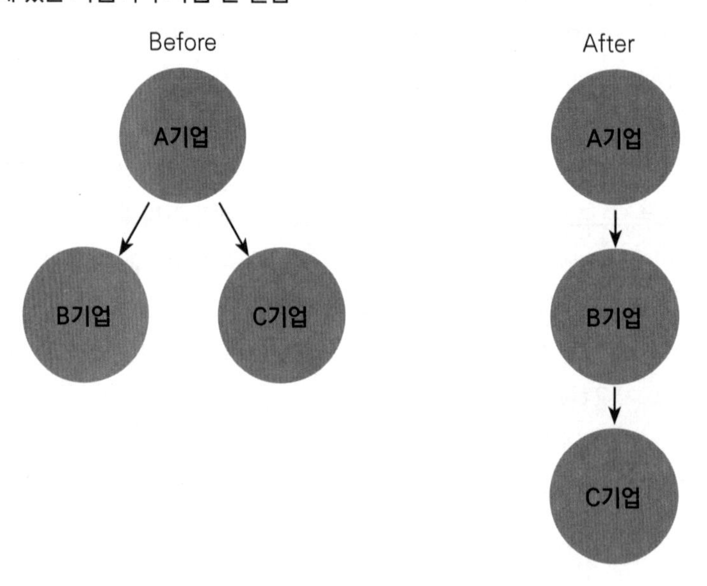

예를 들어, A가 B, C를 100% 지배하는 상황에서 B가 A가 보유하던 C 주식 전부를 취득하여 지배력을 취득했다고 하자. 지분 취득 전후를 비교하였을 때 여전히 A가 B, C 모두 지배하므로, 지분 취득으로 인한 지배력 변동이 없다. 따라서 이 경우 사업결합으로 보지 않는다.

3. 취득자 및 취득일

(1) 취득자

취득자란 피취득자에 대한 지배력을 획득하는 기업을 말한다. 취득자를 명확히 파악하지 못한다면, 다음의 특성을 갖는 경우 취득자로 식별한다.

① 현금이나 자산을 이전한 기업 또는 부채를 부담하는 기업 ② 지분을 발행하는 기업 (예외: 역취득 시 지분을 발행하는 기업이 '피' 취득자) ③ 상대적 크기가 중요하게 큰 기업 ④ 기업이 셋 이상 포함된 사업결합의 경우 결합을 제안한 기업

(2) 취득일

취득일이란 취득자가 피취득자의 지배력을 획득한 날을 의미한다.

① 원칙: 종료일

일반적으로 취득일은 취득자가 법적으로 대가를 이전하여, 피취득자의 자산을 취득하고 부채를 인수한 날인 종료일이다.

② 예외: 종료일보다 이른 날 또는 늦은 날 ★중요!

취득자는 관련된 모든 사실과 상황을 고려하여 취득일을 식별한다. 취득자는 종료일보다 이른 날 또는 늦은 날에 지배력을 획득하는 경우도 있다. 예를 들어 서면합의로 취득자가 종료일 전에 피취득자에 대한 지배력을 획득한다면 취득일은 종료일보다 이르다. '취득일은 반드시 종료일이다.' 라고 제시되면 틀린 문장이니, 주의하자.

4. 식별가능한 자산, 부채의 인식원칙

취득자는 피취득자의 자산, 부채를 인식하므로 피취득자의 자산, 부채 중 어떤 것을 인식할지 결정해야 한다. 이때 다음 두 가지 요건을 충족해야 한다.

(1) 개념체계의 자산과 부채의 정의를 충족해야 한다.

인식요건을 충족하려면, 식별할 수 있는 취득 자산과 인수 부채는 취득일에 '개념체계'의 자산과 부채의 정의를 충족하여야 한다. 예를 들어 피취득자의 영업활동 종료, 피취득자의 고용관계 종료, 피취득자의 종업원 재배치와 같은 계획의 실행에 따라 미래에 생길 것으로 예상하지만 의무가 아닌 원가는 취득일의 부채가 아니다. 그러므로 취득자는 그러한 원가는 인식하지 않는다.

(2) 식별가능한 자산, 부채는 별도 거래가 아니라 사업결합 거래로 교환된 것이어야 한다.

식별가능한 자산, 부채는 별도 거래의 결과가 아니라 사업결합에서 취득자와 피취득자 사이에 교환된 것의 일부여야 한다. 사업결합으로 교환된 자산, 부채가 아니라면 별도 거래로 본다. 예를 들어, 자동차 기업을 인수하면서 이와 별개로 자동차를 구입한다면 자동차 구입 거래는 별도 거래로 보고 인수 자산에 포함하지 않는다.

5. 공정가치로 측정된 자산: 별도의 평가충당금 인식 X ex>공정가치로 측정한 보상자산

취득일 현재 사업결합에서 취득일의 공정가치로 측정된 취득 자산에 대하여 별도의 평가충당금은 인식하지 않는다. 미래현금흐름의 불확실성의 영향을 공정가치 측정에 포함하였기 때문이다. 이로 인해, 공정가치로 측정한 보상자산의 경우에 별도의 평가충당금은 필요하지 않다.
예를 들어 사업결합 기준서에서는 취득한 수취채권(대여금 포함)을 취득일의 공정가치로 측정하도록 규정하고 있으므로, 취득일에 회수 불가능하다고 보는 계약상 현금흐름에 대하여 별도의 평가충당금 또는 기대신용손실에 대한 손실충당금은 인식하지 않는다.

6. 지분만을 교환하는 사업결합

취득자와 피취득자가 지분만을 교환하는 사업결합의 경우 피취득자의 지분이 취득자의 지분보다 더 신뢰성 있게 측정될 수 있다. 취득자가 이전대가로 취득자의 주식을 지급하는 경우 원칙적으로는 '취득자'의 주식을 공정가치로 평가한다. 하지만 지분만을 교환하고, 피취득자의 주식의 공정가치가 더 신뢰성 있다면 피취득자의 주식의 공정가치를 이용하여 영업권의 금액을 산정한다.

7. 사업결합으로 취득하는 무형자산

취득자는 사업결합에서 취득한 식별할 수 있는 무형자산을 영업권과 분리하여 인식한다. 무형자산은 분리 가능성 기준이나 계약적·법적 기준을 충족하는 경우에 식별할 수 있다. 두 기준을 모두 충족시킬 필요는 없고, 둘 중 한 가지 기준만 충족하더라도 식별할 수 있다.

(1) 계약적·법적 기준

계약적·법적 기준을 충족하는 무형자산은 피취득자에게서 또는 그 밖의 권리와 의무에서 이전하거나 분리할 수 없더라도 식별할 수 있다.

(2) 분리 가능성 기준

분리 가능성 기준은 취득한 무형자산이 피취득자에게서 분리되거나 분할될 수 있고, 개별적으로 또는 관련된 계약, 식별할 수 있는 자산이나 부채와 함께 매각·이전·라이선스·임대·교환을 할 수 있음을 의미한다.

① 의도가 없더라도 교환할 수 있으면 분리 가능성 충족

취득자가 매각, 라이선스, 교환을 할 의도가 없더라도, 취득자가 매각, 라이선스, 그 밖의 기타 가치 있는 것과 교환할 수 있는 무형자산은 분리 가능성 기준을 충족한다.

② 개별적으로는 분리 못 해도 결합해서 분리할 수 있다면 분리 가능성 충족

피취득자나 결합기업에서 개별적으로 분리할 수 없는 무형자산이 관련 계약, 식별할 수 있는 자산이나 부채와 결합하여 분리할 수 있다면 분리 가능성 기준을 충족한다.

예제

01 사업결합의 회계처리에 관한 다음의 설명 중 옳은 것은? 2016. CPA

① 취득자는 식별가능한 취득 자산과 인수 부채를 취득일의 공정가치로 측정하며, 이러한 공정가치 측정에 예외는 인정되지 않는다.

② 취득자가 사업결합을 통해 취득한 식별가능한 무형자산은 영업권과 분리하여 인식하지만, 집합적 노동력과 같이 식별가능하지 않은 무형자산의 가치는 영업권에 포함한다.

③ 단계적으로 이루어지는 사업결합에서, 취득자는 이전에 보유하고 있던 피취득자에 대한 지분을 취득일의 공정가치로 재측정하고 그 결과 차손익이 있다면 기타포괄손익으로 인식한다.

④ 사업결합을 하는 과정에서 발생한 취득관련원가(중개수수료, 일반관리원가, 지분증권의 발행원가 등)는 원가가 발생한 기간에 비용으로 회계처리한다.

⑤ 사업결합을 통해 취득한 영업권은 적정한 내용연수에 걸쳐 상각하며, 상각 후 장부금액에 대해서는 매 보고기간마다 손상검사를 수행한다.

해설

① 공정가치 측정에는 우발부채, 보상자산, 리스, 매각예정비유동자산 등의 예외가 있다. (X)

② 집합적 노동력은 별도 무형자산으로 분리하여 인식하지 않으므로, 영업권에 포함한다. (O)

③ 취득자는 이전에 보유하고 있던 피취득자에 대한 지분을 취득일의 공정가치로 재측정하고 그 결과 차손익이 있다면 당기손익 또는 기타포괄손익으로 인식한다. (X)

④ 취득관련원가 중 지분증권의 발행원가는 지분상품의 발행금액에서 차감한다. (X)

⑤ 영업권은 내용연수가 비한정인 무형자산이다. 내용연수가 비한정인 무형자산은 상각하지 않으며, 매 보고기간마다 손상검사를 수행한다. (X)

답 ②

02 기업회계기준서 제1103호 '사업결합'에 대한 다음 설명 중 옳지 않은 것은? 2022. CPA

① 취득자는 식별할 수 있는 취득 자산과 인수 부채를 취득일의 공정가치로 측정한다. 다만 일부 제한적인 예외항목은 취득일의 공정가치가 아닌 금액으로 측정한다.

② 취득자는 사업결합으로 취득 자산과 인수 부채에서 생기는 이연법인세 자산이나 부채를 기업회계기준서 제1012호 '법인세'에 따라 인식하고 측정한다.

③ 시장참여자가 공정가치를 측정할 때 계약의 잠재적 갱신을 고려하는지와 무관하게, 취득자는 무형자산으로 인식하는 '다시 취득한 권리'의 가치를 관련 계약의 남은 계약기간에 기초하여 측정한다.

④ 조건부 대가를 자본으로 분류한 경우, 조건부 대가의 공정가치 변동이 측정기간의 조정 사항에 해당하지 않는다면 재측정하지 않는다.

⑤ 사업결합에서 인식한 우발부채는 이후 소멸하는 시점까지 기업회계기준서 제1037호 '충당부채, 우발부채, 우발자산'에 따라 후속 측정하여야 한다.

해설

사업결합에서 인식한 우발부채는 기준서 제1037호(중급회계에서 배운 충당부채 내용)의 요구사항을 적용하지 않는다. 제1037호와 달리 유출가능성이 높지 않더라도 취득자는 사업결합으로 인수한 우발부채를 인식한다.

답 ⑤

03 사업결합의 회계처리에 관한 설명으로 옳지 않은 것은? 2017. CTA

① 이전한 자산이나 부채가 사업결합을 한 후에도 결합기업에 여전히 남아 있고, 취득자가 그 자산이나 부채를 계속 통제하는 경우에는, 취득자는 그 자산과 부채를 취득일의 공정가치로 측정하고, 그 자산과 부채에 대한 차손익을 당기손익으로 인식한다.

② 취득자가 피취득자에 대한 지배력을 획득한 날은 일반적으로 취득자가 법적으로 대가를 이전하여, 피취득자의 자산을 취득하고 부채를 인수한 날인 종료일이다. 그러나 취득자는 종료일보다 이른 날 또는 늦은 날에 지배력을 획득하는 경우도 있다.

③ 취득자와 피취득자가 지분만을 교환하여 사업결합을 하는 경우에 취득일에 피취득자 지분의 공정가치가 취득자 지분의 공정가치보다 더 신뢰성 있게 측정되는 경우가 있다. 이 경우에 취득자는 이전한 지분의 취득일 공정가치 대신에 피취득자 지분의 취득일 공정가치를 사용하여 영업권의 금액을 산정한다.

④ 과거사건에서 생긴 현재의무이고 그 공정가치를 신뢰성 있게 측정할 수 있다면, 해당 의무를 이행하기 위하여 경제적 효익이 있는 자원이 유출될 가능성이 높지 않더라도 취득자는 취득일에 사업결합으로 인수한 우발부채를 인식한다.

⑤ 공정가치로 측정한 보상자산의 경우에 회수 가능성으로 인한 미래현금흐름의 불확실성 영향을 공정가치 측정에 포함하였으므로 별도의 평가충당금은 필요하지 않다.

해설

사업결합 후 결합기업에 여전히 남아 있고, 취득자가 계속 통제하는 경우에는 이전대가를 공정가치로 평가하지 않고, 그대로 취득일 직전의 장부금액으로 계상하며, 재평가하지 않았기 때문에 평가손익은 발생하지 않는다.

답 ①

10 지배력

1. 지배력의 3요소

투자자는 피투자자에 관여함에 따라 변동이익에 노출되거나 변동이익에 대한 권리가 있고, 피투자자에 대한 자신의 힘으로 변동이익에 영향을 미치는 현재의 능력이 있을 경우 피투자자를 지배한다. 따라서 투자자는 다음 모두에 해당하는 경우에만 피투자자를 지배한다.

① 피투자자에 대한 힘 ② 피투자자에 관여함에 따른 변동이익에 대한 노출 또는 권리 ③ 투자자의 이익금액에 영향을 미치기 위하여 피투자자에 대한 자신의 힘을 사용하는 능력

2. 힘

힘이란, 투자자가 관련 활동을 지시하는 현재의 능력을 갖게 하는 현존 권리를 의미한다. 힘을 평가할 때에는 다음 요소들을 고려한다.

(1) 둘 이상의 투자자들이 서로 다른 활동을 지시하는 권리를 보유하는 경우

피투자자의 이익에 가장 유의적인 영향을 미치는 활동을 지시할 수 있는 투자자가 힘이 있다.

(2) 다른 기업이 유의적인 영향력을 보유하더라도 힘을 보유할 수 있다.

다른 기업들이 관련 활동의 지시에 참여하는 현재의 능력을 갖게 하는 현존 권리(예: 유의적인 영향력)를 보유하고 있다 하더라도, 투자자는 피투자자에 대한 힘이 있을 수 있다. 예를 들어 ㈜민국이 ㈜만세의 주식 20%를 취득하여 유의적인 영향력을 행사하더라도 ㈜대한이 ㈜만세의 주식 80%를 취득하면 힘을 가질 수 있다.

(3) 방어권만을 보유하는 투자자는 힘을 갖지 않는다. ★중요!

그러나 방어권만을 보유하는 투자자는 피투자자에 대한 힘이 없다. 방어권이란, 당사자에게 힘을 갖게 하지는 않지만 당사자의 이익을 보호하기 위해 설계된 권리를 의미한다. 방어권은 말 그대로, 방어만 할 수 있는 권리로써, 이익에 유의적인 활동을 지시할 수 있는 권리가 아니므로 방어권만 갖고 있다고 해서 힘을 갖는 것은 아니다.

3. 변동이익에 대한 노출 또는 권리

투자자가 피투자자에 관여하여 투자자의 이익이 피투자자의 성과에 따라 달라질 가능성이 있는 경우 투자자는 변동이익에 노출되거나 변동이익에 대한 권리를 가진다. 투자자의 이익은 양(+)의 금액이거나, 부(−)의 금액이거나, 둘 모두에 해당할 수 있다.

한 투자자만이 피투자자를 지배할 수 있다 하더라도, 둘 이상의 투자자가 피투자자의 이익을 나누어 가질 수 있다. 예를 들면, 비지배지분 소유주들은 피투자자의 이익이나 분배의 몫을 가질 수 있다. ㈜대한이 ㈜만세의 주식 80%를 취득하고, ㈜민국이 ㈜만세의 주식 20%를 취득한다면 ㈜만세는 ㈜대한 단독으로 지배하지만, ㈜만세의 손익은 ㈜대한과 ㈜민국이 나누어 가진다. 이때 ㈜대한이 보유한 주식을 '지배기업지분', ㈜민국이 보유한 주식을 '비지배지분'이라고 부른다.

4. 이익에 영향을 미치기 위하여 자신의 힘을 사용하는 능력

투자자가 피투자자에 대한 힘이 있고 피투자자에 관여함에 따라 변동이익에 노출되거나 변동이익에 대한 권리가 있을 뿐만 아니라, 자신의 이익금액에 영향을 미치도록 자신의 힘을 사용하는 능력이 있다면 투자자는 피투자자를 지배한다.

(1) 대리인이라면 지배력을 갖지 않는다.

대리인인 투자자가 자신에게 위임된 의사결정권을 행사하는 경우에는 피투자자를 지배하는 것이 아니다.

(2) 한 당사자가 실질적인 해임권을 갖고 있다면 나는 대리인이다.

한 당사자(다른 사람)가 실질적인 해임권을 갖고 있다면 의사결정자(나)가 대리인이라는 결론을 내리기에 충분하다.

예제

04 **다음은 투자자의 피투자자에 대한 지배력에 관한 설명이다. 옳지 않은 것은?** 2014. CPA

① 투자자가 피투자자에 대한 지배력을 갖기 위해서는 지배력의 세 가지 요소인 피투자자에 대한 힘, 피투자자에 대한 관여로 인한 변동이익에 대한 노출 또는 권리, 그리고 투자자의 이익금액에 영향을 미치기 위하여 피투자자에 대하여 자신의 힘을 사용하는 능력을 모두 가져야 한다.

② 둘 이상의 투자자들이 각각에게 다른 관련활동을 지시하는 일방적인 능력을 갖게 하는 현존 권리를 보유하는 경우, 투자자 어느 누구도 개별적으로 피투자자를 지배하지 못한다.

③ 투자자가 피투자자에 대한 의결권 과반수를 보유하고 있더라도 그러한 권리가 실질적이지 않다면 피투자자에 대한 힘을 가지지 않는다.

④ 투자자가 피투자자 의결권의 과반수 미만을 보유하더라도 일방적으로 관련활동을 지시하는 실질적 능력을 가진 경우에는 힘을 가질 수 있다.

⑤ 대리인인 투자자가 자신에게 위임된 의사결정권을 행사하는 경우에는 의결권의 과반수를 행사하더라도 피투자자를 지배하는 것으로 볼 수 없다.

해설

둘 이상의 투자자들이 각각에게 다른 관련활동을 지시하는 일방적인 능력을 갖게 하는 현존 권리를 보유하는 경우 피투자자의 이익에 '가장 유의적인 영향을 미치는 활동을 지시할 수 있는 투자자'가 힘을 갖고, 피투자자를 지배한다.

답 ②

Memo

advanced accounting

C·H·A·P·T·E·R

04

연결

CHAPTER 04 연결

1 연결회계

1. 용어의 정의

지배기업: 다른 기업을 지배하는 기업
종속기업: 다른 기업의 지배를 받는 기업
연결실체: 지배기업 + 종속기업
연결재무제표: 연결실체의 재무제표

지배기업은 하나 이상의 기업을 지배하는 기업을, 종속기업은 다른 기업의 지배를 받는 기업을 말한다. 지배기업과 그 종속기업을 '연결실체'라고 부른다.
법적으로는 지배기업과 종속기업이 별개의 실체이지만, 경제적으로는 하나의 연결실체로 보므로 회계에서는 두 기업의 재무제표를 하나로 합칠 것을 요구한다. 이렇게 지배기업과 종속기업의 재무제표를 하나로 합친 재무제표를 연결재무제표라고 하며, 연결재무제표를 작성하는 회계가 연결회계이다.
'3장 사업결합'에서는 지배력 획득일의 회계처리를 배웠다. 따라서 사업결합에서는 영업권을 계산하는 것이 관건이었다. 반면, 연결회계에서는 지배력 획득일부터 그 이후의 회계처리를 다룬다. 쉽게 말해서, 사업결합은 연결회계의 일부라고 생각하면 된다. 연결회계에서는 영업권뿐 아니라 자산, 부채, 자본, 수익, 비용을 계산하는 방법을 배울 것이다.

2. 지분상품의 분류

지분상품은 피투자기업에 대해 갖는 영향력에 따라 다음과 같이 구분한다.

구분	기준	주식 계정과목	주식의 평가
(1) 금융자산	—	FVPL 금융자산 or FVOCI (선택) 금융자산	FV
(2) 지분법	유의적인 영향력	관계기업투자	지분법
(3) 연결	지배력	종속기업투자	원가

(1) 금융자산

중급회계에서는 지분상품을 FVPL 금융자산이나 FVOCI (선택) 금융자산으로 분류하여 기말에 공정가치로 평가하였다.

(2) 지분법

만약 지분율이 상승하여 투자기업이 피투자기업에 대해 **유의적인 영향력**을 보유하게 되면 지분상품을 '관계기업투자'로 분류하며, 지분법 회계처리를 수행한다. 지분법 회계처리는 6장에서 다룰 것이다.

(3) 연결

투자기업이 피투자기업에 대해 지배력을 갖게 되면 지분상품을 '종속기업투자'로 분류하며, 연결 회계처리를 수행한다. 본 장에서 연결회계에 대해 배울 것이다.

2 연결재무제표 작성방법

연결재무제표 작성방법은 사례를 이용하여 설명한다. 연결재무제표 작성방법은 문제 풀이법을 배우기 위한 기초 내용으로, 구체적인 문제 풀이법은 뒤에서 배울 것이다. 연결재무제표 작성방법은 시험에 자주 출제되지 않으므로, '용어를 배운다는' 마음으로 공부하길 바란다. 연결재무제표 작성방법은 완벽하게 소화할 필요가 없으며, 뒤에서 다룰 문제 풀이법만 정확히 알면 된다.

사례 1

㈜지배는 20X1년 1월 1일 ㈜종속의 의결권 있는 보통주 70%를 ₩200,000에 취득하여 지배력을 획득하였다. 취득일 현재 ㈜지배와 ㈜종속의 재무상태표는 다음과 같다.

재무상태표

㈜지배 20X1. 1. 1. 현재 (단위 : ₩)

자산		부채	
현금	100,000	유동부채	300,000
재고자산	200,000	자본	
건물	300,000	자본금	300,000
종속기업투자주식	200,000	이익잉여금	200,000
자산총계	800,000	부채와 자본총계	800,000

재무상태표

㈜종속 20X1. 1. 1. 현재 (단위 : ₩)

자산		부채	
현금	50,000	유동부채	100,000
재고자산	80,000	자본	
건물	150,000	자본금	100,000
		이익잉여금	80,000
자산총계	280,000	부채와 자본총계	280,000

〈추가자료〉

▣ 주식취득일 현재 ㈜종속의 자산과 부채는 아래의 자산을 제외하고는 장부금액과 공정가치가 일치하였다.

구분	재고자산	건물(순액)
공정가치	₩100,000	₩200,000
장부금액	80,000	150,000

▣ 비지배지분은 종속기업의 식별가능한 순자산 공정가치에 비례하여 결정한다.

1. 지배력 획득일

STEP 1 지배기업과 종속기업의 재무제표 합산

연결재무제표는 지배기업과 종속기업의 하나의 기업이라고 가정하고 작성한 재무제표이다. 따라서 연결재무제표는 지배기업과 종속기업의 재무상태표를 합치는 것에서 시작한다. 이때, 지배기업이 종속기업 주식을 100% 취득하지 않더라도 종속기업의 자산과 부채 100%를 합산한다.

합산재무상태표

㈜지배 20X1. 1. 1. 현재 (단위 : ₩)

자산		부채	
현금	150,000	유동부채	400,000
재고자산	280,000	자본	
건물	450,000	자본금	400,000
종속기업투자주식	200,000	이익잉여금	280,000
자산총계	1,080,000	부채와 자본총계	1,080,000

STEP 2 연결조정분개

연결재무제표 = 합산재무제표 + 연결조정분개

연결재무제표는 지배기업과 종속기업이 하나의 기업이라고 가정하고 작성한다. 하지만 지배기업과 종속기업의 재무상태표를 단순 합산한 것이 연결재무제표는 아니다. 따라서 합산재무제표를 연결재무제표로 만들기 위해서 회계처리를 추가해야 하는데, 이 회계처리를 연결조정분개라고 부른다.

연결조정분개에는 다양한 회계처리가 있는데, 지배력 획득일에는 '투자 – 자본 상계 제거' 회계처리만 수행한다. 종속기업투자주식과 종속기업의 자본을 서로 상계하기 때문에 투자 – 자본 상계 제거라고 부른다.

투자-자본 상계 제거	자본금	100,000	종속기업투자주식	200,000
	이익잉여금	80,000	비지배지분	75,000
	재고자산	20,000		
	건물	50,000		
	영업권	25,000		

(1) 종속기업투자주식 제거

㈜지배가 ㈜종속의 주식을 취득할 때에는 다음과 같은 회계처리가 발생한다.

종속기업투자주식	200,000	현금	200,000

㈜지배가 보유하고 있는 ㈜종속의 주식은 ㈜지배의 재무상태표 상에 '종속기업투자주식'으로 표시되어 있다. 하지만 연결재무제표 관점에서는 두 기업이 하나의 기업이므로 종속기업투자주식은 더 이상 자산이 아니다. 따라서 종속기업투자주식을 제거해야 한다.

(2) 종속기업의 자본 제거

지배기업은 종속기업의 자산과 부채를 인수하는 것이지, 자본까지 인수하는 것은 아니다. 따라서 종속기업의 자본을 제거해야 한다. 종속기업의 자본에는 자본금 100,000과 이익잉여금 80,000이 있으므로 이를 제거하면 된다.

(3) 종속기업의 자산, 부채 공정가치 차액 인식

사업결합 시 종속기업의 자산과 부채는 공정가치로 평가한다. 하지만 합산재무상태표는 종속기업의 자산과 부채가 장부금액으로 표시되어 있으므로 공정가치와의 차액을 조정해야 한다. 재고자산은 20,000(= 100,000 − 80,000)을 증가시키고, 건물은 50,000(= 200,000 − 150,000)을 증가시킨다. 대부분 문제에서 부채는 공정가치가 장부금액과 일치하게 제시한다.

(4) 영업권 계상

이전대가가 종속기업의 순자산 공정가치를 초과하는 부분은 영업권으로 계상한다. 영업권은 사업결합에서 배웠듯이 '이전대가 − 순자산 공정가치 × 지분율'로 계산한다. 본 사례에서 영업권은 25,000(= 200,000 − 250,000 × 70%)으로 계산된다.

(5) 비지배지분 계상

비지배지분 = 종속기업의 순자산 공정가치 × (1 − R)
(R = 지배기업의 지분율)

비지배지분이란, 종속기업에 대한 지분 중 지배기업이 보유하지 않는 지분을 의미한다. 본 사례에서 지배기업의 지분율이 70%이므로, 비지배지분은 나머지 30%의 지분을 의미한다.

대부분 문제에서는 '비지배지분은 종속기업의 식별가능한 순자산 공정가치에 비례하여 결정한다.'라는 단서를 제공할 것이며, 이 단서에 따라 비지배지분은 위와 같이 계산한다. 본서에서는 지배기업의 지분율을 편의상 'R(ratio)'이라고 표시하겠다. R은 70%이고, 1 − R은 30%이다.본 사례에서 비지배지분은 75,000(= 250,000 × 30%)으로 계산된다.

K – IFRS에 따르면, **비지배지분은 자본으로 분류하며**, 대변에 표시된다. 참고로, 비지배지분을 취득일의 공정가치로 측정할 수도 있는데, 이 내용은 다음 장에서 다룰 것이다.

투자-자본 상계 제거

차변		대변	
자본	순자산 BV	종속기업투자주식	이전대가
자산, 부채	순자산 FV – BV	비지배지분	순자산 FV × (1 – R)
영업권	이전대가 – 순자산 FV × R		

투자 – 자본 상계 제거 회계처리를 요약하면 위와 같다. 각 계정의 증감을 정확히 표시하면 대차가 일치할 수밖에 없다.

STEP 3 연결재무상태표 작성

합산재무상태표에 연결조정분개를 반영하여 연결재무상태표를 작성하면 다음과 같다.

연결재무상태표

㈜지배 20X1. 1. 1. 현재 (단위 : ₩)

자산		부채	
현금	150,000	유동부채	400,000
재고자산	300,000	자본	
건물	500,000	자본금	300,000
영업권	25,000	이익잉여금	200,000
		비지배지분	75,000
자산총계	975,000	부채와 자본총계	975,000

2. 지배력을 획득한 연도 말

사례 2

[사례 1]의 상황에서 이어진다. ㈜지배는 20X1년 1월 1일 ㈜종속의 의결권 있는 보통주 70%를 ₩200,000에 취득하여 지배력을 획득한 후, **20X1년 12월 31일** ㈜지배와 ㈜종속의 재무상태표는 다음과 같다.

재무상태표

㈜지배 20X1. 12. 31. 현재 (단위 : ₩)

자산		부채	
현금	150,000	유동부채	120,000
재고자산	100,000	자본	
건물	270,000	자본금	300,000
종속기업투자주식	200,000	이익잉여금	300,000
자산총계	720,000	부채와 자본총계	720,000

재무상태표

㈜종속 20X1. 12. 31. 현재 (단위 : ₩)

자산		부채	
현금	70,000	유동부채	30,000
재고자산	100,000	자본	
건물	120,000	자본금	100,000
		이익잉여금	160,000
자산총계	290,000	부채와 자본총계	290,000

〈추가자료〉

▣ 주식취득일 현재 ㈜종속의 자산과 부채는 아래의 자산을 제외하고는 장부금액과 공정가치가 일치하였다.

구분	재고자산	건물(순액)
공정가치	₩100,000	₩200,000
장부금액	80,000	150,000

▣ ㈜종속의 20X1년 초 재고자산은 20X1년 중에 모두 판매되었다. 또한 ㈜종속이 보유하고 있는 건물의 주식취득일 현재 잔존내용연수는 5년이며, 잔존가치 없이 정액법으로 감가상각한다.

▣ ㈜지배와 ㈜종속이 별도(개별)재무제표에서 보고한 20X1년과 20X2년의 당기순이익은 다음과 같다.

구분	20X1년	20X2년
㈜지배	₩100,000	₩150,000
㈜종속	80,000	100,000

▣ 비지배지분은 종속기업의 식별가능한 순자산 공정가치에 비례하여 결정한다

STEP 1 지배기업과 종속기업의 재무상태표 합산

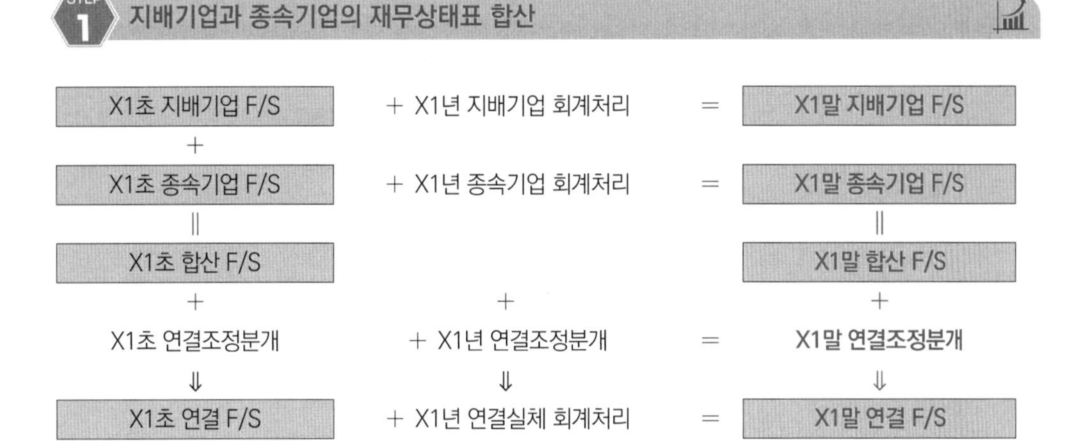

지배력 취득일 이후의 연결재무제표를 작성할 때에는 취득일에 작성한 연결재무제표에 '연결실체' 관점에서의 회계처리를 반영하는 것이 아니다. 회계상으로는 지배기업과 종속기업이 연결실체이므로 하나의 기업으로 보지만, 실제로는 각 기업이 별개의 기업이므로 재무제표를 각자 작성한다. 따라서 연결실체 입장에서 기록해둔 회계처리는 없다. 따라서 X1년 말에도 취득일과 마찬가지로 지배기업과 종속기업의 재무상태표를 합산한 뒤, 연결조정분개를 수행해야 한다. X1년 말 합산재무상태표를 작성하면 다음과 같다.

합산재무상태표

㈜지배	20X1. 12. 31. 현재		(단위 : ₩)
자산		부채	
현금	220,000	유동부채	150,000
재고자산	200,000	자본	
건물	390,000	자본금	400,000
종속기업투자주식	200,000	이익잉여금	460,000
자산총계	1,010,000	부채와 자본총계	1,010,000

STEP 2 연결조정분개

	차변		대변	
투자-자본 상계 제거	자본금	100,000	종속기업투자주식	200,000
	이익잉여금	80,000	비지배지분	75,000
	재고자산	20,000		
	건물	50,000		
	영업권	25,000		
공정가치 차액	매출원가	20,000	재고자산	20,000
	감가상각비	10,000	감누(건물)	10,000
비지배지분	이익잉여금	15,000	비지배지분	15,000

(1) 투자 – 자본 상계 제거

X1년말 합산재무제표는 지배기업과 종속기업의 재무제표를 합친 것이므로, 연결조정분개가 전혀 반영되어 있지 않다. 우리가 X1년초에 연결조정분개를 했지만 이는 연결재무제표에만 반영되며, 우리는 X1년초 '연결' 재무제표가 아닌 합산재무제표에서 연결을 시작하기 때문이다. 따라서 X1년말 연결조정분개에는 X1년 중에 생긴 연결조정분개뿐 아니라, X1년초에 실시한 연결조정분개가 포함되어야 한다. 즉, X1년말 연결조정분개에는 투자 – 자본 상계 제거가 포함된다.

(2) 공정가치 차액 환입

종속기업의 재무상태표 및 합산재무상태표에는 종속기업의 자산, 부채가 장부금액으로 표시되지만, 연결재무상태표에는 공정가치로 표시된다. 따라서 **연결포괄손익계산서에는 자산, 부채에서 발생한 손익도 공정가치를 기준으로 인식해야 한다.**

재고자산과 건물을 제외한 나머지 자산, 부채는 장부금액과 공정가치가 일치하므로 조정을 해줄 것이 없다. 하지만 재고자산과 건물은 장부금액과 공정가치가 차이가 나므로, 이로 인한 손익을 조정해주어야 한다.

재고자산은 장부금액에 비해 공정가치가 20,000이 큰데, X1년 중에 판매되었으므로 매출원가가 20,000 증가해야 한다. 따라서 투자 – 자본 상계 제거 시 증가시킨 재고자산 20,000을 제거하면서 매출원가 20,000을 증가시킨다.

건물은 장부금액에 비해 공정가치가 50,000이 큰데, 취득일 현재 잔존내용연수가 5년이므로 감가상각비가 10,000 증가해야 한다. 따라서 투자 – 자본 상계 제거 시 증가시킨 건물 10,000을 감소시키면서 감가상각비 10,000을 증가시킨다. 건물을 직접 감소시켜도 되고, 감가상각누계액을 사용해도 된다.

(3) 비지배지분 귀속 순이익 (비지배 NI)

이익잉여금	XXX	비지배지분	XXX

비지배지분은 종속기업의 순자산 공정가치에 비례한다. 종속기업의 순자산이 증가하면 비지배지분도 증가하고, 종속기업의 순자산이 감소하면 비지배지분도 감소한다. 따라서 종속기업의 당기순이익 중 비지배지분의 지분율에 해당하는 금액(비지배지분 귀속 순이익)은 비지배지분에 배분한다. 본서에서는 편의상 비지배 NI라고 하겠다.
종속기업의 당기순이익은 합산재무상태표 상에 이익잉여금으로 누적되어 있으므로, 연결조정분개는 이익잉여금을 감소시키면서 비지배지분을 늘리는 형태가 된다.

비지배지분 귀속 당기순이익 = (종속기업 NI − 공정가치 차액 환입액) × (1 − R)

이때, 비지배 NI는 위 식으로 계산한다. 본 사례에서 X1년도 비지배 NI는 '(80,000 − 20,000 − 10,000) × 30% = 15,000'이다. 종속기업의 당기순이익은 80,000이지만, 공정가치 차액 환입을 통해 매출원가 20,000, 감가상각비 10,000이 증가했으므로 연결재무제표 관점에서 종속기업의 당기순이익은 50,000이다. 여기에 비지배지분의 지분율 30%를 곱하면 15,000이다.

STEP 3 연결재무상태표 작성

합산재무상태표에 연결조정분개를 반영하여 연결재무상태표를 작성하면 다음과 같다.

연결재무상태표

㈜지배 20X1. 12. 31. 현재 (단위 : ₩)

자산		부채	
현금	220,000	유동부채	150,000
재고자산	200,000	자본	
건물	440,000	자본금	300,000
감가상각누계액	(10,000)	이익잉여금	335,000[1]
영업권	25,000	비지배지분	90,000
자산총계	875,000	부채와 자본총계	875,000

[1] 연결이익잉여금: 460,000(단순 합) − 80,000(투자 − 자본 상계) − 20,000(매출원가) − 10,000(감가상각비) − 15,000(비지배지분 귀속 NI) = 335,000
− 연결조정분개 상의 수익, 비용은 연결재무상태표 상의 이익잉여금(연결이익잉여금)에 반영된다.

3. 지배력 획득 이후 연도 말 연결조정분개

위 사례의 X2년 말 연결조정분개는 다음과 같다.

구분	차변	금액	대변	금액
투자-자본 상계 제거	자본금	100,000	종속기업투자주식	200,000
	이익잉여금	80,000	비지배지분	75,000
	재고자산	20,000		
	건물	50,000		
	영업권	25,000		
공정가치 차액	이익잉여금	20,000	재고자산	20,000
	이익잉여금	10,000	감누(건물)	10,000
	감가상각비	**10,000**	**감누(건물)**	**10,000**
비지배지분	이익잉여금	15,000	비지배지분	15,000
	이익잉여금	**27,000**	**비지배지분**	**27,000**

앞서 설명했듯이, 후속 연도의 연결조정분개에는 이전 연도의 연결조정분개가 포함된다. 따라서 X1년초의 투자 – 자본상계 제거, X1년말의 공정가치 차액 환입과 비지배지분 귀속 순이익 배분 회계처리가 누적으로 포함된다.

(1) 투자-자본 상계 제거

투자 – 자본 상계 제거는 매년 같다.

(2) 공정가치 차액 환입

X1년말에 실시한 공정가치 차액 환입 회계처리를 표시한다. 이때, 당기는 X2년이므로 X1년의 수익과 비용은 전부 이익잉여금으로 누적되어 있는 상태이다. 따라서 X1년의 매출원가와 감가상각비를 이익잉여금으로 조정한다.

재고자산은 X1년 중에 판매되었으므로 X2년에는 추가로 조정할 것이 없다. 건물은 정액법으로 상각하므로 X1년과 마찬가지로 건물 10,000을 감소시키면서 감가상각비 10,000을 증가시킨다.

(3) 비지배지분 귀속 순이익

X2년도 비지배지분 귀속 당기순이익 = (100,000 – 10,000) × 30% = 27,000

X2년도 비지배 NI는 X1년도와 같은 방식으로 계산하면 된다. 종속기업의 당기순이익은 100,000이지만, 공정가치 차액 환입을 통해 감가상각비 10,000이 증가했으므로 연결재무제표 관점에서 종속기업의 당기순이익은 90,000이다. 여기에 비지배지분의 지분율 30%를 곱하면 27,000이다.

3 내부거래

1. 내부거래의 의의

(1) 내부거래

내부거래란 지배기업과 종속기업 간의 거래를 말한다. 지배기업과 종속기업은 별개의 기업이므로 각각의 재무제표에는 두 기업 간의 거래가 표시된다. 따라서 지배기업과 종속기업의 재무제표를 단순 합산한 재무제표에도 내부거래가 표시된다.
하지만 연결실체 관점에서 보면 두 기업은 하나의 기업이므로, 두 기업 간의 거래는 없는 거래나 마찬가지이다. 따라서 연결재무제표에는 내부거래가 표시되면 안 되며, 연결재무제표를 작성하기 위해서는 내부거래를 제거하는 연결조정분개가 필요하다.

(2) 내부거래의 종류: 하향거래와 상향거래

	판매자	구매자
하향거래	지배기업	종속기업
상향거래	종속기업	지배기업

내부거래는 판매자와 구매자가 누구인지에 따라 하향거래와 상향거래로 나뉜다. 하향거래는 지배기업이 종속기업에게 판매한 내부거래를, 상향거래는 종속기업이 지배기업에게 판매한 내부거래를 의미한다. 하향거래와 상향거래의 처리방법이 다르므로, 내부거래가 제시되면 하향거래인지 상향거래인지 구분할 수 있어야 한다.

(3) 미실현손익과 실현손익

합산재무제표에서는 내부거래를 인정하지만, 연결재무제표에서는 내부거래를 인정하지 않으므로 내부거래와 관련된 손익을 부인하게 되는데, 이때 부인하는 내부거래 관련 손익을 미실현손익이라고 부른다. 예를 들어, 지배기업이 장부금액이 ₩20,000인 재고자산을 종속기업에 ₩30,000에 판매하였다고 하자. 이로 인해 지배기업은 ₩20,000의 매출원가와 ₩30,000의 매출액이 발생하므로 지배기업은 ₩10,000의 이익을 인식한다. 하지만 이 거래는 내부거래이므로 연결조정분개를 통해 ₩10,000의 이익을 부인하며, ₩10,000은 미실현이익이 된다.
미실현이익은 관련 자산, 부채가 연결실체(지배기업 + 종속기업)에서 제거되면 실현된다. 재고자산이나 토지는 연결실체 외부로 팔 때, 상각자산은 상각하거나 연결실체 외부로 팔 때 미실현이익이 실현된다.

2. 내부거래가 있는 경우 연결조정분개

사례 3

㈜지배는 20X1년 1월 1일 ㈜종속의 의결권 있는 보통주 80%를 ₩200,000에 취득하여 지배력을 획득하였다. 취득일 현재 ㈜지배와 ㈜종속의 재무상태표는 다음과 같다.

1) 20X1년 12월 31일과 2) 20X2년 12월 31일의 연결조정분개를 각각 하시오.

재무상태표

㈜지배　　20X1. 1. 1. 현재　　(단위 : ₩)

자산		부채	
현금	100,000	유동부채	300,000
재고자산	200,000	자본	
건물	300,000	자본금	300,000
종속기업투자주식	200,000	이익잉여금	200,000
자산총계	800,000	부채와 자본총계	800,000

재무상태표

㈜종속　　20X1. 1. 1. 현재　　(단위 : ₩)

자산		부채	
현금	70,000	유동부채	100,000
재고자산	80,000	자본	
건물	50,000	자본금	100,000
토지	100,000	이익잉여금	100,000
자산총계	300,000	부채와 자본총계	300,000

〈추가자료〉

▣ 주식취득일 현재 ㈜종속의 모든 자산과 부채는 장부금액과 공정가치가 일치하였다.

▣ 20X1년 중에 ㈜지배는 ㈜종속에게 원가 ₩50,000인 재고자산을 ₩60,000에 판매하였다. ㈜종속은 ㈜지배로부터 매입한 재고자산의 80%를 20X1년에, 20%를 20X2년에 외부로 판매하였다.

▣ 20X1년 중에 ㈜종속은 ㈜지배에게 원가 ₩100,000인 토지를 ₩120,000에 판매하였다. ㈜지배는 ㈜종속으로부터 매입한 토지를 20X2년에 외부로 판매하였다.

▣ ㈜지배는 20X1년 1월 1일에 장부금액 ₩200,000(잔존내용연수 5년, 잔존가치 ₩0, 정액법 상각)인 건물을 ㈜종속에 ₩250,000에 매각하였으며, 20X2년 말 현재 해당 건물은 ㈜종속이 보유하고 있다.

▣ ㈜지배와 ㈜종속이 별도(개별)재무제표에서 보고한 20X1년과 20X2년의 당기순이익은 다음과 같다.

구분	20X1년	20X2년
㈜지배	₩100,000	₩150,000
㈜종속	80,000	100,000

▣ 비지배지분은 종속기업의 식별가능한 순자산 공정가치에 비례하여 결정한다.

STEP 1 내부거래 제거

내부거래가 있는 경우 다음 표를 그릴 것이다. 이 표는 연결조정분개가 연도별 당기순이익에 미치는 표이다. '회계변경 및 오류수정'에서 작성한 손익변동표와 비슷한 표라고 이해하면 된다.

	X1	X2
하향 (재고)	(10,000) 8,000	2,000
상향 (토지)	(20,000)	20,000
하향 (건물)	(50,000) 10,000	10,000

내부거래가 있다면 표 왼쪽에 하향(지배가 종속에게 판매)인지, 상향(종속이 지배에게 판매)인지 기록한 뒤, 괄호 열고 어느 자산이었는지 적자. 각 내부거래는 다음과 같이 처리한다.

(1) 재고자산 내부거래

① 매출총이익 제거

재고자산 내부거래가 발생한 경우 매출총이익(매출액 – 매출원가)을 부인한다. 판매 기업은 10,000(=60,000 – 50,000)의 매출총이익을 인식하지만, 연결실체 관점에서는 없는 거래이기 때문이다.

② 매출총이익 환입

재고자산을 연결실체 외부로 판매할 때 제거한 매출총이익을 환입한다. 재고자산을 구입한 기업의 재무상태표에는 재고자산이 60,000으로 표시되어 있지만, 연결재무상태표 상에서는 내부거래를 제거하고 재고자산을 50,000으로 표시하기 때문에 X1년도에 10,000을 감소시킨 것이다. 그런데 이 재고자산이 연결실체에서 제거된다면 합산재무상태표와 연결재무상태표의 차이가 없으므로 부인한 매출총이익을 다시 환입해야 한다.

재고자산의 80%를 20X1년에, 20%를 20X2년에 외부로 판매하였으므로 X1년에 8,000을, X2년에 2,000을 환입한다.

(2) 토지 내부거래

① 처분손익 제거

유형자산 내부거래가 발생한 경우 처분손익(=처분가액 – 장부금액)을 부인한다. 판매 기업은 20,000(=120,000–100,000)의 유형자산처분이익을 인식하지만, 연결실체 관점에서는 없는 거래이기 때문이다.

② 처분손익 환입

토지를 연결실체 외부로 판매할 때 제거한 처분손익을 환입한다. 토지를 구입한 기업의 재무상태표에는 토지가 120,000으로 표시되어 있지만, 연결재무상태표 상에서는 내부거래를 제거하고 토지를 100,000으로 표시하기 때문에 X1년도에 20,000을 감소시킨 것이다. 그런데 이 토지가 연결실체에서 제거된다면 합산재무상태표와 연결재무상태표의 차이가 없으므로 부인한 처분손익을 다시 환입해야 한다. 토지를 20X2년에 외부로 판매하였으므로 20X2년에 20,000을 전부 환입한다.

(3) 상각자산 내부거래

① 처분손익 제거

유형자산 내부거래가 발생한 경우 처분손익(=처분가액 - 장부금액)을 부인한다. 판매 기업은 건물과 관련하여 50,000(=250,000-200,000)의 유형자산처분이익을 인식하지만, 연결실체 관점에서는 없는 거래이기 때문이다.

② 처분손익 환입

상각자산이 연결실체에서 제거되면 처분손익을 환입한다. 토지는 감가상각을 하지 않으므로 판매를 통해서만 제거되지만, 상각자산은 감가상각을 통해서도 제거된다. 따라서 **감가상각과 판매 시 처분손익을 환입해야 한다.** 내부거래 시 잔존내용연수는 5년이고, 정액법 상각이므로 처분손익의 1/5씩 환입하면 된다.

내부거래가 X1년초에 이루어졌으므로 X1년부터 5년간 10,000을 환입한다. 본 사례에서는 X2년 말에 건물을 ㈜종속이 계속해서 보유중인데, 만약 처분한다면 처분 시 남은 미실현손익을 전부 제거하면 된다.

STEP 2 지배력을 획득한 연도 말 연결조정분개

투자-자본 상계 제거	자본금	100,000	종속기업투자주식	200,000
	이익잉여금	100,000	비지배지분	40,000
	영업권	40,000		
내부거래 제거	매출	60,000	매출원가	50,000
			재고자산	10,000
	재고자산	8,000	매출원가	8,000
	유형자산처분이익	20,000	토지	20,000
	유형자산처분이익	50,000	건물	50,000
	감누(건물)	10,000	감가상각비	10,000
비지배지분	이익잉여금	12,000	비지배지분	12,000

(1) 투자 – 자본 상계 제거

주식취득일 현재 ㈜종속의 모든 자산과 부채는 장부금액과 공정가치가 일치하므로, 주식과 자본을 상계하고 영업권과 비지배지분만 계상하면 된다.

영업권은 40,000(= 200,000 – 200,000 × 80%)이고, 비지배지분은 40,000 (= 200,000 × 20%)이다.

(2) 내부거래 제거

① 재고자산 내부거래

지배기업은 재고자산 내부거래와 관련하여 매출 60,000과 매출원가 50,000을 인식하였다. 하지만 연결 관점에서 동 내부거래는 없는 거래이므로 매출과 매출원가를 제거해야 한다. 한편, 내부거래로 인해 원가 50,000인 재고자산은 종속기업에 60,000으로 계상된 상태이다. 내부거래를 제거하면 재고자산은 다시 원가로 표시되므로 재고자산을 10,000 감소시켜야 한다.

종속기업은 지배기업으로부터 매입한 재고자산 중 80%을 X1년 중에 외부로 판매하였다. 이때, 종속기업의 재무상태표 상 재고자산은 60,000으로 표시되어 있으므로 매출원가도 이 중 80%인 48,000이다. 하지만 연결 관점에서 재고자산은 50,000짜리이므로 매출원가도 80%인 40,000이다. 따라서 매출원가 8,000을 감소시키면서 재고자산을 8,000 늘려야 한다. 내부거래 제거로 재고자산을 10,000 감소시켰지만, 재고자산이 연결실체 외부로 판매됨에 따라 합산재무상태표와 연결재무상태표 상의 재고자산 금액의 차이가 없어졌기 때문에 이를 환입하는 것이다.

② 토지 내부거래

종속기업은 토지 처분으로 인해 유형자산처분이익 20,000을 인식하였다. 연결 관점에서 유형자산의 처분은 없는 거래이므로 유형자산처분이익을 제거해야 한다. 한편, 내부거래로 인해 원가 100,000인 토지는 지배기업에 120,000으로 계상된 상태이다. 내부거래를 제거하면 토지는 다시 원가로 표시되므로 토지를 20,000 감소시켜야 한다.

③ 건물 내부거래

지배기업은 건물 처분으로 인해 유형자산처분이익 50,000을 인식하였다. 연결 관점에서 유형자산의 처분은 없는 거래이므로 유형자산처분이익을 제거해야 한다. 한편, 내부거래로 인해 장부금액이 200,000인 건물은 지배기업에 250,000으로 계상된 상태이다. 내부거래를 제거하면 건물은 다시 장부금액으로 표시되므로 건물을 50,000 감소시켜야 한다.

지배기업은 250,000에 건물을 취득하였으므로, 250,000을 기준으로 건물의 감가상각비를 계상했을 것이다. 따라서 지배기업이 인식한 감가상각비는 50,000(= 250,000/5)이다. 하지만 연결 관점에서 건물의 장부금액은 200,000이므로 연결 관점에서 계산된 감가상각비는 40,000(= 200,000/5)이다. 감가상각비가 합산재무제표에 10,000 과대계상되어 있으므로,

10,000을 부인하면서 감가상각누계액도 10,000 감소시킨다. 유형자산처분손익 50,000을 잔존 내용연수인 5로 나누어도 감가상각비 부인액을 바로 구할 수 있다.

(3) 비지배지분 귀속 순이익

비지배지분 귀속 당기순이익 = (종속기업 NI − 공정가치 차액 환입액 − 상향거래 미실현손익 + 상향거래 실현손익) × (1 − R)

비지배 NI는 위 식으로 계산한다. 사례 2에서는 내부거래가 없어서 간단한 형태의 공식만을 알려 주었는데, 위 식이 정확한 식이다. 사례 3에는 내부거래가 있으므로 위 식을 이용해야 한다.
사례 3에서는 공정가치 차액이 없으므로 내부거래만 반영하면 된다. 종속기업 당기순이익에 Step 1에서 그린 손익변동표에 표시된 상향거래 관련 손익을 반영한 뒤, 비지배 지분율을 곱하면 된다. 여기서 **비지배지분 귀속 당기순이익 계산 시에는 '상향거래만' 반영한다**는 것을 주의하자. 비지배 NI는 '종속기업'의 당기순이익 중 비지배지분의 지분율에 해당하는 금액이다. 상향거래에서 발생한 손익은 종속기업의 당기순이익에 반영되어 있고, 하향거래에서 발생한 손익은 지배기업의 당기순이익에 반영되어 있다. 따라서 종속기업의 당기순이익에서는 상향거래만 미실현손익을 제거하고, 실현손익을 가산해야 한다.
본 사례에서 X1년도 비지배 NI는 '(80,000 − 20,000) × 20% = 12,000'이다. 종속기업의 당기순이익은 80,000이지만, 유형자산처분이익 20,000이 감소하므로 연결재무제표 관점에서 종속기업의 당기순이익은 60,000이다. 여기에 비지배지분의 지분율 20%를 곱하면 12,000이다. 재고자산과 건물 내부거래는 하향거래이므로 무시해야 한다.

STEP 3 지배력 획득 이후 연도 말 연결조정분개

구분	차변	금액	대변	금액
투자-자본 상계 제거	자본금	100,000	종속기업투자주식	200,000
	이익잉여금	100,000	비지배지분	40,000
	영업권	40,000		
내부거래 제거	이익잉여금	2,000	매출원가	2,000
	이익잉여금	20,000	유형자산처분이익	20,000
	이익잉여금 감누(건물)	40,000 20,000	건물 감가상각비	50,000 10,000
비지배지분	이익잉여금	12,000	비지배지분	12,000
	이익잉여금	24,000	비지배지분	24,000

(1) 투자 – 자본 상계 제거

투자 – 자본 상계 제거는 X1년과 똑같이 하면 된다.

(2) 내부거래 제거

내부거래 제거는 오류수정과 같다. 합산재무제표를 연결재무제표로 수정하는 것이 일종의 오류수정에 해당한다. x1 아래에 있는 금액들은 합산재무상태표 상에 전부 이익잉여금으로 누적되어 있으므로, 이익잉여금을 조정해야 한다. x2 아래에 있는 금액들은 관련 수익 또는 비용으로 조정해주면 된다. 표를 가로로 봤을 때 누적액은 자산 또는 부채로 조정해주면 된다.

① 재고자산 내부거래

X1년 (2,000), X2년 2,000이므로, 이익잉여금과 매출원가를 각각 2,000씩 감소시키면 된다. 표를 가로로 봤을 때 누적액은 0이므로 재고자산 조정액은 없다.

② 토지 내부거래

X1년 (20,000), X2년 20,000이므로, 이익잉여금을 20,000 감소시키고, 유형자산처분이익을 20,000 증가시키면 된다. X2년도에 지배기업이 토지를 처분하였는데, 지배기업은 토지의 취득원가가 120,000이므로 120,000을 기준으로 처분손익을 계산했을 것이다. 하지만 연결 관점에서 토지의 취득원가가 100,000이므로 100,000을 기준으로 처분손익을 계산해야 한다. 취득원가가 20,000 적으므로 처분이익은 20,000 커진다.

표를 가로로 봤을 때 누적액은 0이므로 토지 조정액은 없다.

③ 건물 내부거래

X1년 (40,000), X2년 10,000이므로, 이익잉여금을 40,000 감소시키고, 감가상각비를 10,000 감소시키면 된다. 매년 감가상각비가 합산재무제표에 10,000 과대계상되어 있으므로, 10,000을 부인해야 한다.

표를 가로로 봤을 때 (50,000)은 건물의 감소를 의미하고, 20,000은 감가상각누계액의 감소를 의미한다.

(3) 비지배지분 귀속 순이익

X2년도 비지배 NI는 '(100,000 + 20,000) × 20% = 24,000'이다. 종속기업의 당기순이익은 100,000이지만, 유형자산처분이익 20,000이 증가하므로 연결재무제표 관점에서 종속기업의 당기순이익은 120,000이다. 여기에 비지배지분의 지분율 20%를 곱하면 24,000이다. 재고자산과 건물 내부거래는 하향거래이므로 무시해야 한다.

예 제

01 ㈜갑은 20X1년 1월 1일 ㈜을의 의결권 있는 보통주식 60%를 취득하여 지배력을 획득하였으며, 지배력 획득 시점에서 ㈜을의 모든 자산과 부채의 공정가치는 장부금액과 일치하였다. ㈜을은 20X1년에 ₩50,000의 당기순이익을 보고하였으며, 비지배지분은 종속기업의 식별가능한 순자산공정가치에 비례하여 결정한다. 20X1년말 ㈜갑과 ㈜을 사이에 발생한 거래는 다음과 같다. 각 상황은 독립적이다.

- 상황 (1) : 20X1년말 ㈜갑은 장부금액 ₩10,000(취득원가 ₩30,000, 감가상각누계액 ₩20,000, 잔존내용연수 5년, 잔존가치 ₩0, 정액법 상각)인 기계를 ㈜을에 ₩13,000에 판매하였다. ㈜을은 이 기계를 20X2년에 외부로 판매하였다.
- 상황 (2) : 20X1년말 ㈜을은 장부금액 ₩10,000(취득원가 ₩30,000, 감가상각누계액 ₩20,000, 잔존내용연수 5년, 잔존가치 ₩0, 정액법 상각)인 기계를 ㈜갑에 ₩13,000에 판매하였다. ㈜갑은 이 기계를 20X2년에 외부로 판매하였다.

㈜갑은 ㈜을의 주식을 원가법으로 회계처리하고 있으며, 법인세 효과는 고려하지 않는다. 각 상황에서 20X1년 비지배주주 귀속 순이익은 얼마인가? 2015. CPA

	상황 (1)	상황 (2)
①	₩18,800	₩19,040
②	₩18,800	₩20,000
③	₩19,040	₩20,000
④	₩20,000	₩18,800
⑤	₩20,000	₩19,040

해설

상황 (1)은 지배기업이 종속기업에 판매하였으므로 내부거래가 하향거래에 해당하지만, 상황 (2)는 종속기업이 지배기업에 판매하였으므로 내부거래가 상향거래에 해당한다. 상황별 손익변동표는 다음과 같다. 하향거래인지, 상향거래인지만 다를 뿐 표는 같다.

|손익변동표|

		X1	X2
상황 (1)	하향 (기계)	(3,000)	3,000
상황 (2)	상향 (기계)	(3,000)	3,000

X1년 비지배지분 귀속 당기순이익
상황 (1): 50,000 × (1 − 60%) = 20,000
상황 (2) (50,000 − 3,000) × (1 − 60%) = **18,800**
− 상황 (1)은 하향거래이므로 비지배지분 귀속 당기순이익 계산 시 반영하지 않는다.

답 ④

02 ㈜지배는 ㈜종속 보통주의 80%를 소유하고 있는 지배기업이다. 20X1년중 ㈜지배는 취득원가 ₩25,000의 토지를 ㈜종속에 매각하였으며, 20X1년말 현재 해당 토지는 ㈜종속이 보유하고 있다. 20X1년말 ㈜지배와 ㈜종속의 별도재무제표와 연결재무제표상 토지의 장부금액이 아래와 같다면, ㈜지배와 ㈜종속간 토지의 매매금액은 얼마인가? 단, ㈜지배와 ㈜종속은 토지를 취득원가로 기록하고 있으며, 위 매각거래 이외의 내부거래는 없다. 2014. CPA

계정과목	㈜지배	㈜종속	연결재무제표
토지	₩ 100,000	₩ 80,000	₩ 168,000

① ₩ 10,000　② ₩ 13,000　③ ₩ 25,000
④ ₩ 37,000　⑤ ₩ 40,000

해설

연결 토지: 100,000 + 80,000 − 미실현이익 = 168,000
→미실현이익 = 12,000

	X1
하향 (토지)	(12,000)

내부거래 처분가액: 25,000 + 12,000 = 37,000

참고 연결조정분개

내부거래 제거	유형자산처분이익	12,000	토지	12,000

답 ④

4 연결NI, 지배NI, 비지배NI ★중요!

연결에서는 ①연결당기순이익, ②지배기업소유주귀속 당기순이익, ③비지배지분귀속 당기순이익, ④비지배지분을 묻는 문제가 매년 2~3문제가 출제된다. 문제를 푸는 과정은 다음과 같다.

Step 1. FV – BV 차이
Step 2. 영업권
Step 3. 내부거래 제거
Step 4. 당기순이익 조정
Step 5. 비지배지분

STEP 1 FV-BV 차이

	FV-BV	X1	X2
재고자산 유형자산	A B	(A × 판매율) (B × 상각률)	(A × 판매율) 처분 시: (남은 금액)
계	A + B	XXX	XXX

1. FV-BV

종속기업의 자산, 부채는 취득일의 공정가치로 평가한다. 취득일 현재 공정가치와 장부금액의 차이를 계산하여 A, B 자리에 적는다. 내부거래는 거래일에 제거되면서 바로 당기순이익에 영향을 미치지만, 공정가치 차이는 취득일에는 당기순이익에 영향을 미치지 않으므로 X1 아래에 적는 것이 아니라, 별도로 A, B 자리에 적은 뒤 공정가치 차이가 나는 자산이 제거되는 연도에 감소시킨다.

2. 상각

(1) 재고자산

FV – BV(A) 중 '판매율'만큼 제거한다. 주로 문제에서 남은 금액을 제시해주므로 남은 비율을 1에서 빼야 판매율을 구할 수 있다.

(2) 유형자산

① 상각 시

FV – BV(B) 중 '상각률'만큼 제거한다. 일반적으로 유형자산은 정액법으로 상각하므로 매년 '(FV – BV)/내용연수'만큼 상각하면 된다.

② 처분 시

유형자산을 처분한 해에는 FV − BV 중 전기까지 상각한 금액을 제외하고 남은 금액을 전부 제거하면 된다.

※주의 유형자산 상각 시 잔존가치는 무시

연결조정분개는 합산재무제표와 연결재무제표 사이의 '차이'만을 조정하는 것이다. 합산재무제표이든, 연결재무제표이든 잔존가치는 동일하기 때문에 연결조정분개에 영향을 미치지 않는다. 따라서 **잔존가치는 무시하자.** 문제에서도 유형자산의 잔존가치는 0으로 출제할 가능성이 높다.

※주의 기중 취득 시 첫해는 월할 상각을 주의할 것

취득일이 1.1이 아니라면 취득 첫해에는 공정가치 차이를 상각할 때, 1년치를 상각하는 것이 아니라, 보유기간만큼만 월할 상각해야 한다.

STEP 2 영업권

영업권 = 이전대가 − 종속기업의 순자산 FV × R
　　　 = 이전대가 − (종속기업 BV + FV − BV) × R

종속기업의 순자산 공정가치에 지분율을 곱한 뒤, 이전대가에서 차감하면 영업권이 계산된다. 만약 영업권이 음수로 계산된다면 염가매수차익이며, 당기손익으로 처리한다.

일반적으로 문제에서는 종속기업의 순자산 공정가치를 제시하는 것이 아니라, 장부금액을 제시한 뒤, 장부금액과 공정가치가 다른 자산의 차이내역을 제시한다. 이 경우 장부금액에 Step 1에서 계산한 FV − BV 총계(표 상 'A + B')를 가산하여 영업권을 쉽게 계산할 수 있다.

STEP 3 내부거래 제거

	X1	X2
하향 (재고)	(매출총이익) 매출총이익 × 판매율	매출총이익 × 판매율
상향 (유형)	(처분손익) 처분손익 × 상각률	처분손익 × 상각률

연결 관점에서 지배기업과 종속기업은 하나의 회사이다. 따라서 지배기업과 종속기업 간에 이루어진 거래(내부거래)는 제거해야 한다. 표 왼쪽에 하향(지배가 종속에게 판매)인지, 상향(종속이 지배에게 판매)인지 기록한 뒤, 괄호 열고 어느 자산이었는지 적자. 내부거래 손익은 다음과 같이 처리한다.

1. 처분손익 제거

(1) 재고자산: 매출총이익 제거

매출총이익 = 매출액 − 매출원가 = 매출액 × 매출총이익률

재고자산 내부거래가 발생한 경우 매출총이익을 제거한다. 매출총이익은 매출액에서 매출원가를 차감한 이익인데, 문제에서 매출원가를 제시하지 않은 경우 매출액에 매출총이익률을 곱하여 구하자.

(2) 유형자산: 처분손익 제거

유형자산 내부거래가 발생한 경우 처분손익(= 처분가액 − 장부금액)을 제거한다.

2. 상각

내부거래 손익 상각은 'Step 1. FV − BV 차이'의 상각과 같은 방법으로 이루어진다. 재고자산은 매출총이익을 '판매율'만큼 제거한다. 유형자산은 처분손익을 상각률만큼 제거하다가, 해당 자산 처분 시 남은 금액을 전부 제거하면 된다.

STEP 4 당기순이익 조정 ★중요!

X1	지배	종속	합		
1. 조정 전	NI	NI			
2. 내부거래	하향	상향			
3. FV 차이		FV			
4. 손상, 차익 인식	− 손상차손 + 염가매수차익				
5. 배당은 없애기	− 배당 총액 × R				
6. 조정 후	A	B	A + B	연결 NI	
7. 지배	A	B × R	A + B × R	지배 NI	→ 연결 이잉에 가산
8. 비지배		B × (1 − R)	B × (1 − R)	비지배 NI	→ 비지배지분에 가산

1. 조정 전 NI

문제에 제시한 지배기업의 당기순이익과 종속기업의 당기순이익을 적자. 문제를 풀면서 헷갈리는 것을 방지하기 위해, 지배기업의 NI에 ○표시를, 종속기업의 NI에 △표시를 하자.

2. 내부거래

지배기업의 당기순이익에 하향거래 손익을, 종속기업의 당기순이익에 상향거래 손익을 반영한다. 'Step 3. 내부거래'에서 X1 아래에 있는 금액들을 전부 더하면 된다. 하향거래는 지배기업이 판매한 것이므로 지배기업의 손익에서 제거하며, 상향거래는 종속기업이 판매한 것이므로 종속기업의 손익에서 제거한다.

3. FV 차이

종속기업의 당기순이익에 공정가치 차액을 반영한다. 공정가치 차액은 '종속기업'의 자산에서 발생한 것이기 때문이다. 'Step 1. FV – BV 차이'에서 X1 아래에 있는 금액들을 전부 더하면 된다. 이때, 'FV – BV' 줄 아래에 있는 금액들은 반영하지 않도록 주의하자. 취득일의 공정가치 차이는 영업권에 반영되기 때문에 손익에 영향을 미치지 않는다.

4. 영업권 손상차손, 염가매수차익

지배기업은 취득일에 영업권 또는 염가매수차익을 인식한다. 영업권에 손상징후가 있는 경우 손상차손을 인식하는데, **영업권 손상차손과 염가매수차익은 지배기업의 당기순이익에 반영한다.** 영업권은 손상차손과 염가매수차익은 지배기업이 인식하는 손익이기 때문이다. 손상차손은 비용이므로 지배기업의 NI에서 차감하고, 염가매수차익은 수익이므로 취득한 연도 지배기업의 NI에 가산한다.

5. 배당금수익

종속기업이 배당을 지급하는 경우 지배기업은 별도재무제표에 배당금수익을 계상했을 것이다. 배당 지급은 내부거래에 해당하므로 지배기업의 당기순이익에서 배당금수익을 차감해야 한다.

배당금수익 = 배당 총액 × R

이때, 문제에서 제시하는 배당금은 종속기업이 지급한 배당 '총액'이다. 따라서 지배기업이 계상한 배당금수익은 위와 계산한다. 문제에서 제시한 배당 총액을 바로 제거하지 않도록 주의하자.

6. 연결당기순이익 (연결 NI)=A+B

'1. 조정 전 NI'에서 출발해서 '5. 배당금수익'까지 가감한 금액을 적자. 각각 A와 B라고 할 때, A + B를 연결당기순이익이라고 부른다. 본서에서는 편의상 연결 NI라고 하겠다.

7. 비지배지분귀속 당기순이익 (비지배 NI)=B×(1−R)

비지배지분이란, 종속기업의 지분 중 지배기업에게 직접 또는 간접으로 귀속되지 않은 지분을 의미한다. 비지배지분귀속 당기순이익이란, 연결 NI 중 비지배지분 몫을 의미한다. 본서에서는 편의상 비지배 NI라고 하겠다. B에 (1 − R)을 곱한 것이 비지배 NI가 된다. 비지배 NI는 비지배지분에 가산한다.

8. 지배기업소유주귀속 당기순이익 (지배 NI)=A+B×R=연결 NI−비지배 NI

지배기업소유주귀속 당기순이익이란, 연결NI 중 지배기업소유주 몫을 의미한다. 본서에서는 편의상 지배 NI라고 하겠다. A는 100% 지배기업 몫이다. B는 R만큼만 지배기업소유주 몫이고, 나머지는 비지배지분 몫이다. 따라서 지배 NI는 'A + B × R'의 방식으로 계산된다. '연결 NI − 비지배 NI'의 방식으로 계산해도 된다.
당기순이익은 이익잉여금에 누적된다. 연결 포괄손익계산서 상에는 연결당기순이익이 표시되는데, 이 중 비지배 NI는 비지배지분에 가산되므로, 연결 이익잉여금은 지배 NI만큼 증가한다.

비지배지분 잔액 = 취득일 종속기업 순자산 FV × (1 − R) + Σ비지배NI

취득일의 비지배지분은 종속기업 순자산 공정가치 중 지배기업의 지분율을 제외한 부분이다. 그리고 비지배 NI는 매년 비지배지분에 가산되므로 위 식을 이용하여 비지배지분을 구할 수 있다.

예제

※ 다음의 자료를 이용하여 문제 1번과 문제 2번에 답하시오.

제조업을 영위하는 ㈜대한은 20X1년 1월 1일 ㈜민국의 의결권 있는 보통주식 60%를 ₩120,000에 취득하여 지배력을 획득하였다. 취득일 현재 ㈜민국의 요약재무상태표는 다음과 같다.

<u>요약재무상태표</u>

㈜민국 20X1. 1. 1 현재 (단위: ₩)

계정과목	장부금액	공정가치	계정과목	장부금액	공정가치
현 금	30,000	30,000	부 채	110,000	110,000
재고자산	40,000	50,000	자 본 금	100,000	
유형자산	120,000	150,000	이익잉여금	40,000	
기타자산	60,000	60,000			
	250,000			250,000	

〈추가자료〉

- ㈜민국의 재고자산은 20X1년 중에 모두 외부판매되었다.
- ㈜민국의 유형자산은 본사건물이며, 취득일 현재 잔존내용연수는 5년이고 잔존가치 없이 정액법으로 감가상각한다.
- 20X1년 중 ㈜대한은 토지(장부금액 ₩30,000)를 ㈜민국에게 ₩25,000에 매각하였다. ㈜민국은 해당 토지를 20X1년말 현재 보유하고 있다.
- ㈜대한과 ㈜민국의 20X1년 당기순이익은 각각 ₩50,000과 ₩30,000이다.
- ㈜대한은 ㈜민국의 주식을 원가법으로 회계처리하며, 연결재무제표 작성시 비지배지분은 종속기업의 식별가능한 순자산 공정가치에 비례하여 결정한다.
- 취득일 현재 ㈜민국의 요약재무상태표에 표시된 자산과 부채 외에 추가적으로 식별가능한 자산과 부채는 없으며, 영업권 손상은 고려하지 않는다.

01 ㈜대한의 20X1년말 연결재무제표에 계상되는 영업권은? 2017. CPA

① ₩0 ② ₩12,000 ③ ₩24,000
④ ₩36,000 ⑤ ₩48,000

02 ㈜대한의 20X1년도 연결재무제표에 표시되는 지배기업소유주귀속당기순이익과 비지배지분귀속당기순이익은? 2017. CPA

	지배기업소유주귀속 당기순이익	비지배지분귀속 당기순이익
①	₩55,400	₩3,600
②	₩53,400	₩5,600
③	₩63,400	₩5,600
④	₩53,400	₩7,600
⑤	₩61,400	₩7,600

해설

1. FV – BV 차이

	FV-BV	X1
재고자산	10,000	(10,000)
유형자산	30,000	(6,000)

2. 영업권: 120,000 – (140,000 + 40,000) × 60% = 12,000

3. 내부거래

	X1
하향 (토지)	5,000

장부금액 30,000인 토지를 25,000에 처분하였으므로 유형자산처분손실 5,000이 발생한다. 따라서 이를 제거하면 당기순이익은 5,000 증가한다.

4. 당기순이익 조정

X1	지배	종속	계
조정 전	50,000	30,000	
내부거래	5,000		
FV 차이		(16,000)	
– 손상			
– 배당			
조정 후	55,000	14,000	69,000
지배(60%)	55,000	8,400	63,400
비지배(40%)		5,600	5,600

참고 X1말 비지배지분
: (140,000 + 40,000) × 40% + 5,600 = 77,600

답 1. ② 2. ③

※ 다음 자료를 이용하여 3번과 4번에 답하시오.

- 제조업을 영위하는 ㈜지배는 20X1년 초 ㈜종속의 의결권 있는 보통주 80%를 취득하여 지배력을 획득하였다.
- 지배력획득일 현재 ㈜종속의 순자산의 장부금액은 ₩400,000이고, 공정가치는 ₩450,000이며, 장부금액과 공정가치가 다른 자산은 토지로 차이내역은 다음과 같다.

	장부금액	공정가치
토지	₩100,000	₩150,000

㈜종속은 위 토지 전부를 20X1년 중에 외부로 매각하고, ₩70,000의 처분이익을 인식하였다.

- 20X1년 중에 ㈜지배는 ㈜종속에게 원가 ₩60,000인 상품을 ₩72,000에 판매하였다. ㈜종속은 ㈜지배로부터 매입한 상품의 80%를 20X1년에, 20%를 20X2년에 외부로 판매하였다.
- ㈜지배와 ㈜종속이 별도(개별)재무제표에서 보고한 20X1년과 20X2년의 당기순이익은 다음과 같다.

구분	20X1년	20X2년
㈜지배	₩300,000	₩400,000
㈜종속	80,000	100,000

- ㈜종속은 20X2년 3월에 ₩10,000의 현금배당을 결의하고 지급하였다.
- ㈜종속은 20X2년 10월 1일에 장부금액 ₩20,000(취득원가 ₩50,000, 감가상각누계액 ₩30,000, 잔존내용연수 4년, 잔존가치 ₩0, 정액법 상각)인 기계를 ㈜지배에 ₩40,000에 매각하였으며, 20X2년 말 현재 해당 기계는 ㈜지배가 보유하고 있다.
- ㈜지배는 별도재무제표상 ㈜종속 주식을 원가법으로 회계처리하고 있다. ㈜지배와 ㈜종속은 유형자산에 대해 원가모형을 적용하고, 비지배지분은 종속기업의 식별가능한 순자산공정가치에 비례하여 결정한다.

03 ㈜지배의 20X1년도 연결포괄손익계산서에 표시되는 지배기업소유주귀속당기순이익과 비지배지분귀속당기순이익은 각각 얼마인가? 단, 영업권 손상은 고려하지 않는다. 2020. CPA

	지배기업소유주귀속 당기순이익	비지배지분귀속 당기순이익
①	₩321,600	₩5,520
②	₩321,600	₩6,000
③	₩322,080	₩5,520
④	₩327,600	₩5,520
⑤	₩327,600	₩6,000

04 ㈜지배의 20X2년도 연결포괄손익계산서에 표시되는 비지배지분귀속당기순이익은 얼마인가?

2020. CPA

① ₩13,210 ② ₩14,650 ③ ₩14,810
④ ₩16,250 ⑤ ₩17,000

해설

1. FV – BV 차이

	FV-BV	X1
토지	50,000	(50,000)

X1년 중에 외부로 매각하였으므로 공정가치 차액을 전부 X1년에 제거한다. 연결 전과 후의 차이를 조정하는 것이므로, 연결 전에 얼마의 처분이익을 인식했는지는 중요하지 않다.

2. 영업권: 문제에 이전대가가 제시되지 않았으므로 생략

3. 내부거래

	X1	X2
하향 (재고)	(12,000) 9,600	2,400
상향 (기계)		(20,000) 1,250[1]

[1]20,000/4 × 3/12 = 1,250

4. 당기순이익 조정

X1	지배	종속	계
조정 전	300,000	80,000	
내부거래	(2,400)		
FV 차이		(50,000)	
– 손상			
– 배당			
조정 후	297,600	30,000	327,600
지배(80%)	297,600	24,000	321,600
비지배(20%)		6,000	6,000

X2	지배	종속	계
조정 전	400,000	100,000	
내부거래	2,400	(18,750)	
FV 차이			
− 손상			
− 배당	(8,000)		
조정 후	394,400	81,250	475,650
지배(80%)	394,400	65,000	459,400
비지배(20%)		16,250	**16,250**

참고 비지배지분
X1말: (400,000 + 50,000) × 20% + 6,000 = 96,000
X2말: (400,000 + 50,000) × 20% + 6,000 + 16,250 − 2,000(배당) = 110,250

답 3. ② 4. ④

5 비지배지분 ★중요!

1. 비지배지분을 종속기업의 순자산 공정가치에 비례하여 결정하는 경우

일반적으로 영업권과 비지배지분 잔액은 다음과 같이 계산한다. 지금까지 풀었던 문제들은 전부 '비지배지분은 종속기업의 식별가능한 순자산 공정가치에 비례하여 결정한다.'라는 문장들이 제시되었다. 이 문장이 제시되면 지금까지 배운대로 다음과 같이 영업권과 비지배지분을 계산하면 된다.

비지배지분 잔액 = 취득일 종속기업 순자산 FV × (1 − R) + Σ비지배NI (지배기업지분의) 영업권 = 이전대가 − 종속기업의 순자산 FV × R

비지배지분은 취득일에 문장 그대로 종속기업의 순자산 공정가치 중 비지배지분의 지분율을 곱한 금액으로 계산하며, 비지배NI를 누적하면 된다.
영업권은 위와 같이 계산하는데, 이전대가는 지배기업이 종속기업에 대한 지배력을 획득하기 위해 지급한 대가이므로, 위 식을 통해 계산된 영업권은 엄밀히 따지면 지배기업지분의 영업권에 해당한다. 지금까지는 지배기업지분에만 영업권이 존재한다고 가정하고 지배기업지분 영업권을 영업권 총액으로 본 것이다. 본 장 뒷부분에서 다룰 것이지만 이는 '지배기업 이론'에 따른 계산법이다.

예 제

01 20X1년 1월 1일에 ㈜대한은 ㈜민국의 지분 60%를 ₩35,000에 취득하여 ㈜민국의 지배기업이 되었다. ㈜대한의 ㈜민국에 대한 지배력 획득일 현재 ㈜민국의 자본총계는 ₩40,000(자본금 ₩5,000, 자본잉여금 ₩10,000, 이익잉여금 ₩25,000)이며, 장부금액과 공정가치가 차이를 보이는 계정과목은 다음과 같다.

계정과목	장부금액	공정가치	비고
토지	₩17,000	₩22,000	20X2년 중 매각완료
차량운반구 (순액)	8,000	11,000	잔존내용연수 3년 잔존가치 ₩0 정액법으로 감가상각

㈜민국이 보고한 당기순이익이 20X1년 ₩17,500, 20X2년 ₩24,000일 때 ㈜대한의 20X2년 연결포괄손익계산서 상 비지배주주 귀속 당기순이익과 20X2년 12월 31일 연결재무상태표 상 비지배지분은 얼마인가? 단, 비지배지분은 ㈜민국의 식별가능한 순자산 공정가치에 비례하여 결정하고, 상기 기간 중 ㈜민국의 기타포괄손익은 발생하지 않은 것으로 가정한다.
2021. CPA

	비지배주주 귀속 당기순이익	비지배지분
①	₩7,200	₩33,000
②	₩7,200	₩32,600
③	₩7,600	₩33,000
④	₩7,600	₩32,600
⑤	₩8,000	₩33,000

해설

1. FV − BV 차이

	FV-BV	X1	X2
토지	5,000		(5,000)
차량운반구	3,000	(1,000)	(1,000)

2. 영업권: 35,000 − (40,000 + 8,000) × 60% = 6,200

3. 내부거래: 없음

4. 당기순이익 조정

X1	지배	종속	계
조정 전	?	17,500	
내부거래			
FV 차이		(1,000)	
− 손상			
− 배당			
조정 후	?	16,500	?
지배(60%)	?	9,900	?
비지배(40%)		6,600	6,600

X2	지배	종속	계
조정 전	?	24,000	
내부거래			
FV 차이		(6,000)	
− 손상			
− 배당			
조정 후	?	18,000	?
지배(60%)	?	10,800	?
비지배(40%)		7,200	**7,200**

5. X2말 비지배지분
: (40,000 + 8,000) × 40% + 6,600 + 7,200 = **33,000**

답 ①

02 ㈜국세는 20X1년 1월 1일 ㈜대한의 발행주식 중 70%를 ₩20,000,000에 취득하여 지배력을 획득하였다. 취득 당시 ㈜대한의 자본은 자본금 ₩20,000,000과 이익잉여금 ₩5,000,000으로 구성되어 있으며, ㈜대한의 순자산의 공정가치와 장부금액의 차이는 ₩500,000이다. 이는 건물(잔존내용연수 5년, 정액법 상각)의 공정가치 ₩2,500,000과 장부금액 ₩2,000,000의 차이이다. 한편, ㈜국세는 20X1년 7월 2일 ㈜대한에 원가 ₩1,000,000인 제품을 ₩1,200,000에 매출하였으며, ㈜대한은 20X1년 말 현재 동 제품을 판매하지 못하고 보유하고 있다. ㈜대한이 20X1년도 포괄손익계산서의 당기순이익으로 ₩7,000,000을 보고하였다면, ㈜국세가 20X1년 말 연결재무상태표에 인식할 비지배지분은 얼마인가? 단, 비지배지분은 종속기업 순자산의 공정가치에 비례하여 인식한다. 2011. CTA

① ₩9,660,000 ② ₩9,720,000 ③ ₩9,750,000
④ ₩9,780,000 ⑤ ₩9,840,000

해설

1. FV − BV 차이

	FV-BV	X1
건물	500,000	(100,000)

2. 영업권: 20,000,000 − (25,000,000 + 500,000) × 70% = 2,150,000

3. 내부거래

	X1
하향 (제품)	(200,000)

4. 당기순이익 조정

X1	지배	종속	계
조정 전	?	7,000,000	
내부거래	(200,000)		
FV 차이		(100,000)	
− 손상			
− 배당			
조정 후	?	6,900,000	?
지배(70%)	?	4,830,000	?
비지배(30%)		2,070,000	**2,070,000**

5. X1말 비지배지분: 취득일 종속기업 순자산 FV × (1 − R) + Σ비지배NI
= 25,500,000 × 30% + 2,070,000 = **9,720,000**

답 ②

2. 비지배지분을 취득일의 공정가치로 측정하는 경우

문제에 '비지배지분은 취득일의 공정가치로 측정한다.'라는 문장이 등장하면 영업권 계산 방식이 위에서 언급한 일반적인 상황과 달라진다. 이 경우 비지배지분의 영업권은 다음과 같이 계산한다.

(1) 비지배지분의 영업권

비지배지분의 영업권 = 취득일 비지배지분의 FV − 종속기업의 순자산 FV × (1 − R) (취득일 비지배지분의 FV = 비지배 주식수 × @취득일 종속기업 주식의 주당 FV)

비지배지분을 취득일의 공정가치로 측정하는 경우 **비지배지분도 영업권이 존재**하며, 영업권과 비지배지분 잔액 계산 시 비지배지분의 영업권을 포함시켜야 한다. 비지배지분의 영업권이 있다고 보는 것은 '실체이론'에 따른 관점이다.
취득일 비지배지분의 FV은 문제에서 직접 제시할 수도 있고, 직접 제시하지 않을 수도 있다. 직접 제시하지 않는 경우에는 종속기업 주식의 주당 공정가치에 비지배 주식 수를 곱하면 된다.

(2) 영업권

영업권 총액 = 지배기업지분의 영업권 + 비지배지분의 영업권 = 이전대가 − 종속기업의 순자산 FV × R + 취득일 비지배지분의 FV − 종속기업의 순자산 FV × (1 − R)

문제 가정에 따라 비지배지분의 영업권도 있다면 영업권은 일반적인 상황에서 계산한 (지배기업지분의) 영업권에 비지배지분의 영업권을 가산하여 계산한다. 지배기업지분의 영업권 계산 시에는 종속기업 순자산 공정가치에 지분율에 해당하는 만큼 차감하고, 비지배지분의 영업권 계산 시에는 종속기업 순자산 공정가치에 (1 − 지분율)에 해당하는 만큼 차감하므로, 결과적으로 영업권 총액 계산 시에는 종속기업 순자산 공정가치가 전부 차감된다.

(3) 비지배지분

비지배지분을 취득일의 공정가치로 측정하는 경우 각 연도말 비지배지분은 다음과 같이 구한다.

> 비지배지분 = 취득일 종속기업 순자산 FV × (1 − R) + Σ비지배NI + **비지배지분의 영업권** ··· ①
> = 취득일 비지배지분의 FV + Σ비지배NI ··· ②

① 번식: 비지배지분의 영업권이 있다면 영업권만큼 비지배지분이 커진다. 그동안 사용했던 비지배지분 공식에 비지배지분의 영업권만 가산하면 된다.

② 번식: 비지배 NI는 비지배지분에 누적된다. 비지배지분을 취득일의 공정가치로 측정하므로, 취득일의 공정가치에 비지배 NI를 누적으로 가산해도 된다.

①번식과 ②번식 중 어느 것을 사용하더라도 상관없지만, ②번식이 더 계산하기 쉽기 때문에 ②번식을 추천한다.

김수석의 핵심콕! **비지배지분의 평가 방법 요약** ★중요!

	일반적인 경우	예외
비지배지분 계산 방법	비지배지분은 **종속기업의 식별가능한 순자산 공정가치**에 비례하여 결정	비지배지분은 **취득일의 공정가치**로 측정
비지배지분의 영업권	0	취득일 비지배지분의 FV − 종속기업의 순자산 FV × (1 − R)
(총) 영업권	이전대가 − 종속기업의 순자산 FV × R	이전대가 − 종속기업의 순자산 FV × R + **비지배지분의 영업권**
비지배지분	취득일 종속기업 순자산 FV × (1 − R) + Σ비지배NI	취득일 종속기업 순자산 FV × (1 − R) + Σ비지배NI + **비지배지분의 영업권**
		= 취득일 비지배지분의 FV + Σ비지배NI
관점 이론	지배기업 이론	실체이론

예제

03 ㈜갑은 20X1년 1월 1일 ㈜을의 의결권있는 보통주식 80%를 ₩400,000에 취득하여 지배기업이 되었으며, 취득일 현재 ㈜을의 재무상태표는 다음과 같다.

재무상태표

㈜을 20X1년 1월 1일 현재 (단위: ₩)

계정과목	장부금액	공정가치	계정과목	장부금액	공정가치
현금	30,000	30,000	부채	100,000	100,000
재고자산	150,000	180,000	자본금	200,000	–
건물(순액)	200,000	150,000	이익잉여금	80,000	–
자산총계	380,000		부채및자본총계	380,000	

- 취득일 현재 ㈜을의 재무상태표상 표시된 자산과 부채를 제외하고는 추가적으로 식별 가능한 자산과 부채는 존재하지 않는다.
- 건물의 잔존내용연수는 10년이고, 잔존가치는 없으며, 정액법으로 상각한다.
- 재고자산은 20X1년 중에 모두 외부로 판매되었다.
- ㈜을의 20X1년 당기순이익은 ₩80,000이며, 20X1년 중 ㈜을의 다른 자본변동거래는 없다.
- 비지배지분은 취득일의 공정가치로 측정하며, 취득일 현재 비지배지분의 공정가치는 ₩96,000이다.
- 20X1년말 현재 ㈜을은 ㈜갑의 유일한 종속기업이다.

㈜갑이 20X1년말 연결재무상태표에 표시할 비지배지분은 얼마인가? 단, 법인세효과는 없는 것으로 가정한다. 2012. CPA

① ₩61,000 ② ₩63,000 ③ ₩105,000
④ ₩107,000 ⑤ ₩110,000

해설

1. FV – BV 차이

	FV-BV	X1
재고자산	30,000	(30,000)
건물	(50,000)	5,000

2. 영업권: 192,000 + 44,000 = 236,000
   지배기업지분의 영업권: 400,000 – (280,000 – 20,000) × 80% = 192,000
   비지배지분의 영업권: 96,000 – (280,000 – 20,000) × 20% = 44,000

3. 내부거래: 없음

4. 당기순이익 조정

X1	지배	종속	계
조정 전	?	80,000	
내부거래			
FV 차이		(25,000)	
– 손상			
– 배당			
조정 후	?	55,000	?
지배(80%)	?	44,000	?
비지배(20%)		11,000	**11,000**

5. X1말 비지배지분
(1) 취득일 종속기업 순자산 FV × (1 – R) + Σ비지배NI + **비지배지분의 영업권**
   = 260,000 × 20% + 11,000 + 44,000 = **107,000**

(2) 취득일의 비지배지분 FV + Σ비지배NI
   = 96,000 + 11,000 = **107,000**

답 ④

3. 종속기업이 배당을 지급한 경우 비지배지분

> 배당 지급 시 비지배지분 = 일반적인 비지배지분 − **종속기업이 지급한 배당** × (1 − R)

종속기업이 배당을 지급하는 경우 종속기업이 지급한 배당 중 비지배지분이 수령한 몫은 비지배지분의 장부금액에서 차감한다. 비지배지분은 종속기업의 순자산에 비례한다. 종속기업이 배당을 지급하면 종속기업의 현금이 사외로 유출되므로 종속기업의 순자산이 감소한다. 따라서 종속기업이 지급한 배당 중 비지배지분이 수령한 만큼 비지배지분을 감소시킨다. 이때, 문제에서는 종속기업이 지급한 배당 총액을 지급할 것이므로, (1 − 지배기업의 지분율)을 곱해야 한다.
참고로, 배당 수령액을 비지배지분에서 차감하는 것은 다음 장에서 배울 지분법회계에서 배당 수령액을 관계기업투자주식의 장부금액에서 차감하는 것과 같은 원리이다.

예를 들어, 지배기업의 지분율이 80%인 종속기업이 ₩100의 배당을 지급하였다고 하자. 연결조정분개는 다음과 같다.

지배기업 F/S	현금	80	배당금수익	80

\+

종속기업 F/S	이익잉여금	100	현금	100

‖

합산 F/S	이익잉여금	100	배당금수익 현금	80 20

\+

연결조정분개	**배당금수익** **비지배지분**	80 20	**이익잉여금** **이익잉여금**	80 20

⇓

연결 F/S	비지배지분	20	현금	20

종속기업은 배당을 지급하였으므로 배당금 100원을 이익잉여금의 감소로 처리하고, 지배기업은 80%에 해당하는 80원을 배당금수익으로 인식한다. 지배기업과 종속기업의 회계처리를 합치면 이익잉여금 감소분 80원은 지배기업이 인식한 배당금수익으로, 20원은 연결실체 외부로 지급한 현금으로 표시된다.
한편, 연결실체 입장에서 종속기업과 지배기업은 하나의 기업이므로, 종속기업이 지배기업에게 지급한 배당금은 배당금이 아니다. 따라서 배당금수익과 이익잉여금을 80원씩 상계한다. 나머지 20원은 비지배지분 몫이므로, 이익잉여금의 감소가 아닌 비지배지분의 감소로 처리한다. 결과적으로 연결 관점에서 실제로 지급한 배당금은 20원이고, 이는 비지배지분이 수령하므로 비지배지분이 20원 감소한다.

> **참고 지배기업이 지급한 배당금: 연결조정분개 X**
>
> 지배기업은 종속기업의 주주이지만, 종속기업은 지배기업의 주주가 아니다. 따라서 지배기업이 배당을 지급하는 경우에는 종속기업이 배당을 수령하지 않으며, 내부거래가 발생하지 않는다. 내부거래가 없으므로 연결조정분개가 발생하지 않는다.

예제

※ 다음 자료를 이용하여 문제 4번과 문제 5번에 답하시오.

제조업을 영위하는 ㈜대한은 20X1년 1월 1일 ㈜민국의 의결권 있는 보통주 70%를 ₩150,000에 취득하여 지배력을 획득하였다. 취득일 현재 ㈜민국의 요약재무상태표는 다음과 같다.

요약재무상태표

㈜민국　　20X1. 1. 1. 현재　　(단위 : ₩)

계정과목	장부금액	공정가치	계정과목	장부금액	공정가치
현 금	30,000	30,000	부 채	150,000	150,000
재고자산	80,000	80,000	자 본 금	100,000	
유형자산	150,000	200,000	이익잉여금	70,000	
기타자산	60,000	60,000			
	320,000			320,000	

〈추가자료〉

- ㈜민국의 유형자산은 본사건물이며, 취득일 현재 잔존내용연수는 10년이고 잔존가치 없이 정액법으로 상각한다.
- 20X2년 10월초에 ㈜대한은 장부금액 ₩20,000의 재고자산(제품)을 ㈜민국에게 ₩30,000에 판매하였다. 이 제품은 20X2년말 현재 외부에 판매되지 않고 ㈜민국의 재고자산으로 남아있다.
- ㈜대한과 ㈜민국이 별도(개별)재무제표에서 보고한 20X1년과 20X2년의 당기순이익은 다음과 같다.

구분	20X1년	20X2년
㈜대한	₩100,000	₩130,000
㈜민국	40,000	50,000

- ㈜대한과 ㈜민국은 20X2년 3월에 각각 ₩50,000과 ₩20,000의 현금배당을 결의하고 지급하였다.
- 취득일 현재 ㈜민국의 요약재무상태표에 표시된 자산과 부채 외에 추가적으로 식별가능한 자산과 부채는 없다.
- ㈜대한은 별도재무제표에서 ㈜민국의 주식을 원가법으로 회계처리한다. 연결재무제표 작성시 유형자산에 대해서는 원가모형을 적용하고, 비지배지분은 종속기업의 식별가능한 순자산 공정가치에 비례하여 결정한다.

04 ㈜대한의 20X1년 연결포괄손익계산서에 표시되는 연결당기순이익은 얼마인가? 2018. CPA

① ₩129,000 ② ₩130,000 ③ ₩135,000
④ ₩139,000 ⑤ ₩140,000

05 ㈜대한의 20X2년말 연결재무상태표에 표시되는 비지배지분은 얼마인가? 2018. CPA

① ₩84,000 ② ₩85,500 ③ ₩87,000
④ ₩90,000 ⑤ ₩91,500

해설

1. FV – BV 차이

	FV-BV	X1	X2
건물	50,000	(5,000)	(5,000)

2. 영업권: 150,000 – (170,000 + 50,000) × 70% = (–)4,000 염가매수차익

3. 내부거래

	X1	X2
하향 (재고)		(10,000)

4. 당기순이익 조정

X1	지배	종속	계
조정 전	100,000	40,000	
내부거래			
FV 차이		(5,000)	
염가매수차익	4,000		
– 손상			
– 배당			
조정 후	104,000	35,000	139,000
지배(70%)	104,000	24,500	128,500
비지배(30%)		10,500	10,500

X1년도 연결NI: 139,000

X2	지배	종속	계
조정 전	130,000	50,000	
내부거래	(10,000)		
FV 차이		(5,000)	
– 손상			
– 배당	(14,000)		
조정 후	106,000	45,000	151,000
지배(70%)	106,000	31,500	137,500
비지배(30%)		13,500	13,500

5. X2년 기말 비지배지분
: (170,000 + 50,000) × 30% + 10,500 + 13,500 – 20,000 × 30%(배당 지급액) = **84,000**
– 비지배지분은 종속기업의 식별가능한 순자산 공정가치에 비례하여 결정하므로 비지배지분의 영업권은 없다.

답 4. ④ 5. ①

6 영업권의 손상

1. 영업권 손상차손=영업권-회수가능액

문제에서 영업권의 회수가능액이 제시된 경우 취득일에 계산한 영업권 금액에서 회수가능액을 차감한 손상차손을 인식하여 지배기업의 당기순이익에서 차감해야 한다.

2. 영업권 손상차손환입 인식 X

문제에서는 손상차손을 인식한 다음 해의 회수가능액을 같이 제시할텐데, 영업권은 손상차손환입을 하지 않는다. 영업권의 손상차손환입을 인식하지 않도록 주의하자.

예제

※ 다음의 자료를 이용하여 문제 1번과 문제 2번에 답하시오.

㈜지배는 20X1년 1월 1일에 ㈜종속의 보통주 90%를 ₩550,000에 취득하여 ㈜종속의 지배기업이 되었으며, 취득일 현재 ㈜종속의 요약재무상태표상 장부금액과 공정가치는 다음과 같다.

요약재무상태표

㈜종속 20X1. 1. 1 현재 (단위: ₩)

계정과목	장부금액	공정가치	계정과목	장부금액	공정가치
현금 등	30,000	30,000	부채	150,000	150,000
재고자산	120,000	170,000	자본금	300,000	–
건물(순액)	500,000	550,000	이익잉여금	200,000	–
자산총계	650,000		부채 · 자본총계	650,000	

- ㈜종속은 건물을 정액법으로 상각하며, 20X1년 1월 1일에 건물의 잔존내용연수는 5년, 잔존가치는 없고, 모든 건물은 내용연수동안 사용한다.
- ㈜종속의 재고자산은 20X1년에 60%가, 20X2년도에 40%가 외부로 판매되었다.
- 20X1년과 20X2년의 당기순이익으로 ㈜지배는 각각 ₩150,000과 ₩250,000을 보고하였으며, ㈜종속은 각각 ₩70,000과 ₩100,000을 보고하였다.
- 연결재무제표 작성시 비지배지분은 ㈜종속의 식별가능한 순자산의 공정가치 중 비례적 지분으로 측정하며, 재무상태표상 제시된 자산·부채를 제외하고는 추가적으로 식별가능한 자산·부채는 없다.
- ㈜지배는 ㈜종속을 제외한 다른 종속기업을 갖고 있지 않다. 또한 20X1년 1월 1일 이후 ㈜지배와 ㈜종속의 자본관련 거래는 없으며, 문제에 제시되어 있는 것을 제외한 어떠한 내부거래도 없었다.
(단, 법인세 효과는 고려하지 않는다.)

01 ㈜지배가 20X1년 12월 31일에 연결재무제표를 작성하는 경우 인식해야 하는 연결당기순이익과 비지배지분은 각각 얼마인가? 단, 20X1년 12월 31일에 영업권의 회수가능액은 ₩7,000으로 추정하였다. 2011. CPA

	연결당기순이익	비지배지분
①	₩220,000	₩60,000
②	₩210,000	₩61,000
③	₩180,000	₩62,000
④	₩177,000	₩63,000
⑤	₩174,000	₩64,000

02 ㈜지배는 20X2년 1월 1일에 ㈜종속에 건물(취득원가 ₩100,000, 감가상각누계액 ₩50,000, 정액법상각, 잔존내용연수 5년, 잔존가치 없음)을 ₩80,000에 매각하였다. ㈜지배가 20X2년 12월 31일에 연결재무제표를 작성하는 경우 인식해야 하는 연결당기순이익과 비지배지분은 각각 얼마인가? 단, 20X2년 12월 31일에 영업권의 회수가능액은 ₩15,000으로 추정하였다. 2011. CPA 수정

	연결당기순이익	비지배지분
①	₩336,000	₩74,000
②	₩326,000	₩73,000
③	₩316,000	₩72,000
④	₩306,000	₩71,000
⑤	₩296,000	₩70,000

해설

1. FV − BV 차이

	FV-BV	X1	X2
재고자산	50,000	(30,000)	(20,000)
건물	50,000	(10,000)	(10,000)

2. 영업권: 550,000 − (500,000 + 100,000) × 90% = 10,000

3. 내부거래 (2번 문제에서 제시)

	X1	X2
하향 (건물)		(30,000) 6,000

4. 당기순이익 조정

X1	지배	종속	계
조정 전	150,000	70,000	
내부거래			
FV 차이		(40,000)	
− 손상	(3,000)		
− 배당			
조정 후	147,000	30,000	**177,000**
지배(90%)	147,000	27,000	174,000
비지배(10%)		3,000	3,000

영업권 손상차손: 10,000 − 7,000 = 3,000

X2	지배	종속	계
조정 전	250,000	100,000	
내부거래	(24,000)		
FV 차이		(30,000)	
− 손상			
− 배당			
조정 후	226,000	70,000	**296,000**
지배(90%)	226,000	63,000	289,000
비지배(10%)		7,000	7,000

X2년도에 영업권의 회수가능액이 상승하였지만, 손상차손환입은 인식하지 않는다.

5. 비지배지분

X1년말: 600,000 × 10% + 3,000 = **63,000**

X1년말: 600,000 × 10% + 3,000 + 7,000 = **70,000**

답 1. ④ 2. ⑤

Memo

advanced accounting

C·H·A·P·T·E·R

05

연결회계 – 기타사항

[1] 법인세가 있는 경우 연결

[2] 기타포괄손익이 있는 경우 연결 심화

[3] 모자손

[4] 역취득 심화

[5] 종속기업투자주식의 취득, 처분

[6] 종속기업의 자본거래

[7] 연결 말문제

CHAPTER 05 연결회계-기타사항

본 장에서는 연결과 관련된 기타 주제를 다룰 것이다. 본 장에서 다루는 주제는 출제 확률이 낮기 때문에 1차 수험생은 연결 말문제 내용만 보고 넘어가도 좋다.

1 법인세가 있는 경우 연결

지금까지 풀었던 모든 문제에서는 법인세효과를 고려하지 않았다. 연결에서 법인세가 있는 경우 다음 사항을 주의하자.

1. 결손금

(1) '피취득자'로부터 승계한 결손금: 영업권에 반영 O

이월결손금 공제란 법인세법상 손실이 발생한 경우 이를 이월시켜 나중에 이익이 발생했을 때 공제를 해주는 것을 말한다. 만약 결손금이 있는 피취득자를 합병하면서 세법상 특정 요건을 충족시켰다면 피취득자의 결손금을 취득자의 이익에서 공제할 수 있다.
이처럼 피취득자로부터 승계한 결손금을 취득자가 사용할 수 있다면 결손금은 인수자산에 해당하므로 피취득자의 순자산 공정가치에 가산하고, 영업권에 반영한다.

(2) '취득자'의 결손금의 미래 실현가능성 변동: 영업권에 반영 X

반면, 사업결합으로 인해 취득자의 결손금의 미래 실현가능성이 높아지더라도 영업권에 반영하지 않는다. 예를 들어, 취득자가 결손금이 있었는데 향후 충분한 과세소득이 예상되지 않아 자산성을 충족시키지 못하는 상황이라고 하자. 이 상황에서 취득자가 피취득자를 취득함으로써 취득자의 결손금이 자산성을 충족시켰다고 가정하자. 물론 사업결합의 결과로 이연법인세자산이 발생하긴 하지만, 이 결손금은 '취득자'의 결손금이지, 피취득자로부터 인수하는 것이 아니다. 따라서 취득자의 결손금은 피취득자의 순자산 공정가치에 가산하지 않으며, 영업권에 반영하지 않는다.

'법인세효과는 마찰력이다.'

앞으로 법인세효과가 손익에 미치는 영향을 구해볼 텐데, 법인세효과는 '마찰력'이라고 생각하자. 마찰력은 힘을 일정 비율만큼 줄이는 힘을 의미한다. **법인세가 있는 경우 공정가치 평가차액 상각표, 내부거래 제거표의 모든 숫자에 (1 − t)를 곱하면 된다.**

2. FV-BV 차이

	FV-BV	X1	X2
자산	차액 × (1 − t)	(상각액) × (1 − t)	(상각액) × (1 − t)

(1) 영업권에 미치는 영향

t가 법인세율이라고 가정할 때, 영업권은 다음과 같이 구한다.

법인세가 없는 경우: 영업권 = 이전대가 − {종속기업의 순자산 BV + (FV − BV)} × 지분율
법인세가 있는 경우: 영업권 = 이전대가 − {종속기업의 순자산 BV + (FV − BV) × (1 − t)} × 지분율

법인세법에서는 사업결합으로 인한 순자산의 공정가치 평가를 인정하지 않기 때문에, 이연법인세부채가 생긴다. '피취득자의 순자산 FV − BV'만큼 △유보가 생기고, 유보에 세율을 곱한 만큼 이연법인세부채가 발생하므로 피취득자의 순자산은 '(FV − BV) × t'만큼 감소한다. 따라서 종속기업 순자산 BV에 공정가치 평가차액을 전부 가산하는 것이 아니라, (1 − t)를 곱한 만큼만 가산한다.

예를 들어, 종속기업의 순자산의 장부금액이 ₩10,000, 공정가치가 ₩15,000라고 가정하자. 지금까지는 영업권을 '이전대가 − (10,000 + 5,000) × 지분율'의 방식으로 계산하였다. 하지만 만약 법인세율이 20%라면 공정가치 차액으로 인해 '손入 5,000 △유보' 세무조정이 발생하며, 1,000의 이연법인세부채가 생긴다. 따라서 종속기업의 순자산 공정가치는 14,000이 되며, 영업권은 '이전대가 − (10,000 + 5,000 × 0.8) × 지분율'이 된다.

(2) 공정가치 평가차액 상각

취득일 현재 공정가치 평가차액에 (1 − t)를 곱했기 때문에, 기존 상각액에도 (1 − t)를 곱해서 상각하면 된다. 이연법인세부채가 환입되면서 법인세비용을 감소시키므로 상각액이 당기순이익에 미치는 영향을 상쇄한다.

3. 영업권의 이연법인세부채: 인식 X 중요!

기업회계와 달리, 법인세법에서는 영업권을 자산으로 인정하지 않기 때문에 '손入 △유보' 세무조정이 발생한다. 이 경우 미래에 유보가 추인되면서 미래의 법인세부담액을 증가시키므로 이연법인세부채가 계상되어야 하는데, **영업권에 대해서는 이연법인세부채를 인식하지 않는다.**
영업권에 대해서 이연법인세부채를 인식하면 종속기업 순자산 공정가치가 바뀌고, 이로 인해 영업권이 다시 바뀌는 순환문제가 발생하기 때문이다.

4. 내부거래 제거

	X1	X2
하향 (재고)	(매출총이익) × (1 − t) 매출총이익 × 판매율 × (1 − t)	매출총이익 × 판매율 × (1 − t)
상향 (유형)	(처분손익) × (1 − t) 처분손익 × 상각률 × (1 − t)	처분손익 × 상각률 × (1 − t)

연결실체 관점에서 내부거래는 없는 거래이다. 그러므로 연결조정분개를 통해 내부거래에서 발생한 미실현손익을 제거했는데, 세법에서는 내부거래도 거래로 보아 미실현손익을 과세한다. 따라서 세법에서는 내부거래의 미실현손익을 다시 인식하는 세무조정이 발생하는데, 이로 인해 '내부거래 제거표에 표시된 금액 × t'만큼 법인세효과를 일으킨다. 예를 들어, 지배기업이 원가 ₩10,000인 제품을 ₩15,000에 종속기업에 판매하였다면 미실현이익은 ₩5,000이므로 내부거래 제거표에 (5,000)을 적으면 된다. 하지만 만약 법인세율이 20%라면 '익入 5,000 유보' 세무조정이 발생하며, 1,000의 이연법인세자산이 생긴다. 내부거래를 제거하면서 5,000을 감소시켰지만, 이연법인세자산이 생기면서 1,000이 증가하므로, 결과적으로 지배기업의 당기순이익이 4,000 감소하는 효과를 가져온다.
문제를 풀 때는 내부거래 제거표를 원래 그리던 대로 그린 뒤, 모든 금액에 (1 − t)를 곱하면 된다. 위 예에서는 (5,000) × (1 − 20%) 혹은 (4,000)을 적은 뒤, 제품의 판매율에 비례하게 환입하면 된다.

예제

01 ㈜갑은 20X1년말과 20X2년말 현재 ㈜을의 의결권있는 보통주식 60%를 보유하고 있다. 20X1년과 20X2년에 ㈜갑과 ㈜을 사이에 발생한 거래는 다음과 같다.

- 20X1년중 ㈜을은 ㈜갑에게 장부금액 ₩100,000인 상품을 ₩150,000에 판매하였다. ㈜갑은 20X1년중에 이 상품의 40%를 외부로 판매하였으며 나머지는 20X2년에 외부로 판매하였다.
- 20X2년중 ㈜갑은 ㈜을에게 장부금액 ₩60,000인 상품을 ₩80,000에 판매하였으며, ㈜을은 20X2년말 현재 이 상품의 50%를 보유하고 있다.

㈜갑은 ㈜을의 주식을 원가법으로 회계처리하고 있으며, 양사의 법인세율은 30%이다. 내부거래·미실현손익을 제거하기 위한 연결제거분개가 20X1년과 20X2년의 지배기업 소유주지분 당기순이익에 미치는 영향은 얼마인가? 2012. CPA

	20X1년	20X2년
①	₩12,600 감소	₩8,400 증가
②	₩12,600 감소	₩5,600 증가
③	₩18,000 감소	₩8,000 증가
④	₩18,000 감소	₩12,000 증가
⑤	₩21,000 감소	₩14,000 증가

해설

1. 내부거래

	X1	X2
상향 (상품)	(50,000) × 70% 20,000 × 70%	30,000 × 70%
하향 (상품)		(20,000) × 70% 10,000 × 70%

2. 당기순이익 조정

(1) X1년 지배 NI에 미치는 영향: 12,600 감소

X1	지배	종속	계
조정 전			
내부거래		(21,000)	
FV 차이			
염가매수차익			
— 손상			
— 배당			
조정 후		(21,000)	
지배(60%)		(12,600)	**(12,600)**
비지배(40%)		(8,400)	

(2) X2년 지배 NI에 미치는 영향: 5,600 증가

X2	지배	종속	계
조정 전			
내부거래	(7,000)	21,000	
FV 차이			
염가매수차익			
— 손상			
— 배당			
조정 후	(7,000)	21,000	
지배(60%)	(7,000)	12,600	**5,600**
비지배(40%)		8,400	

답 ②

※ 다음 〈자료〉를 이용하여 2번과 3번에 답하시오.

〈자료〉

- ㈜대한은 20X1년 초에 ㈜민국의 보통주 75%를 ₩150,000에 취득하여 지배력을 획득하였다. 지배력 획득일 현재 ㈜민국의 순자산 장부금액은 ₩150,000(자본금 ₩100,000, 이익잉여금 ₩50,000)이다.
- 지배력 획득일 현재 ㈜민국의 식별가능한 자산과 부채 중 장부금액과 공정가치가 다른 내역은 다음과 같다.

구분	장부금액	공정가치	추가정보
토지	₩50,000	₩80,000	원가모형적용

- 20X1년 중에 ㈜민국은 원가 ₩10,000의 재고자산(제품)을 ㈜대한에게 ₩20,000에 판매하였다. ㈜대한은 이 재고자산의 50%를 20X1년 중에 외부로 판매하고, 나머지 50%는 20X1년 말 현재 재고자산으로 보유하고 있다.
- ㈜민국이 보고한 20X1년도 당기순이익은 ₩30,000이다.
- ㈜대한은 별도재무제표에서 ㈜민국에 대한 투자주식을 원가법으로 회계처리하고 있으며, 연결재무제표 작성 시 비지배지분은 종속기업의 식별가능한 순자산공정가치에 비례하여 결정한다.
- ㈜대한과 ㈜민국에 적용되는 법인세율은 모두 20%이며, 이는 당분간 유지될 전망이다.

02 법인세효과를 고려하는 경우, ㈜대한이 지배력 획득일에 인식할 영업권은 얼마인가?

2023. CPA

① ₩10,500 ② ₩15,000 ③ ₩19,500
④ ₩32,000 ⑤ ₩43,500

03 법인세효과를 고려하는 경우, ㈜대한의 20X1년 말 연결포괄손익계산서에 표시되는 비지배지분귀속당기순이익은 얼마인가? 단, 영업권 손상 여부는 고려하지 않는다. 2023. CPA

① ₩6,000 ② ₩6,500 ③ ₩7,000
④ ₩8,000 ⑤ ₩8,500

해설

1. FV − BV

	FV-BV	X1
토지	30,000 × 0.8 = 24,000	−

2. 영업권: 150,000 − (150,000 + 24,000)*75% = **19,500**

3. 내부거래

	X1
상향 (재고)	(10,000) × 0.8 5,000 × 0.8
계	(4,000)

4. 당기순이익 조정

X1	지배	종속	계
조정 전		30,000	
내부거래		(4,000)	
FV 차이			
− 손상			
− 배당			
조정 후		26,000	
지배(75%)		19,500	
비지배(25%)		**6,500**	

비지배NI: 6,500

답 2. ③ 3. ②

2 기타포괄손익이 있는 경우 연결 심화

지금까지는 NI를 조정하는 방법을 배웠는데, OCI가 있다면 다음의 순서대로 처리하면 된다. 연결에서 OCI가 자주 등장하지는 않는다. 본 내용이 이해되지 않는다면 넘겨도 괜찮다.

1. 내부거래 및 FV-BV

	X1
상향 (유형)	(처분손익) 처분손익 × 상각률 **평가액 (OCI)**

	FV-BV	X1
유형	차액	(차액 × 상각률) **(평가액)** (OCI)

(1) 내부거래 미실현손익 및 공정가치 평가차액 추인

내부거래 미실현손익 및 공정가치 평가차액은 기존에 배웠던 방식대로 제거하면 된다. 내부거래는 발생 시 처분손익을 제거하고, 상각률만큼 추인한다. 공정가치 평가차액은 차액을 별도로 기록한 뒤, 상각률만큼 추인한다.

(2) 평가액 추인

내부거래 자산이나 공정가치 평가차액이 있는 유형자산 재평가모형 적용 등으로 인해 공정가치 평가손익을 OCI로 인식하는 경우 평가액을 추인해주어야 한다. 이때 추인하는 평가액은 다음과 같이 구한다.

평가액 추인액 = 별도의 OCI − 연결의 OCI = 차액 잔액

평가액 추인액을 계산하는 것은 간단하다. 별도재무제표 관점의 OCI와 연결재무제표 관점의 OCI를 각각 구한 뒤, 차이만을 추인해주면 된다. 그런데 결과적으로 **평가액 추인액은 기존에 인식한 차액의 잔액과 일치한다.** 기존에는 별도재무제표와 연결재무제표 사이에 차이가 있었지만, 별도와 연결 모두 공정가치 평가를 통해 자산 금액이 같아지기 때문이다.

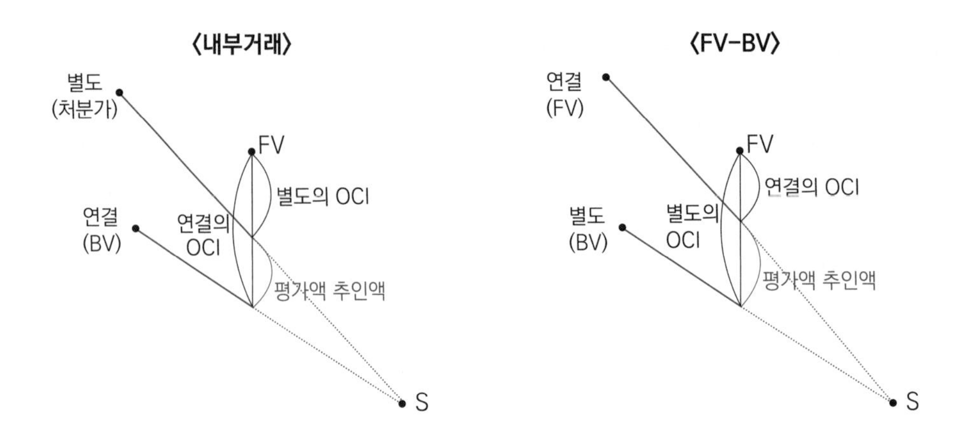

예제

※ 다음 자료를 이용하여 1번과 2번에 답하시오.

㈜대한은 20X1년 초에 ㈜민국의 보통주 80%를 ₩1,200,000에 취득하여 지배력을 획득하였다. 지배력 획득시점의 ㈜민국의 순자산 장부금액은 공정가치와 동일하다. 다음은 지배력 획득일 현재 ㈜민국의 자본 내역이다.

㈜민국	20X1년 1월 1일
보통주자본금(주당 액면금액 ₩100)	₩500,000
자본잉여금	200,000
이익잉여금	800,000
	₩1,500,000

〈추가자료〉

• 20X1년과 20X2년 ㈜대한과 ㈜민국 간의 재고자산 내부거래는 다음과 같다. 매입회사 장부상 남아있는 각 연도말 재고자산은 다음 회계연도에 모두 외부에 판매되었다.

연도	판매회사→매입회사	판매회사 매출액	판매회사 매출원가	매입회사 장부상 기말재고
20X1	㈜대한→㈜민국	₩80,000	₩64,000	₩40,000
20X1	㈜민국→㈜대한	₩50,000	₩40,000	₩15,000
20X2	㈜대한→㈜민국	₩100,000	₩70,000	₩40,000
20X2	㈜민국→㈜대한	₩80,000	₩60,000	₩20,000

• ㈜대한은 20X1년 4월 1일에 보유 토지 ₩90,000을 ㈜민국에게 ₩110,000에 매각하였다. ㈜대한과 ㈜민국은 20X2년 12월 말부터 보유 토지에 대해 재평가모형을 적용하기로 함에 따라 ㈜민국은 ㈜대한으로부터 매입한 토지를 ₩120,000으로 재평가하였다.

• ㈜대한의 20X1년과 20X2년 당기순이익은 각각 ₩300,000과 ₩200,000이며, ㈜민국의 20X1년과 20X2년 당기순이익은 각각 ₩80,000과 ₩100,000이다.

• ㈜대한의 별도재무제표상 ㈜민국의 주식은 원가법으로 표시되어 있다. 연결재무제표 작성 시 비지배지분은 종속기업의 식별가능한 순자산 공정가치에 비례하여 결정한다.

01 20X1년 말 ㈜대한의 연결재무상태표에 표시되는 비지배지분은 얼마인가? 2019. CPA

① ₩300,000 ② ₩313,800 ③ ₩315,400
④ ₩316,000 ⑤ ₩319,800

02 ㈜대한의 20X2년도 연결포괄손익계산서에 표시되는 지배기업소유주귀속당기순이익과 비지배지분귀속당기순이익은 각각 얼마인가? 2019. CPA

	지배기업소유주귀속 당기순이익	비지배지분귀속 당기순이익
①	₩264,400	₩18,400
②	₩264,400	₩19,000
③	₩264,400	₩19,600
④	₩274,400	₩19,600
⑤	₩274,400	₩21,600

해설

1. FV – BV 차이: 없음

2. 영업권: 1,200,000 – (1,500,000) × 80% = 0

3. 내부거래

	X1	X2
재고 (하향)	(16,000) 8,000	8,000
재고 (상향)	(10,000) 7,000	3,000
재고 (하향)		(30,000) 18,000
재고 (상향)		(20,000) 15,000
토지 (하향)	(20,000)	20,000(OCI)

참고 토지의 재평가 분석
연결 전 종속기업의 재평가잉여금: 120,000 − 110,000 = 10,000
연결 후 종속기업의 재평가잉여금: 120,000 − 90,000 = 30,000
OCI 차이: 30,000 − 10,000 = 20,000

재평가잉여금의 차이 20,000을 추가로 인식한다. 이는 X1년도에 인식한 미실현이익 20,000과 일치한다. 내부거래로 인한 처분이익을 부인하기 때문에 별도재무제표와 연결재무제표 사이의 토지의 금액에 차이가 있었지만, 공정가치 평가를 통해 차이가 사라졌기 때문에 미실현손익을 전부 제거하면 된다.

4. 당기순이익 조정

X1	지배	종속	계
조정 전	300,000	80,000	
내부거래	(28,000)	(3,000)	
FV 차이			
염가매수차익			
− 손상			
− 배당			
조정 후	272,000	77,000	349,000
지배(80%)	272,000	61,600	333,600
비지배(20%)		15,400	15,400

X1년 말 비지배지분 잔액: 1,500,000 × 20% + 15,400 = **315,400**

X2	지배	종속	계
조정 전	200,000	100,000	
내부거래	(4,000)	(2,000)	
FV 차이			
염가매수차익			
− 손상			
− 배당			
조정 후	196,000	98,000	294,000
지배(80%)	196,000	78,400	**274,400**
비지배(20%)		19,600	**19,600**

− 위 손익변동표는 'NI'를 조정하는 것이기 때문에 X2년도 내부거래에서 조정한 OCI 20,000는 반영하지 않는다.

X2년 지배NI: **274,400**, 비지배NI: **19,600**

답 1. ③ 2. ④

3 모자손

지금까지는 지배기업이 종속기업의 지배력을 보유하는 연결에 대해 배웠다. 그런데 종속기업이 또 다른 기업의 지배력을 보유한다면 '종속기업의 종속기업'이 생긴다. 이러한 지배구조를 '모자손'이라고 한다. 본서에는 지배기업을 모기업, 종속기업을 자기업, 종속기업의 종속기업을 손기업이라고 부를 것이다. 모자손은 각각 엄마, 자식, 손자를 의미한다. 모회사가 자회사를 70%, 자회사가 손회사를 80% 보유하는 상황에서 손익변동표는 다음과 같이 그린다.

1. 모자손 손익변동표

예 모 -(70%)→ 자 -(80%)→ 손

NI	모	자	손	계
조정전	NI	NI	NI	
내부거래		판 쪽에서 조정		
FV				
조정후 NI	A	B	C	연결 NI
지배	A × 100%	B × 70%	C × 70% × 80%	지배 NI→연결 이잉에 가산
비지배		B × 30%	C × 44%	비지배 NI→비지배지분에 가산

(1) 조정 전 NI

문제에서 제시한 각 기업의 당기순이익을 적는다.

(2) 내부거래

내부거래 상각표는 똑같이 그리고, 누구한테 팔았는지는 신경쓰지 말고 '판 쪽에서' 조정한다. 일반적인 내부거래를 생각해자. 하향거래인 경우 지배기업에서, 상향거래인 경우 종속기업에서 조정하는데, 각각 '판 쪽에서' 조정한 것이다.

(3) FV 차이

자회사나 손회사의 공정가치가 장부금액과 차이가 나는 경우 상각표를 그리고, 차이가 나는 기업의 당기순이익 아래에 표시해주면 된다.

(4) 연결 NI

(3)까지 조정한 NI 세 개를 전부 더하면(A + B + C) 연결 당기순이익이다.

(5) 지배 NI

① 모자손 구조

지배 NI는 연결 NI 중 '모회사의 몫'이다. 자회사의 손익은 일반적인 경우처럼 모회사의 지분율을 곱하면 끝인데, 손회사는 모회사의 몫을 직접 구해야 된다. 위 사례에서는 자회사의 손회사에 대한 지분율인 80%에 모회사의 자회사에 대한 지분율 70%를 곱해야 모회사의 몫(56%)을 구할 수 있다.

② 합동 소유 구조

A －(70%)→ B －(20%)→ C A －(40%)→ C 지배 NI ＝ A ＋ 0.7B ＋ 0.54C

소유구조가 위와 같이 출제된 적도 있었다. A는 B에 대해 70%의 지분을 보유하고, B는 C에 대해 20%의 지분을 보유하는 상황에서, A가 C에 대해 40%의 지분을 보유하는 것이다. 이러한 경우 지배 NI는 A 손익의 100%, B 손익의 70%, C 손익의 54%(＝70% × 20% ＋ 40%)를 전부 더한 값이 된다.

(6) 비지배 NI=연결 NI-지배 NI

비지배 NI는 연결 NI에서 지배 NI를 차감하는 방식으로 구하면 된다.

2. 영업권과 비지배지분

(1) 영업권 ＝자회사 이전대가-자회사 순자산 FV × 70% ＋손회사 이전대가-손회사 순자산 FV × 80% (2) 비지배지분＝취득일의 (자회사 순자산 FV × 30% ＋ 손회사 순자산 FV × 20%) ＋ Σ비지배 NI

지배 NI를 구할 때는 손회사의 손익에 모회사의 자회사에 대한 지분율(70%)을 곱했지만, **영업권과 비지배지분을 계산할 때에는 모회사의 자회사에 대한 지분율을 곱하지 않는다.** 위 사례에서 영업권과 비지배지분은 위와 같이 구한다. 손회사의 순자산 공정가치에 70%를 곱하지 않는다는 것을 반드시 기억하자.

예제

01 ㈜갑은 20X1년 1월 1일에 ㈜을의 보통주 70%를 ₩210,000에 취득하였으며, 동 일자에 ㈜을은 ㈜병의 보통주 80%를 ₩80,000에 취득하였다. 취득일 현재 ㈜을과 ㈜병의 주주지분은 다음과 같으며, 순자산의 장부금액과 공정가치는 일치하였다.

	㈜을	㈜병
자 본 금	₩ 150,000	₩ 50,000
이익잉여금	100,000	30,000
계	₩ 250,000	₩ 80,000

20X1년 ㈜을과 ㈜병의 당기순이익은 각각 ₩26,000과 ₩5,000이며, 배당 및 기타 자본변동은 없다. ㈜갑과 ㈜을은 각각 ㈜을과 ㈜병의 투자주식을 원가법으로 회계처리하고 있으며, 비지배지분은 종속기업의 식별가능한 순자산 공정가치에 비례하여 결정한다. 20X1년말 연결재무제표상 비지배지분은 얼마인가? 단, 영업권은 손상되지 않았으며, 법인세효과는 고려하지 않는다. 2014. CPA

① ₩91,000 ② ₩98,800 ③ ₩99,800
④ ₩101,000 ⑤ ₩101,300

해설

1. 소유구조 요약
   갑 －(70%)→ 을 －(80%)→ 병

2. FV － BV 차이: 없음

3. 내부거래: 없음

4. 손익 조정표

NI	모	자	손	계
조정전 내부거래 FV	?	26,000	5,000	
조정후 NI	?	26,000	5,000	?
지배	?	26,000 × 0.7	5,000 × 0.56	?
비지배		26,000 × 0.3	5,000 × 0.44	**10,000**

손회사 손익 중 지배 NI에 포함될 비율: 0.7 × 08(간접 보유) = 0.56
손회사 손익 중 비지배 NI에 포함될 비율: 1 － 0.56 = 0.44
X1년 비지배 NI: 10,000

5. X1년 말 비지배지분: 250,000 × 30% ＋ 80,000 × 20% ＋ 10,000 = **101,000**

답 ④

02 ㈜대한은 20X1년 1월 1일 ㈜민국의 보통주 80%를 ₩450,000에 취득하여 지배력을 획득하였으며, 동일자에 ㈜민국은 ㈜만세의 주식 60%를 ₩200,000에 취득하여 지배력을 획득하였다. 지배력 획득시점에 ㈜민국과 ㈜만세의 순자산 공정가치와 장부금액은 동일하다. 다음은 지배력 획득시점 이후 20X1년 말까지 회사별 순자산 변동내역이다.

구분	㈜대한	㈜민국	㈜만세
20X1. 1. 1.	₩800,000	₩420,000	₩300,000
별도(개별)재무제표상 당기순이익	100,000	80,000	50,000
20X1. 12. 31.	₩900,000	₩500,000	₩350,000

20X1년 7월 1일 ㈜대한은 ㈜민국에게 장부금액 ₩150,000인 기계장치를 ₩170,000에 매각하였다. 매각시점에 기계장치의 잔존 내용연수는 5년, 정액법으로 상각하며 잔존가치는 없다. 20X1년 중 ㈜민국이 ㈜만세에게 판매한 재고자산 매출액은 ₩100,000(매출총이익률은 30%)이다. 20X1년 말 현재 ㈜만세는 ㈜민국으로부터 매입한 재고자산 중 40%를 보유하고 있다.

㈜대한과 ㈜민국은 종속회사 투자주식을 별도재무제표상 원가법으로 표시하고 있다. ㈜대한의 20X1년도 연결포괄손익계산서에 표시되는 비지배지분귀속당기순이익은 얼마인가? 단, 연결재무제표 작성 시 비지배지분은 종속기업의 식별가능한 순자산 공정가치에 비례하여 결정한다. 2019. CPA

① ₩19,600 ② ₩20,000 ③ ₩38,600
④ ₩39,600 ⑤ ₩49,600

해설

1. 소유구조 요약
   대한 —(80%)→ 민국 —(60%)→ 만세

2. FV — BV 차이: 없음

3. 내부거래

	X1
기계 (대한)	(20,000) 2,000
재고 (민국)	(30,000) 18,000

기계장치 미실현손익 환입액 = (170,000 − 150,000)/5 × 6/12 = 2,000
— 기계장치를 7.1에 처분하였으므로 월할상각에 주의하자.

4. 손익 조정표

NI	모	자	손	계
조정전 내부거래 FV	100,000 (18,000)	80,000 (12,000)	50,000	
조정후 NI	82,000	68,000	50,000	200,000
지배 비지배	82,000	68,000 × 0.8 68,000 × 0.2	50,000 × 0.48 50,000 × 0.52	160,400 **39,600**

손회사 손익 중 지배 NI에 포함될 비율: 0.8 × 0.6(간접 보유) = 0.48
손회사 손익 중 비지배 NI에 포함될 비율: 1 − 0.48 = 0.52
X1년 비지배NI = 200,000 − 160,400 = **39,600**

참고 영업권과 비지배지분
(1) 손회사 순자산 중 지배기업 몫의 비율: 0.6(간접 보유)
   — NI 계산 시와 달리 영업권과 비지배지분 계산 시에는 대한의 민국에 대한 지분율 80%를 곱하지 않고 민국의 만세에 대한 지분율 60%를 바로 쓴다.

(2) 영업권: 450,000 − 420,000 × 80% + 200,000 − 300,000 × 60% = 134,000

(3) X1년 말 비지배지분: 420,000 × 20% + 300,000 × 40% + 39,600 = 243,600

답 ④

4 역취득 ★중요!

	다음	카카오
법적(= 형식적)	취득자	피취득자
회계적(= 실질적)	피취득자	취득자

형식적 취득자(법적 취득자)와 회계적 취득자(실질적 취득자)가 다른 취득을 역취득이라고 부른다. 다음과 카카오 사이의 합병이 대표적인 역합병 사례이므로 다음과 카카오를 예로 들어 설명하겠다. 법적으로는 다음이 취득자이지만, 실질적으로는 카카오가 취득자이다.

STEP 1 카카오가 발행한 것으로 보는 주식 수 구하기

역취득에서 가장 먼저 할 일은 '카카오가 발행한 것으로 보는 주식 수'를 구하는 것이다. 법적으로는 다음이 카카오에게 신주를 발행한 것이지만, 회계상으로는 카카오가 취득자이므로 카카오가 다음에게 신주를 발행한 것과 같다. 카카오에게 발행한 것으로 보는 주식 수는 다음 식을 이용하여 구한다.

카카오가 발행한 것으로 보는 주식 수 = 다음의 증자 전 발행 주식 수 ÷ 주식 교환비율

여기서 '주식 교환비율(ER, Exchange Rate)'이란, '카카오 주식 1주당' 발행한 '다음 주식 수'를 의미한다. 합병 전 카카오와 다음의 발행 주식 수가 각각 300주와 400주인 상태에서, 다음이 카카오 주식 1주당 다음 주식 2주를 발행한다고 하자. 이를 다음과 같이 요약할 수 있다.

ER = 1:2		카카오	다음	
합병 전 주식 수	x2(형식)	300	400	÷ 2(실질)
합병 후 (형식)		600(60%)	400(40%)	
합병 후 (실질)		300(60%)	**200(40%)**	

카카오가 발행한 것으로 보는 주식 수 = 400주 ÷ 2 = 200주

형식적으로는 카카오에게 다음 주식 600주(= 300 × 2주)가 발행되었다. 합병 후 카카오는 다음 주식 600주를 보유하므로 지분율은 60%, 다음은 400주를 보유하므로 지분율은 40%가 된다. 하지만 회계상으로는 다음에게 카카오 주식 200주를 지급한 것으로 본다. 형식적으로는 카카오 1주당 다음 2주를 지급하지만, 회계상으로는 다음 1주당 카카오 0.5주를 지급한 것으로 보는 것이다. 카카오가 주식을 지급한 것으로 보더라도 카카오의 지분율은 60%, 다음의 지분율은 40%로 형식적인 지분율과 동일하다.

STEP 2 영업권

영업권 = 카카오가 발행한 것으로 보는 주식 수(200주) × 카카오 주당 FV − 다음 순자산 공정가치 × 100%

1. 이전대가: 카카오 주식

회계상으로는 카카오가 다음에게 주식을 지급하고 다음을 인수하는 것으로 보기 때문에, 이전대가는 카카오의 주식이 된다. 따라서 Step 1에서 계산한 카카오가 발행한 것으로 보는 주식 수에 카카오 주식의 주당 공정가치를 곱한 것이 이전대가가 된다.

2. 다음의 순자산 공정가치 100% 차감

회계상으로는 다음 주식 400주를 카카오에게 전부 주고 카카오 주식 200주를 받은 것으로 보기 때문에 카카오는 다음을 100% 취득한 것으로 본다. 따라서 영업권 계산 시 다음의 순자산 공정가치를 100% 차감한다. 이유는 중요하지 않으니 이해가 되지 않는다면 그냥 외우자.

STEP 3 자본금과 주발초

1. 납입자본(= 자본금 + 주발초) = 합병 전 카카오 납입자본 + 카카오가 발행한 것으로 보는 주식 수(200주) × 카카오 주당 FV 2. 자본금 = 합병 후 '다음' 주식 수(1,000주) × 다음 주당 액면가 3. 합병 후 주발초 = 납입자본 − 자본금

1. 합병 후 납입자본(=자본금+주발초)

납입자본은 실질에 따라 계산한다. 회계상으로는 카카오가 신주를 발행하여 취득한 것으로 보기 때문에 합병 전 카카오의 납입자본에 카카오의 신주의 공정가치만큼 납입자본이 증가한다.

2. 합병 후 자본금: 합병 후 '다음' 주식 수(1,000주)×다음 주당 액면가

법적으로는 다음이 신주를 발행한 것으로 보기 때문에 합병 후 늘어난 다음의 주식 수에 다음의 주당 액면가를 곱한 금액이 자본금이 된다.

3. 합병 후 주발초=납입자본-자본금

1번에서 구한 납입자본에서 2번에서 구한 자본금을 차감하면 주발초를 계산할 수 있다.

예 제

※ 다음의 자료를 이용하여 문제 1번과 문제 2번에 답하시오.

법적 취득자인 ㈜갑은 20X1년 9월 30일에 법적 피취득자인 ㈜을의 보통주 1주당 ㈜갑의 보통주 2주를 발행하여 취득하고, ㈜을의 주주는 자신들이 보유하고 있는 ㈜을의 주식을 모두 ㈜갑의 주식으로 교환한다. 20X1년 9월 30일 현재 ㈜갑과 ㈜을의 요약재무상태표는 다음과 같다.

요약재무상태표

20X1년 9월 30일 현재 (단위: ₩)

계정과목	㈜갑	㈜을	계정과목	㈜갑	㈜을
재고자산	1,000	1,400	부 채	1,400	3,400
유형자산	2,600	6,000	자 본 금	600	1,200
			이익잉여금	1,600	2,800
자산총계	3,600	7,400	부채및자본총계	3,600	7,400

• 취득 직전일 현재 두 회사의 발행주식은 다음과 같다.

구 분	㈜갑	㈜을
발행주식수	100주	60주
주당 액면금액	₩6	₩20
주당 공정가치	₩30	₩60

• 취득일 현재 ㈜갑의 유형자산의 공정가치는 ₩3,000이고, 유형자산을 제외한 자산과 부채의 공정가치는 장부금액과 동일하다.
• 관련 회계처리에서 법인세효과는 고려하지 않는다.

01 회계상 취득자가 ㈜을이라면 사업결합 직후 연결재무제표에 표시될 발행자본(자본금과 주식발행초과금의 합계)은 얼마인가? 2012. CPA

① ₩2,200 ② ₩2,800 ③ ₩4,200
④ ₩4,300 ⑤ ₩7,000

02 회계상 취득자가 ㈜을이라면 사업결합 직후 연결재무제표에 표시될 영업권 또는 염가매수차익은 얼마인가? 2012. CPA

① 영 업 권 ₩7,000
② 염가매수차익 ₩1,000
③ 영 업 권 ₩1,000
④ 염가매수차익 ₩ 400
⑤ 영 업 권 ₩ 400

해설

1. 주식 수 변동내역 분석

ER= 1:2		을	갑	
합병 전 주식 수	x2(형식)	60	100	÷ 2(실질)
합병 후 (형식)		120(55%)	100(45%)	
합병 후 (실질)		60(55%)	50(45%)	

을이 회계상 취득자이므로 카카오에 대응된다. 형식적으로는 을 주식 1주당 갑 주식 2주를 지급하지만, 실질적으로는 갑 주식 1주 당 을 주식 0.5를 지급하는 것이다.

2. 영업권
: 50주 × @60 − (2,200 + 400) × 100% = **400**
— ㈜갑의 순자산 장부금액은 2,200이나, 유형자산의 공정가치가 장부금액에 비해 400 크므로 ㈜갑의 순자산 공정가치는 2,600이다.

3. 납입자본
: 1,200 + 50 × @60 = **4,200**

참고 자본금과 주발초
(1) 자본금: 220주(형식적 갑 발행주식수) × 6(갑 액면가) = 1,320
(2) 주발초: 4,200 − 1,320 = 2,880

답 1. ③ 2. ⑤

5 종속기업에 대한 지분 변동 심화

지배기업이 지배력을 보유하는 상황에서 종속기업에 대한 지분이 변동하는 거래를 다룰 것이다. 종속기업에 대한 지분이 변동하는 거래로는 1. 지배력 획득 후 추가 취득, 2. 종속기업의 유상증자, 3. 종속기업의 자기주식 취득이 있다.

1. 지배력 획득 후 추가 취득

지배기업이 종속기업에 대한 지배력을 획득한 후에, 종속기업 주식을 추가로 취득한 경우 회계처리는 다음과 같다. 여기서 지배기업이 종속기업 주식을 거래하는 상대방은 '종속기업'이 아닌 '비지배지분'이라는 것을 주의하자. 종속기업 주식을 보유하는 주주는 지배기업 또는 비지배지분이다. 따라서 지배기업이 종속기업 주식을 추가로 취득하려면 비지배지분으로부터 취득해야 한다.

<table>
<tr><td>지배기업 F/S</td><td>종속기업투자</td><td>취득가액</td><td>현금</td><td>취득가액</td></tr>
<tr><td>+</td><td colspan="4"></td></tr>
<tr><td>종속기업 F/S</td><td colspan="4">– 회계처리 없음 –</td></tr>
<tr><td>||</td><td colspan="4"></td></tr>
<tr><td>합산 F/S</td><td>종속기업투자</td><td>취득가액</td><td>현금</td><td>취득가액</td></tr>
<tr><td>+</td><td colspan="4"></td></tr>
<tr><td rowspan="2">연결조정분개</td><td>비지배지분</td><td>지분율 하락분</td><td>종속기업투자</td><td>취득가액</td></tr>
<tr><td colspan="4">자본 XXX</td></tr>
<tr><td>⇓</td><td colspan="4"></td></tr>
<tr><td rowspan="2">연결 F/S</td><td>비지배지분</td><td>지분율 하락분</td><td>현금</td><td>취득가액</td></tr>
<tr><td colspan="4">자본 XXX</td></tr>
</table>

① 합산재무제표

지배기업은 현금을 지급하고 종속기업 주식을 취득한다. 주식을 취득하면서 지급한 현금이므로 비지배지분에게 지급한 현금을 회계처리 상에 '취득가액'으로 표시하였다.

지배기업의 종속기업 주식 취득은 종속기업과의 거래가 아니므로 종속기업은 회계처리가 없다. 따라서 두 회계처리를 합치면 지배기업의 회계처리와 같다.

② 연결재무제표

㉠ 현금 지급 및 비지배지분 감소

연결 관점에서 이 거래를 보면 지배기업이 비지배지분에 현금을 지급하고 비지배지분을 감소시킨 것이다. 따라서 취득가액만큼 현금이 연결실체 외부로 유출되고, 비지배지분이 감소한다. 이때, 비지배지분은 지분율에 비례하여 감소한다. 예를 들어, 지배기업이 종속기업의 지분율 70%를 취득한 상태에서 10%의 종속기업 주식을 추가로 취득하였다면, 비지배지분은 30%에서 20%로 감소한다. 따라서 비지배지분은 종속기업 주식 취득 전에 비해 1/3(=10%/30%)만큼 감소한다.

㉡ 대차차액은 자본으로 계상

이렇게 비지배지분은 지분율에 비례하여 감소하고, 현금은 주식 가격만큼 지급되는데, 두 금액의 차이는 자본으로 계상한다. 연결실체 관점에서는 주주(비지배지분)에게 현금을 준 것이므로 자본거래에 해당하기 때문이다. 따라서 대차차액을 자본으로 계상한다.

③ 연결조정분개

합산재무제표와 연결재무제표 모두 취득가액만큼 현금을 지급한 것은 같다. 한편, 합산재무제표 상에는 종속기업투자가 표시되어 있는데, 연결재무제표 상에는 종속기업투자가 표시되면 안 되므로 이를 비지배지분과 상계하고 대차차액을 자본으로 계상하면 연결재무제표와 같은 회계처리가 된다.

참고 지배력 획득 후 추가 취득 vs 단계적 취득

	최초 취득 시	추가 취득 시	영업권 계상 시점 (=지배력 획득 시점)
지배력 획득 후 추가 취득	지배력 획득 O	지배력 획득 X	최초 취득 시
단계적 취득	지배력 획득 X	지배력 획득 O	추가 취득 시

지배력 획득 후 추가 취득과 단계적 취득은 종속기업 주식을 2번에 나눠서 취득한다는 공통점이 있다. 예를 들어 종속기업의 주식 70%를 먼저 취득 후 10%를 추가 취득하면 지배력 획득 후 추가 취득에 해당하고, 10%를 먼저 취득 후 70%를 추가 취득하면 단계적 취득에 해당한다.

두 거래는 지배력 획득 시점이 다른데, 지배력 획득 후 추가 취득은 말 그대로 최초 취득 시 지배력을 획득하지만, 단계적 취득은 추가 취득 시 지배력을 획득한다. 이 **지배력 획득 시점은 영업권 계상 시점이 된다.** 영업권은 지배력 획득 시에만 계상한다. 앞서 배운 단계적 취득에서는 기존에 보유하던 주식까지 이전대가로 보아 추가 취득일의 공정가치로 평가한 뒤 영업권을 계상하였다. 반면, **지배력 획득 후 추가 취득 시에는** 최초 취득 시에 영업권을 계상하므로 **추가 취득 시에는 영업권을 건드리지 않는다.**

예 제

01 ㈜대한은 20X1년 1월 1일 ㈜민국의 의결권 있는 보통주식 70주(지분율 70%)를 ₩210,000에 취득하여 지배력을 획득하였다. 취득일 현재 ㈜민국의 자본은 자본금 ₩200,000과 이익잉여금 ₩100,000이며, 자산과 부채의 장부금액과 공정가치는 일치하였다. ㈜대한은 ㈜민국의 주식을 원가법으로 회계처리하며, 연결재무제표 작성시 비지배지분은 ㈜민국의 식별가능한 순자산 공정가치에 비례하여 결정한다. 20X2년 1월 1일 ㈜대한은 ㈜민국의 보통주식 10주(지분율 10%)를 ₩40,000에 추가로 취득하였다. 20X1년과 20X2년에 ㈜민국이 보고한 당기순이익은 각각 ₩20,000과 ₩40,000이며, 동 기간에 이익처분은 없었다. ㈜대한이 작성하는 20X2년말 연결재무상태표상 비지배지분은? 2017. CPA

① ₩64,000 ② ₩66,000 ③ ₩68,000
④ ₩70,000 ⑤ ₩72,000

해설

X1년 말 비지배지분: (300,000 + 20,000) × 30% = 96,000
추가 취득으로 인한 비지배지분 증감: 96,000/30% × (20% − 30%) = (−)32,000 감소
X2년 비지배 NI: 40,000 × 20% = 8,000
X2년 말 비지배지분: 96,000 − 32,000 + 8,000 = **72,000**

|X2년도 연결조정분개|

비지배지분	32,000	종속기업투자	40,000
자본요소	8,000		
이익잉여금	8,000	비지배지분	8,000

답 ⑤

2. 종속기업 유상증자

종속기업이 유상증자한 경우 회계처리는 다음과 같다.

구분	차변	금액	대변	금액
지배기업 F/S	종속기업투자	지배기업 증자액	현금	지배기업 증자액
+				
종속기업 F/S	현금	전체 증자액	자본금 + 주발초	전체 증자액
‖				
합산 F/S	종속기업투자 현금	지배기업 증자액 비지배지분 증자액	자본금 + 주발초	전체 증자액
+				
연결조정분개	자본금 + 주발초	전체 증자액	종속기업투자 비지배지분	지배기업 증자액 증가액
	자본 XXX			
⇓				
연결 F/S	현금	비지배지분 증자액	비지배지분	증가액
	자본 XXX			

① 합산재무제표

종속기업이 유상증자를 한 경우 종속기업은 증자액만큼 현금이 유입되면서 자본금과 주발초가 증가한다. 지배기업은 종속기업이 추가로 발행한 주식을 전부 취득할 수도 있지만, 일부만 취득할 수도 있다. 지배기업은 지배기업이 인수한 증자액만큼 현금을 지급하고 종속기업 주식을 취득한다. 이를 합치면 자본금과 주발초는 전체 증자액만큼 증가하는데, 종속기업투자는 지배기업 증자액만큼 증가하고, 현금은 서로 상계되어 비지배지분이 인수한 증자액만큼 증가한다.

② 연결재무제표

㉠ 현금 유입 및 비지배지분 증가

지배기업이 종속기업에 증자한 금액은 내부거래에 해당하므로, 연결 관점에서 이 거래를 보면 비지배지분이 종속기업에 현금을 증자하여 비지배지분을 증가시킨 것이다. 따라서 비지배지분이 지급한 현금이 연결실체로 유입되고, 비지배지분이 증가한다. 이때, 비지배지분 증감은 다음과 같이 계산한다.

> 비지배지분 증감액 = 자본거래 후 비지배지분 − 자본거래 전 비지배지분
> = (자본거래 전 종속기업 순자산 FV + 전체 증자액) × 자본거래 후 비지배지분율
> − 자본거래 전 종속기업 순자산 FV × 자본거래 전 비지배지분율

비지배지분은 일반적으로 종속기업의 순자산 공정가치에 비례하여 계산한다. 종속기업이 증자를 하면 종속기업의 순자산 공정가치가 증가하므로, 자본거래 후 종속기업의 순자산 공정가치를 이용하여 비지배지분을 계산해야 한다.
자본거래 후 종속기업의 순자산 공정가치는 자본거래(유상증자) 전 종속기업의 순자산 공정가치에 전체 증가액을 더한 금액이며, 여기에 자본거래 후 비지배지분율을 곱하면 자본거래 후 비지배지분이 계산된다.
자본거래 전 비지배지분은 자본거래 전 종속기업의 순자산 공정가치에 비지배지분율을 곱한 금액이다. 자본거래 후 비지배지분에서 자본거래 전 비지배지분을 차감하면 비지배지분 증감액을 계산할 수 있다. 유상증자를 하였으므로 종속기업의 순자산 공정가치가 증가하여, 비지배지분도 증가할 것이다.

ⓛ 대차차액은 자본으로 계상
비지배지분의 증자액 및 비지배지분의 증가액 사이의 차이는 자본으로 계상한다. 연결실체 관점에서는 주주(비지배지분)로부터 현금을 수령한 것이므로 자본거래에 해당하기 때문이다.

③ 연결조정분개
합산재무제표 상에는 자본금과 주발초가 증가하였는데, 연결재무제표 상에는 비지배지분만 증가해야 하므로, 자본금과 주발초를 제거한다. 이 중 지배기업 증자액만큼은 종속기업투자와 상계하고, 비지배지분 증자액만큼은 비지배지분 증가액과 상계한 뒤 대차차액을 자본으로 계상하면 연결재무제표와 같은 회계처리가 된다.

3. 자기주식 취득

종속기업이 '비지배지분이 보유하는' 종속기업 주식을 취득하는 경우 회계처리는 다음과 같다. 참고로, '지배기업이 보유하는' 종속기업 주식을 취득하는 경우에는 내부거래로 제거되므로 본서에서는 다루지 않는다.

구분	차변		대변	
지배기업 F/S	– 회계처리 없음 –			
+				
종속기업 F/S	자기주식	자기주식 취득액	현금	자기주식 취득액
‖				
합산 F/S	자기주식	자기주식 취득액	현금	자기주식 취득액
+				
연결조정분개	**비지배지분**	**감소액**	**자기주식**	**자기주식 취득액**
	자본 XXX			
⇓				
연결 F/S	비지배지분	감소액	현금	자기주식 취득액
	자본 XXX			

① 합산재무제표

종속기업이 비지배지분으로부터 자기주식을 취득한 경우 자기주식 취득액만큼 현금을 지급하면서 자기주식을 계상한다. 종속기업과 비지배지분 사이의 거래이므로 지배기업은 회계처리가 없다.

② 연결재무제표

㉠ 현금 유출 및 비지배지분 감소

연결 관점에서 이 거래를 보면 종속기업이 비지배지분에 현금을 지급하고 비지배지분을 감소시킨 것이다. 이때, 비지배지분 증감은 다음과 같이 계산한다. 계산 원리는 종속기업이 유상증자를 한 경우와 같다.

> 비지배지분 증감액 = 자본거래 후 비지배지분 – 자본거래 전 비지배지분
> = (자본거래 전 종속기업 순자산 FV – 자기주식 취득액) × 자본거래 후 비지배지분율
> – 자본거래 전 종속기업 순자산 FV × 자본거래 전 비지배지분율

㉡ 대차차액은 자본으로 계상

자기주식 취득액과 비지배지분의 감소액 사이의 차이는 자본으로 계상한다. 연결실체 관점에서는 주주(비지배지분)에게 현금을 지급한 것이므로 자본거래에 해당하기 때문이다.

③ 연결조정분개

합산재무제표 상에는 자기주식이 계상되는데, 연결재무제표 상에는 비지배지분이 감소해야 하므로, 자기주식과 비지배지분을 상계한 뒤 대차차액을 자본으로 계상하면 연결재무제표와 같은 회계처리가 된다.

종속기업투자주식의 취득 vs 종속기업의 자본거래

종속기업투자주식의 취득은 지배기업과 비지배지분 사이의 거래로서 종속기업의 주주가 바뀔 뿐, 종속기업의 순자산은 변동이 없다. 따라서 거래 전 비지배지분의 지분율 변동만 반영하면 거래 후 비지배지분을 계산할 수 있다. 반면, 종속기업의 자본거래는 종속기업에 현금 유출입이 발생하므로 종속기업의 순자산이 변동한다. 따라서 종속기업의 자본거래 시에는 자본거래 후 종속기업의 순자산에 (1 − R)을 곱해야 비지배지분을 계산할 수 있다.

예 제

02 ㈜지배는 20X1년 초 ㈜종속의 의결권 있는 보통주 800주(총 발행주식의 80%)를 취득하여 지배력을 획득하였다. 지배력획득일 현재 ㈜종속의 순자산 장부금액은 ₩250,000이며, 순자산 공정가치와 장부금액은 동일하다. ㈜종속의 20X1년과 20X2년의 당기순이익은 각각 ₩100,000과 ₩150,000이다. ㈜종속은 20X2년 1월 1일에 200주를 유상증자(주당 발행가액 ₩1,000, 주당 액면가액 ₩500)하였으며, 이 중 100주를 ㈜지배가 인수하였다. ㈜지배는 별도재무제표상 ㈜종속 주식을 원가법으로 회계처리하고 있으며, 비지배지분은 종속기업의 식별가능한 순자산공정가치에 비례하여 결정한다. 20X2년 말 ㈜지배의 연결재무상태표에 표시되는 비지배지분은 얼마인가? 2020. CPA

① ₩100,000　② ₩112,500　③ ₩125,000
④ ₩140,000　⑤ ₩175,000

해설

X1년 말 비지배지분: (250,000 + 100,000) × 20% = 70,000
유상증자 후 비지배지분의 지분율: (200 + 100)/(1,000 + 200) = 25%
— 유상증자 전 총 발행주식 수는 1,000주였는데, 200주를 발행하였다. 유상증자를 하는 200주 중 100주를 ㈜지배가 인수하였으므로 나머지 100주는 비지배지분이 인수한다.

유상증자 후 X2년 초 비지배지분: (350,000 + 200주 × @1,000) × 25% = 137,500
X2년 비지배 NI: 150,000 × 25% = 37,500
X2년 말 비지배지분: 137,500 + 37,500 = **175,000**

|X2년도 연결조정분개|

자본금	100,000	종속기업투자	100,000
주식발행초과금	100,000	비지배지분	67,500
		자본요소	32,500
이익잉여금	37,500	비지배지분	37,500

유상증자 시 비지배지분 증가액: 550,000 × 25% − 350,000 × 20% = 67,500

 ⑤

03 ㈜지배는 20X1년 초 ㈜종속의 의결권 있는 보통주 600주(총 발행주식의 60%)를 취득하여 지배력을 획득하였다. 지배력획득일 현재 ㈜종속의 순자산 장부금액은 ₩250,000이며, 순자산 공정가치와 장부금액은 동일하다. ㈜종속의 20X1년과 20X2년의 당기순이익은 각각 ₩100,000과 ₩150,000이다. ㈜종속은 20X2년 1월 1일에 비지배주주로부터 자기주식 200주를 주당 ₩1,000에 취득하였다. ㈜지배는 별도재무제표상 ㈜종속 주식을 원가법으로 회계처리하고 있으며, 비지배지분은 종속기업의 식별가능한 순자산공정가치에 비례하여 결정한다. 20X2년 말 ㈜지배의 연결재무상태표에 표시되는 비지배지분은 얼마인가? 2020. CPA 수정

① ₩75,000 ② ₩100,000 ③ ₩125,000
④ ₩150,000 ⑤ ₩175,000

해설

X1년 말 비지배지분: (250,000 + 100,000) × 40% = 140,000
자기주식 취득 후 비지배지분의 지분율: (400 − 200)/(1,000 − 200) = 25%
− 자기주식 취득 전 총 발행주식 수는 1,000주였는데, 200주의 자기주식을 취득하였다. 따라서 비지배지분은 800주 중 200주에 해당하는 지분율을 보유한다.

자기주식 취득 후 X2년 초 비지배지분: (350,000 − 200주 × @1,000) × 25% = 37,500
X2년 비지배 NI: 150,000 × 25% = 37,500
X2년 말 비지배지분: 37,500 + 37,500 = **75,000**

|X2년도 연결조정분개|

차변	금액	대변	금액
비지배지분	102,500	자기주식	200,000
자본요소	97,500		
이익잉여금	37,500	비지배지분	37,500

자기주식 취득 시 비지배지분 감소액: 150,000 × 25% − 350,000 × 40% = (−)102,500

답 ①

6 연결 말문제

1. 연결 규정

(1) 연결의 시작과 중지

피투자자와의 연결은 투자자가 피투자자에 대한 지배력을 획득하는 날부터 시작되어 투자자가 피투자자에 대한 지배력을 상실할 때에 중지된다.

(2) 보고기간 종료일은 같음

연결재무제표를 작성할 때 사용하는 지배기업과 종속기업의 재무제표는 보고기간 종료일이 같다. 지배기업의 보고기간 종료일과 종속기업의 보고기간 종료일이 다른 경우에 종속기업은 지배기업과 동일한 보고기간 종료일의 재무제표를 추가로 작성한다. 다만 실무적으로 적용할 수 없는 경우에는 작성하지 않는다.

(3) 재무제표일의 차이는 3개월 초과 X

종속기업이 실무적으로 적용할 수 없다면, 지배기업은 종속기업의 가장 최근 재무제표를 사용하여 종속기업의 재무정보를 연결한다. 어떠한 경우라도 종속기업의 재무제표일과 연결재무제표일의 차이는 3개월을 초과해서는 안 된다. 보고기간의 길이와 재무제표일의 차이는 기간마다 같아야 한다.

(4) 동일한 회계정책 적용

지배기업과 종속기업은 원칙적으로 동일한 회계정책을 적용해야 한다. 지배기업은 비슷한 상황에서 발생한 거래에 동일한 회계정책을 적용하여 연결재무제표를 작성한다.

(5) 잠재적의결권

연결재무제표를 작성할 때 잠재적 의결권이나 잠재적 의결권을 포함하는 그 밖의 파생상품이 있는 경우에 당기순손익과 자본변동을 지배기업지분과 비지배기업지분에 배분하는 비율은 현재의 소유지분에만 기초하여 결정하고 잠재적 의결권과 그 밖의 파생상품의 행사 가능성이나 전환 가능성은 반영하지 아니한다.

지배 NI 및 비지배 NI, 비지배지분의 증감 등을 계산할 때에는 현재의 지분율만 고려하지, 잠재적 의결권은 고려하지 않는다는 뜻이다. 참고로, 지배력을 평가할 때는 잠재적 의결권을 고려한다.

2. 연결재무제표 작성면제 조건

(1) 다음 조건 '모두' 만족 시 (=지분법 면제조건)

지배기업은 연결재무제표를 표시한다. 다만, 다음의 조건을 모두 충족하는 지배기업은 연결재무제표를 표시하지 아니할 수 있다.

① 내가 지배기업인데 a) 내 완전 모회사가 있거나, b)'완전' 모회사는 아니더라도 모회사 이외의 주주들에게 알리고 반대하지 않은 경우
② 내 상위 지배기업이 연결한 경우
③ 상장과 관계가 없는 경우

(2) 투자기업이 지배기업인 경우

투자기업이란 투자만을 전문으로 하는 회사를 의미한다. 투자기업이 다른 회사의 지배력을 갖는 경우 투자기업은 연결재무제표를 작성하지 않는다. 투자기업은 투자지분의 공정가치가 매우 중요하므로, 종속기업을 연결하여 종속기업의 자산, 부채를 표시하는 대신, 투자지분을 공정가치로 측정한다.

3. 개별재무제표와 별도재무제표

주식의 계정과목	기준	F/S(재무제표)	주식의 평가	별도 F/S에
FVPL or FVOCI 선택	–	개별 F/S	FV	포함
관계기업투자	유의적인 영향력	지분법 적용 F/S	지분법	포함
종속기업투자	지배력	연결 F/S	주식이 없음	불포함
		별도 F/S	원가	포함

(1) 개별재무제표

개별재무제표란 종속기업, 공동기업 및 관계기업에 대한 투자를 소유하지 않는 기업의 재무제표를 의미한다. 피투자자에 대해 유의적인 영향력이나 지배력을 보유하지 않기 때문에 주식을 FVPL 금융자산이나 FVOCI 선택 금융자산으로 분류하여 공정가치로 평가한다.

(2) 지분법 적용 재무제표

투자자가 피투자자에 대하여 유의적인 영향력을 보유하는 경우 피투자자를 관계기업이라고 하며, 투자자가 보유하는 피투자자의 주식을 관계기업투자라고 한다. 관계기업투자를 보유하는 경우 지분법 적용 재무제표를 작성한다. 지분법은 다음 장에서 다룰 것이다.

(3) 연결재무제표

투자자가 피투자자에 대하여 지배력을 보유하는 경우 피투자자를 종속기업이라고 하며, 투자자가 보유하는 피투자자의 주식을 종속기업투자라고 한다. 종속기업투자를 보유하는 경우 연결재무제표를 작성한다. 연결조정분개를 통해 종속기업투자가 제거되므로 연결재무제표 상에는 종속기업투자가 표시되지 않는다.

(4) 별도재무제표

① 좁은 의미의 별도재무제표

: 별도 F/S + 종속기업 F/S = 합산 F/S, 합산 F/S + 연결조정분개 = 연결 F/S

종속기업투자를 보유하는 경우 연결재무제표를 작성해야 한다. 이때 연결재무제표를 작성하기 전에 작성한 지배기업만의 재무제표를 별도재무제표라고 한다. 별도재무제표에서는 종속기업투자를 원가로 평가한다. 별도재무제표에 종속기업 재무제표를 합산하여 합산재무제표를 작성한 뒤, 연결조정분개를 반영하여 연결재무제표를 작성한다.

'개별'재무제표와 '별도'재무제표의 표현이 헷갈릴 수 있는데, 각 용어가 어떻게 다른지 잘 구분하자. 개별재무제표는 일반적인 금융자산을 보유할 때 작성하는 재무제표를, 별도재무제표는 종속기업투자를 보유할 때 작성하는 지배기업만의 재무제표를 의미한다.

② 넓은 의미의 별도재무제표 (기준서 상 별도재무제표)

: 좁은 의미의 별도재무제표 + 개별재무제표 + 지분법 적용 재무제표

기준서에 따르면 별도재무제표란, 기업이 종속기업, 공동기업 및 관계기업에 대한 투자를 ①원가법, ②일반적인 금융상품에 따른 방법, ③지분법 중 하나를 적용하여 표시한 재무제표를 의미한다. ①종속기업을 원가법으로 표시한 재무제표가 좁은 의미의 별도재무제표를 의미한다. 문제는 기준서의 문장으로 출제되므로, 별도재무제표의 정의는 넓은 의미로 기억해두자.

4. 연결현금흐름표 중요!

연결현금흐름표는 중급회계에서 설명한 현금흐름표와 같은 방식으로 작성하면 된다. 단, 다음 거래들은 활동 구분을 주의하자.

지배력의 획득 또는 상실에 따른 현금흐름	투자활동
지배력을 상실하지 않는 지배기업의 소유지분 변동	재무활동 (∵자본거래)

원칙적으로 타 회사 지분의 취득과 처분은 투자활동으로 분류한다. 따라서 지배력을 획득 또는 상실하는 지분 취득 및 처분도 투자활동으로 분류한다.
반면, 자기주식의 취득과 처분은 주주와의 거래이므로 자본거래이며, 재무활동으로 분류한다. 지배력을 획득하면 지배기업과 종속기업은 실질적으로 하나의 회사가 된다. 따라서 지배력을 상실하지 않는 범위 내에서 종속기업의 지분 취득 및 처분은 자본거래로 보아 재무활동으로 분류한다.

5. 누적적우선주

종속기업이 자본으로 분류하는 누적적우선주를 발행하고 이를 비지배지분이 소유하는 경우 보고기업은 '배당결의에 관계없이'(not 배당결의에 따라) 이러한 주식의 배당금을 조정한 후 당기순이익에 대한 자신의 지분을 산정한다.
종속기업이 배당금을 지급하는 경우 연결이익잉여금이나 비지배지분에서 차감한다. 이때 누적적우선주를 비지배지분이 소유하는 경우 실제로 배당을 지급하지 않더라도 1년치 배당금을 비지배지분에서 차감하라는 뜻이다. 이는 주당순이익 계산 시 누적적 우선주는 배당결의와 무관하게 당기 배당금만 차감하는 것과 같은 원리이다.

예제

01 기업회계기준서 제1110호 '연결재무제표'에 관한 다음 설명 중 옳은 것은? 2021. CPA

① 투자자가 피투자자 의결권의 과반수를 보유하는 경우 예외 없이 피투자자를 지배하는 것으로 본다.

② 지배기업과 종속기업의 보고기간 종료일이 다른 경우 실무적으로 적용할 수 없지 않다면 종속기업은 연결재무제표 작성을 위해 지배기업의 보고기간 종료일을 기준으로 재무제표를 추가로 작성해야 한다.

③ 투자자가 시세차익, 투자이익이나 둘 다를 위해서만 자금을 투자하는 기업회계기준서 제1110호 상의 투자기업으로 분류되더라도 지배력을 가지는 종속회사에 대해서는 연결재무제표를 작성해야 한다.

④ 투자자는 권리 보유자의 이익을 보호하기 위해 설계된 방어권으로도 피투자자에 대한 힘을 가질 수 있다.

⑤ 연결재무제표에 추가로 작성하는 별도재무제표에서 종속기업과 관계기업에 대한 투자지분은 지분법으로 표시할 수 없다.

해설

① 투자자가 피투자자 의결권의 과반수를 보유하더라도 피투자자를 지배하지 못할 수 있다. (X)
③ 투자자가 투자기업으로 분류된다면 연결재무제표를 작성하지 않는다. (X)
④ 방어권만 갖는 경우 힘을 가질 수 없다. (X)
⑤ 별도재무제표에서 **관계기업에 대한 투자지분은 지분법으로 표시할 수 있다.** (X)

답 ②

6. 실체이론 vs 지배기업이론 중요!

	(연결)실체이론	지배기업이론
주주의 범위	**지배주주 + 비지배주주**	지배주주
비지배지분	**자본**	부채
부(-)의 비지배지분	가능 →음수여도 총포괄손익을 비지배지분에 배분	불가
연결 NI	**비지배 NI 포함**	비지배 NI 제외
영업권	**비지배지분의 영업권 포함**	**비지배지분의 영업권 제외**

(1) 실체이론 vs 지배기업이론

종속기업의 주식은 지배기업과 비지배지분이 보유한다. 실체이론과 지배기업이론은 주주의 범위에 대한 이론으로, 지배기업을 '지배주주'로, 비지배지분을 '비지배주주'로 부른다.
실체이론은 비지배주주까지 주주로 보는 반면, 지배기업이론은 지배주주만 주주로 본다.

(2) 비지배지분

실체이론은 비지배주주도 주주로 보므로 비지배지분을 자본으로 처리한다. 반면, 지배기업이론은 비지배주주를 주주로 보지 않기 때문에 비지배지분을 부채로 처리한다.
자본은 부채와 달리 음수가 될 수 있으므로 실체이론에 따르면 비지배지분이 음수가 될 수 있다. 따라서 비지배지분이 부(-)의 잔액이 되더라도 총포괄손익을 비지배지분에 계속해서 배분한다.

(3) 연결당기순이익

지금까지 배운 내용에 따르면, '연결 NI = 지배 NI + 비지배 NI'이다. 이는 실체이론에 따른 것으로, 연결 NI에 비지배 NI를 포함한다.

(4) 영업권: 지배기업이론을 적용하는 예외

대부분의 문제에서는 '비지배지분은 종속기업의 식별가능한 순자산 공정가치에 비례하여 결정' 한다. 따라서 일반적으로 영업권은 다음과 같이 계산한다. 이는 엄밀히 말하면 지배기업지분의 영업권이며, 지배기업이론에 따른 계산방법이다.

(지배기업지분) 영업권 = 이전대가 − 종속기업의 순자산 FV × 지배기업의 지분율

앞에서 배웠듯, 문제에서 '비지배지분은 취득일의 공정가치로 측정'한다면 비지배지분에도 영업권이 존재한다. 이는 실체이론에 따른 계산방법이다.

(5) IFRS: 영업권 빼고 다 실체이론 적용

지금까지 배운 계산방법은 모두 IFRS에 따른 계산방법이다. IFRS에 따르면 영업권 계산 시에만 예외적으로 실체이론 또는 지배기업이론을 적용할 수 있고, 나머지는 전부 실체이론만을 적용한다.

예제

02 연결재무제표의 주체를 보는 관점에 따라 다양한 연결이론이 있으며, 연결과정에서 각각의 연결이론에 바탕을 둔 회계처리가 가능하다. 다음 중 실체(연결실체 또는 기업실체)이론이 주장하는 내용과 가장 차이가 있는 것은? 2010. CPA

① 주주의 지위에 있어서 비지배주주는 지배기업과 종속기업으로 구성되는 연결실체의 주주로서 지배주주와 동등한 지위를 갖는 것으로 본다.

② 연결재무제표 작성에 있어서 영업권 또는 염가매수차익은 지배력획득일의 지배기업의 투자액과 종속기업의 식별가능한 순자산공정가치 중 지배지분에 속하는 금액과의 차이로 계산된다.

③ 연결대상 기업들 사이의 거래는 모두 연결실체 내의 거래로 보고, 하향판매와 상향판매에 관계없이 모든 내부거래에서 발생한 미실현손익은 전액 제거되어야 한다.

④ 연결재무제표는 연결대상이 되는 기업들로 구성된 경제적 단일실체에 대한 정보제공이 주요 목적이므로, 종속기업의 당기순손익 중 비지배주주에 귀속되는 부분도 모두 연결당기순손익에 포함된다.

⑤ 종속기업의 손실 등으로 비지배지분이 '0' 미만이 될 경우에는 연결재무제표 상에 부(-)의 비지배지분이 표시된다.

해설

영업권을 '이전대가 – 종속기업 순자산 공정가치 × 지분율'로 계산하는 것은 지배기업이론에 따른 계산방법이다.

답 ②

03 연결재무제표에 관한 설명으로 옳지 않은 것은? 2018. CTA

① 투자기업의 지배기업은 자신이 투자기업이 아닐 경우에는, 종속기업인 투자기업을 통해 지배하는 기업을 포함하여 지배하는 모든 종속기업을 공정가치로 측정하여 당기손익에 반영한다.

② 지배기업은 비슷한 상황에서 발생한 거래와 그 밖의 사건에 동일한 회계정책을 적용하여 연결재무제표를 작성한다.

③ 지배기업은 비지배지분을 연결재무상태표에서 자본에 포함하되 지배기업의 소유주지분과는 구분하여 별도로 표시한다.

④ 지배기업이 소유한 종속기업 지분이 변동되더라도 지배기업이 종속기업에 대한 지배력을 상실하지 않는다면, 그것은 자본거래이다.

⑤ 피투자자와의 연결은 투자자가 피투자자에 대한 지배력을 획득하는 날부터 시작되어 투자자가 피투자자에 대한 지배력을 상실할 때에 중지된다.

해설

지배기업이 투자기업인 경우 종속기업에 대한 주식을 공정가치로 평가한다. 지배기업은 '자신이 투자기업이 아닐 경우에는'이라고 서술하고 있으므로 틀린 문장이다.

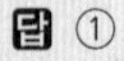

답 ①

Memo

advanced accounting

C·H·A·P·T·E·R

06

지분법

[1] 지분법 회계처리

[2] 지분법손익, 관계기업투자주식 장부금액 ★중요!

[3] 지분법초과손실 심화

[4] 지분법의 중단

[5] 연결의 중단

[6] 지분법 말문제1

CHAPTER 06 지분법

투자자가 피투자자의 지분을 취득하였으나 지배력을 취득하지 못한 대신 유의적인 영향력을 행사할 수 있다면 피투자자를 관계기업이라 한다. 지분법이란 관계기업에 대한 투자주식을 평가하는 방법을 의미한다.

1 지분법 회계처리

지분법 회계처리는 사례를 이용하여 설명한다.

사례

㈜대한은 20X1년초에 ㈜소한의 의결권 있는 주식 25%를 ₩1,000,000에 취득하였다. 취득 당시 ㈜소한의 자산과 부채의 공정가치는 각각 ₩15,000,000, ₩12,000,000이다. ㈜소한은 20X1년 3월 1일에 ₩200,000의 현금배당을 지급하였으며, 20X1년 당기순이익으로 ₩600,000을, 기타포괄이익으로 ₩100,000을 보고하였다.

1. 취득 시: 영업권 인식 X

투자자가 보유하는 관계기업의 주식을 '관계기업투자' 또는 '관계기업투자주식'으로 계상한다. 본서에서는 줄여서 '관투'라고 부를 것이다. **관계기업투자 취득 시에는 취득원가로 기록한다. 영업권 상당액은 관계기업투자와 별도의 계정으로 인식하는 것이 아니라, 관계기업투자 장부금액에 포함된다.**

(차) 관계기업투자	1,000,000	(대) 현금	1,000,000

사례의 경우 영업권 상당액은 '1,000,000 − (15,000,000 − 12,000,000) × 25% = 250,000'으로 계산된다. 하지만 이를 별도로 분리하여 인식하는 것이 아니라, 관계기업투자의 장부금액에 포함시킨다.

2. 배당: 지분율 곱해야 함!

(1) 관계기업투자주식 장부금액에서 차감

관계기업으로부터 수령한 배당은 배당금수익(PL)으로 인식하는 것이 아니라, 관계기업투자주식 장부금액에서 차감한다. 관계기업투자주식 장부금액을 관계기업의 순자산 공정가치와 비례하게 계상하기 위함이다. 관계기업이 배당을 지급하면 관계기업의 자산이 유출되어 순자산이 감소하므로, 관투도 줄여주는 것이다. 이 논리는 연결에서 종속기업이 배당을 지급하는 경우 비지배지분에서 배당액을 차감하는 것에도 동일하게 적용된다.

(2) 관계기업투자주식 차감액=배당 총액×R

연결에서 언급했듯, 문제에서 제시하는 배당금은 배당 '총액'이다. 따라서 배당 총액에 지분율을 곱한 만큼 관투 장부금액에서 차감해야 한다. 예제에서 배당금 지급액을 ₩200,000으로 제시했지만, 관계기업투자는 50,000 (= 200,000 × 25%) 만큼 감소한다. 이처럼 문제에서 제시한 배당액은 전체 배당액을 의미한다. 투자자의 회계처리를 하기 위해서는 반드시 배당액에 투자자의 지분율을 곱해야 한다.

(차) 현금	50,000	(대) 관계기업투자	50,000

3. 지분법이익 및 지분법자본변동

지분법이익 = 당기순이익 × 지분율
지분법자본변동 = 기타포괄손익 × 지분율

앞서 설명한 바와 같이, 관계기업투자는 관계기업의 순자산과 비례한다. 따라서 관계기업의 순자산이 변동하는 경우 이를 관계기업투자에 반영해주어야 한다. 관계기업의 순자산은 당기순이익과 기타포괄손익으로 인해 변동하므로 손익에 지분율을 곱해 관계기업투자의 장부금액을 조정한다. 당기순이익에 지분율을 곱한 이익을 지분법이익, 기타포괄손익에 지분율을 곱한 이익을 지분법자본변동이라고 부른다.

(차) 관계기업투자	150,000	(대) 지분법이익	150,000
(차) 관계기업투자	25,000	(대) 지분법자본변동	25,000

사례의 경우 지분법이익은 150,000 (= 600,000 × 25%), 지분법자본변동은 25,000 (= 100,000 × 25%)으로 계산된다. 지분법이익과 지분법자본변동만큼 관계기업투자 금액도 변화한다.

예제

01 ㈜한국은 2016년 4월 1일에 ㈜대한의 의결권 있는 주식 25%를 ₩1,000,000에 취득하였다. 취득 당시 ㈜대한의 자산과 부채의 공정가치는 각각 ₩15,000,000, ₩12,000,000이다. ㈜대한은 2016년 당기순이익으로 ₩600,000을 보고하였으며 2017년 3월 1일에 ₩200,000의 현금배당을 지급하였다. 2017년 9월 1일에 ㈜한국은 ㈜대한의 주식 전부를 ₩930,000에 처분하였다. 위의 관계기업투자에 대한 설명으로 옳은 것은? 2018. 지방직 9급

① ㈜대한의 순자산 공정가치는 ₩3,000,000이므로 ㈜한국은 ㈜대한의 주식 취득 시 ₩250,000의 영업권을 별도로 기록한다.

② ㈜대한의 2016년 당기순이익은 ㈜한국의 관계기업투자 장부금액을 ₩150,000만큼 증가시킨다.

③ ㈜대한의 현금배당은 ㈜한국의 당기순이익을 ₩50,000만큼 증가시킨다.

④ ㈜한국의 관계기업투자 처분손실은 ₩70,000이다.

해설

① 관계기업투자는 영업권을 별도로 계상하지 않고 관계기업투자에 포함시킨다. (X)

참고 영업권 상당액: 1,000,000 − (15,000,000 − 12,000,000) × 25% = 250,000 (금액은 일치함)

② 지분법이익: 600,000 × 25% = 150,000 (O)

③ 관계기업의 현금배당은 당기순이익을 증가시키는 것이 아니라 관계기업투자의 장부금액을 감소시킨다. (X)

④ 관계기업투자 처분손실 = 930,000 − 1,100,000 = (−)170,000 (X)

− 장부금액이 1,100,000인 관계기업투자를 930,000에 처분하였으므로 처분손실은 170,000이다.

|회계처리|

16.4.1	관계기업투자	1,000,000	현금	1,000,000
16.12.31	관계기업투자	150,000	지분법이익	150,000
17.3.1	현금	50,000	관계기업투자	50,000
17.9.1	현금	930,000	관계기업투자	1,100,000
	처분손실	170,000		

답 ②

2 지분법손익, 관계기업투자주식 장부금액 중요!

지분법 문제에서 가장 많이 물어보는 것이 지분법손익과 관계기업투자주식의 장부금액이다. 연결과 지분법의 문제풀이 과정을 요약한 것이다. 지분법의 문제 풀이 방법은 연결과 굉장히 비슷하다. 차이가 나는 점을 위주로 기억하자.

연결	지분법
Step 1. FV − BV 차이 Step 2. 영업권 Step 3. 내부거래 제거 Step 4. 연결당기순이익 Step 5. 비지배지분	Step 1. FV − BV 차이 Step 2. 영업권 상당액 Step 3. 내부거래 제거 Step 4. 지분법이익 Step 5. 관계기업투자주식 장부금액

FV-BV 차이

	FV-BV	X1	X2
재고자산	A	(A × 판매율)	(A × 판매율)
유형자산	B	(B × 상각률)	처분 시: (남은 금액)
계	A + B	XXX	XXX

관계기업의 순자산의 공정가치가 장부금액과 차이가 나는 경우, 연결에서 배운 것과 같은 방식으로 공정가치 차액을 상각해주면 된다.

STEP 2 영업권 상당액=취득원가-(관계기업 순자산 공정가치)×R

: 양수이면 무시, 음수이면 염가매수차익

지분법에서는 연결과 달리 영업권을 별도 자산으로 계상하는 것이 아니라, 관계기업투자주식의 장부금액에 포함시킨다. 하지만 영업권 상당액이 음수인 경우 염가매수차익이 되는데, 이를 지분법이익으로 처리한다. 따라서 위 식대로 구한 영업권 상당액이 양수인 경우 무시하면 되고, 음수인 경우 염가매수차익을 지분법이익 계산 시 반영해주어야 한다.
가령, 순자산 공정가치 1,000,000인 관계기업의 주식 30%를 400,000과 200,000에 취득하는 경우 회계처리는 각각 다음과 같다.

(1) 400,000에 취득 시 (영업권 상당액 = 400,000 − 1,000,000 × 30% = 100,000)

(차) 관계기업투자주식	400,000	(대) 현금	400,000

(2) 200,000에 취득 시 (영업권 상당액 = 200,000 − 1,000,000 × 30% = (−)100,000, 염가매수차익)

(차)	관계기업투자주식	300,000	(대)	현금	200,000
				지분법이익	100,000

지분법이익은 관계기업투자주식의 장부금액에 반영되므로 영업권 상당액이 음수라면 관계기업투자주식의 취득원가가 취득 시 지급한 금액과 다르다.

STEP 3 내부거래 제거

	X1	X2
재고	(매출총이익) 매출총이익 × 판매율	매출총이익 × 판매율
유형	(처분손익) 처분손익 × 상각률	처분손익 × 상각률

내부거래 제거도 공정가치 차액 상각과 마찬가지로, 연결에서 배운 것과 같은 방식으로 미실현손익을 상각해주면 된다. 후술할 것이지만, 지분법에서는 내부거래가 상향인지, 하향인지 구분할 필요가 없다.

STEP 4 지분법이익

	X1
조정 전 내부거래 FV 차이	NI 상향 & 하향 (FV)
조정 후	A
투자(R) + 염가매수차익	A × R 염가매수차익
지분법이익	A × R + 차익

1. 조정 전 NI

문제에 제시한 관계기업의 당기순이익을 적자.

2. 내부거래

'Step 3. 내부거래 제거'에서 계산한 상향, 하향거래의 손익을 전부 더하면 된다. 이때, **상향과 하향 손익을 전부 반영해야** 함을 유의하자. 연결에서 연결 NI 계산 시 상향, 하향 손익을 모두 반영하였으므로, 지분법에서도 모두 반영해야 한다. 연결에서는 지배기업의 NI와 종속기업의 NI에 각각 하나씩 반영하였지만 지분법에서는 관계기업의 NI밖에 없으므로 관계기업의 NI에 둘 다 반영한다.

3. FV 차이

연결과 같은 방식으로, Step 1에서 구한 FV − BV 차이에서 X1 아래에 있는 금액들을 전부 더한 뒤 관계기업의 당기순이익에 반영하면 된다.

4. 조정 후 NI

조정 전 NI에 내부거래, FV 차이까지 반영하여 조정 후 NI를 구한 뒤, 투자기업의 지분율을 곱한다.

5, 염가매수차익

앞서 설명했듯이, **염가매수차익은 지분법이익에 반영**한다. 따라서 조정 후 NI에 투자기업의 지분율을 곱한 뒤, 염가매수차익을 더해야 지분법이익이 계산된다.

STEP 5 관계기업투자주식 장부금액

X1
취득원가 Σ지분법이익 Σ지분법자본변동 − Σ배당액 × R
관투

1. 취득원가

투자기업이 관계기업투자주식을 취득하기 위해 지급한 금액을 적는다.

2. Σ지분법이익

지분법이익은 관계기업투자주식의 장부금액에 가산한다. 지분법이익은 1년치 변동분이지만 관계기업투자주식은 잔액이므로, Step 4에서 계산한 지분법이익의 누적액을 가산한다. X1년도라면 X1년도의 지분법이익만 적으면 되지만, X2년도라면 X1년도와 X2년도의 지분법이익을 더한 뒤 적어야 한다.

3. Σ지분법자본변동=관계기업의 OCI×R

관계기업의 당기순이익 중 투자기업의 몫만큼 관투 장부금액에 가산하듯, 관계기업의 OCI도 투자기업의 몫만큼 관투 장부금액에 가산한다. 관계기업의 OCI에 지분율을 곱한 금액을 지분법자본변동이라고 부르며, 투자기업은 이를 OCI로 인식하면서 관투 장부금액에 가산한다.

4. 배당금: '배당 총액×R'만큼 관투 장부금액에서 차감

문제에서 제시하는 배당금은 배당 '총액'이다. 따라서 배당 총액에 지분율을 곱한 만큼 관투 장부금액에서 차감해야 한다.

예제 공정가치 차액이 있는 경우

01 ㈜대한은 20X1년 1월 1일에 ㈜민국의 발행주식 총수의 40%에 해당하는 100주를 총 ₩5,000에 취득하여, 유의적인 영향력을 행사하게 되어 지분법을 적용하기로 하였다. 취득일 현재 ㈜민국의 장부상 순자산가액은 ₩10,000이었고, ㈜민국의 장부상 순자산가액과 공정가치가 일치하지 않는 이유는 재고자산과 건물의 공정가치가 장부금액보다 각각 ₩2,000과 ₩400이 많았기 때문이다. 그런데 재고자산은 모두 20X1년 중에 외부에 판매되었으며, 20X1년 1월 1일 기준 건물의 잔존내용연수는 4년이고 잔존가치는 ₩0이며, 정액법으로 상각한다. ㈜민국은 20X1년도 당기순이익 ₩30,000과 기타포괄이익 ₩10,000을 보고하였으며, 주식 50주(주당 액면 ₩50)를 교부하는 주식배당과 ₩5,000의 현금배당을 결의하고 즉시 지급하였다. ㈜대한이 20X1년도 재무제표에 보고해야 할 관계기업투자주식과 지분법손익은? 2013. CTA

① 관계기업투자주식 ₩17,160 지분법이익 ₩11,160
② 관계기업투자주식 ₩17,160 지분법이익 ₩15,160
③ 관계기업투자주식 ₩18,160 지분법이익 ₩11,160
④ 관계기업투자주식 ₩18,160 지분법이익 ₩15,160
⑤ 관계기업투자주식 ₩20,160 지분법이익 ₩15,160

해설

1. FV − BV 차이

	FV-BV	X1
재고자산	2,000	(2,000)
건물	400	(100)

2. 영업권 상당액: 5,000 − (10,000 + 2,400) × 40% = 40 (염가매수차익 없음)

3. 내부거래: 없음

4. 지분법이익

X1	관계
조정 전 내부거래 FV 차이	30,000 − (2,100)
조정 후	27,900
투자(40%) + 염가매수차익	11,160 −
지분법이익	**11,160**

5. X1년말 관계기업투자주식 장부금액

X1	관계
취득원가 Σ지분법이익 Σ지분법자본변동 − Σ배당액 × R	5,000 11,160 4,000 (5,000) × 40% = (2,000)
관투	**18,160**

− 지분법자본변동: 10,000 × 40% = 4,000
− 주식배당을 지급하더라도 관계기업의 순자산에는 변동이 없으며, 지분율도 불변이므로 관계기업투자주식 장부금액에는 영향이 없다.

답 ③

02 ㈜대한은 20X1년 초에 ㈜민국의 의결권 있는 보통주 25%를 ₩50,000에 취득하고 유의적인 영향력을 행사할 수 있게 되었다.

- 취득일 현재 ㈜민국의 순자산 장부금액은 ₩150,000이며, 장부금액과 공정가치가 다른 자산·부채 내역은 다음과 같다.

계정과목	장부금액	공정가치
건물	₩100,000	₩140,000

- 위 건물은 20X1년 초 현재 잔존내용연수 20년에 잔존가치 없이 정액법으로 상각한다.
- ㈜민국은 20X1년 8월에 총 ₩10,000의 현금배당(중간배당)을 결의하고 지급하였다.
- ㈜민국은 20X1년도에 당기순이익 ₩20,000과 기타포괄손실 ₩8,000을 보고하였다.

㈜대한이 ㈜민국의 보통주를 지분법에 따라 회계처리하는 경우, 20X1년 말 재무상태표에 계상되는 관계기업투자주식의 장부금액은 얼마인가? 2024. CPA

① ₩50,000 ② ₩50,500 ③ ₩51,000
④ ₩52,000 ⑤ ₩52,500

해설

1. FV − BV

	FV-BV	X1
건물	40,000	(2,000)

2. 영업권 상당액: 50,000 − (150,000 + 40,000) × 25% = 2,500 (염가매수차익 없음)

3. 내부거래: 없음

4. 지분법이익

X1	관계
조정 전 내부거래 FV 차이	20,000 (2,000)
조정 후	18,000
투자(25%) + 염가매수차익	4,500 −
지분법이익	4,500

5. X1년말 관계기업투자주식 장부금액

X1	관계
취득원가 Σ지분법이익 Σ지분법자본변동 − Σ배당액 × R	50,000 4,500 (2,000) 10,000 × 25% = (2,500)
관투	**50,000**

지분법자본변동: (−)8,000 × 25% = (−)2,000

답 ①

예제 염가매수차익이 발생한 경우

03 ㈜대한은 20X1년초에 ㈜민국의 의결권 있는 보통주 30주(지분율 30%)를 ₩120,000에 취득하였다. 이로서 ㈜대한은 ㈜민국에 대해 유의적인 영향력을 행사할 수 있게 되었다.

- 취득일 현재 ㈜민국의 순자산장부금액은 ₩350,000이며, 자산 · 부채의 장부금액과 공정가치가 차이 나는 내역은 다음과 같다.

계정과목	장부금액	공정가치
재고자산	₩ 50,000	₩ 60,000
기계장치	100,000	150,000

- 위의 자산 중 재고자산은 20X1년중에 전액 외부에 판매되었으며, 기계장치는 20X1년초 현재 잔존내용연수 5년에 잔존가치 없이 정액법으로 상각한다.
- 20X1년에 ㈜민국이 보고한 당기순이익은 ₩50,000이며, 동 기간 중에 결의되거나 지급된 배당금은 없다.

㈜대한이 ㈜민국의 보통주를 지분법에 따라 회계처리하는 경우, 20X1년말 재무제표에 계상되는 관계기업투자주식의 장부금액은 얼마인가? 단, 법인세효과는 고려하지 않는다.

2014. CPA

① ₩120,000　② ₩129,000　③ ₩132,000
④ ₩135,000　⑤ ₩138,000

해설

1. FV − BV 차이

	FV-BV	X1
재고자산	10,000	(10,000)
기계장치	50,000	(10,000)

2. 영업권 상당액: 120,000 − (350,000 + 60,000) × 30% = (−)3,000 (염가매수차익)

3. 내부거래: 없음

4. 지분법이익

X1	관계
조정 전 내부거래 FV 차이	50,000 − (20,000)
조정 후	30,000
투자(30%) + 염가매수차익	9,000 3,000
지분법이익	**12,000**

5. X1년말 관계기업투자주식 장부금액

X1	관계
취득원가 Σ지분법이익 Σ지분법자본변동 − Σ배당액 × R	120,000 12,000 − −
관투	**132,000**

답 ③

예제 내부거래가 있는 경우

04 ㈜대한은 20X1년 초 ㈜민국의 의결권 있는 주식 20%를 ₩60,000에 취득하여 유의적인 영향력을 행사할 수 있게 되었다. ㈜민국에 대한 추가 정보는 다음과 같다.

- 20X1년 1월 1일 현재 ㈜민국의 순자산 장부금액은 ₩200,000이며, 자산과 부채는 장부금액과 공정가치가 모두 일치한다.
- ㈜대한은 20X1년 중 ㈜민국에게 원가 ₩20,000인 제품을 ₩25,000에 판매하였다. ㈜민국은 20X1년 말 현재 ㈜대한으로부터 취득한 제품 ₩25,000 중 ₩10,000을 기말재고로 보유하고 있다.
- ㈜민국의 20X1년 당기순이익은 ₩28,000이며, 기타포괄이익은 ₩5,000이다.

㈜민국에 대한 지분법적용투자주식과 관련하여 ㈜대한이 20X1년도 포괄손익계산서 상 당기손익에 반영할 지분법이익은 얼마인가? 2022. CPA

① ₩5,200 ② ₩5,700 ③ ₩6,200
④ ₩6,700 ⑤ ₩7,200

해설

1. FV − BV 차이: 없음

2. 영업권 상당액: 60,000 − 200,000 × 20% = 20,000 (염가매수차익 없음)

3. 내부거래

	X1
하향 (제품)	(5,000) 3,000

내부거래 제품 판매비율: 1 − 10,000/25,000 = 60%

4. 지분법이익

X1	관계
조정 전 내부거래 FV 차이	28,000 (2,000) −
조정 후	26,000
투자(20%) + 염가매수차익	5,200 −
지분법이익	**5,200**

참고 X1년말 관계기업투자주식 장부금액

X1	관계
취득원가 Σ지분법이익 Σ지분법자본변동 − Σ배당액 × R	60,000 5,200 1,000 −
관투	66,200

− 지분법자본변동: 5,000 × 20% = 1,000

답 ①

예제 유의적인 영향력을 취득한 다음연도의 지분법

※ 다음 자료를 이용하여 5번과 6번에 답하시오.

㈜대한은 20X1년 초에 ㈜민국의 보통주 30%를 ₩350,000에 취득하여 유의적인 영향력을 행사하고 있으며 지분법을 적용하여 회계처리한다. 20X1년 초 현재 ㈜민국의 순자산 장부금액과 공정가치는 동일하게 ₩1,200,000이다.

〈추가자료〉

• 다음은 ㈜대한과 ㈜민국 간의 20X1년 재고자산 내부거래 내역이다.

판매회사→매입회사	판매회사 매출액	판매회사 매출원가	매입회사 장부상 기말재고
㈜대한→㈜민국	₩25,000	₩20,000	₩17,500

• 20X2년 3월 31일 ㈜민국은 주주에게 현금배당금 ₩10,000을 지급하였다.
• 20X2년 중 ㈜민국은 20X1년 ㈜대한으로부터 매입한 재고자산을 외부에 모두 판매하였다.
• 다음은 ㈜민국의 20X1년도 및 20X2년도 포괄손익계산서 내용의 일부이다.

구분	20X1년	20X2년
당기순이익	₩100,000	₩(−)100,000
기타포괄이익	₩50,000	₩110,000

05 20X1년 말 현재 ㈜대한의 재무상태표에 표시되는 ㈜민국에 대한 지분법적용투자주식 기말 장부금액은 얼마인가? 2019. CPA

① ₩403,950 ② ₩400,000 ③ ₩395,000
④ ₩393,950 ⑤ ₩350,000

06 지분법 적용이 ㈜대한의 20X2년도 당기순이익에 미치는 영향은 얼마인가? 2019. CPA

① ₩18,950 감소 ② ₩28,950 감소 ③ ₩33,950 증가
④ ₩38,950 증가 ⑤ ₩38,950 감소

해설

1. FV − BV 차이: 없음

2. 영업권 상당액: 350,000 − 1,200,000 × 30% = (−)10,000 (염가매수차익)

3. 내부거래

	X1	X2
재고 (하향)	(5,000) 1,500	3,500

당기 중 25,000 매입 후 기말에 17,500이 계상되어 있으므로 기중에 30%가 팔린 것이다. 미실현이익 5,000 중 30%인 1,500을 환입한다. ㈜민국은 매입한 재고자산을 X2년 중에 모두 판매하였으므로 X2년에 미실현이익 3,500을 전부 환입한다.

4. 지분법이익

	X1	X2
조정 전 내부거래 FV 차이	100,000 (3,500) −	(100,000) 3,500 −
조정 후	96,500	(96,500)
투자(30%) + 염가매수차익	28,950 10,000	(28,950) −
지분법이익	38,950	(28,950)

X1년 지분법이익 = 38,950
X2년 지분법손실 = **(−)28,950**

5. 관계기업투자주식 장부금액

	X1	X2
취득원가 Σ지분법이익 Σ지분법자본변동 − Σ배당액 × R	350,000 38,950 15,000 −	350,000 10,000[1] 48,000[1] (3,000)
관투	403,950	405,000

[1]관투 장부금액에 지분법이익과 지분법자본변동의 누적액을 더해야 하므로, X2년에는 '38,950 − 28,950 = 10,000'과 '15,000 + 33,000 = 48,000'을 가산한다.

X1년말 관계기업투자주식 장부금액: **403,950**
X2년말 관계기업투자주식 장부금액: 405,000

답 5. ① 6. ②

3 지분법초과손실 심화

1. 지분법손실 인식 중지

> 지분법손실 = min[조정 후 당기순손실 × 지분율, 관계기업투자]

지분법손익은 관계기업투자주식의 장부금액에 가감한다. 그런데 지분법손실이 계속해서 발생한다면 관계기업투자주식의 장부금액이 0보다 작아질 수 있다. 이처럼 관계기업이나 공동기업의 손실 중 기업의 지분이 관계기업이나 공동기업에 대한 투자지분과 같거나 초과하는 경우, 기업은 관계기업 투자지분 이상의 손실에 대하여 인식을 중지한다. 즉, 음수인 관계기업투자주식을 인식하지 않겠다는 뜻이다. 자본으로 분류하는 비지배지분과 달리, 관계기업투자주식은 자산이므로 음수가 될 수 없기 때문이다. 따라서 지분법손실은 '당기순손실 × 지분율'과 관계기업투자 중 작은 금액이 된다.

2. 추가 손실을 인식하는 항목

> 지분법손실 = min[조정 후 당기순손실 × 지분율, 관계기업투자 + 추가 손실 인식 항목]

관계기업투자주식은 관계기업의 순자산에 비례하므로, 관계기업투자주식이 0이라는 것은 관계기업의 순자산이 0이라는 것을 의미한다. 그러므로 관계기업투자주식이 0일 때 투자기업이 관계기업에 대해 채권 등을 보유한다면 이를 회수할 가능성이 거의 없다. 따라서 관계기업투자주식이 0일 때 관계기업투자주식에 대해서는 손실을 인식하지 않더라도 투자기업이 관계기업에 대해 보유하는 채권 등에 대해서는 손실을 인식하며, 지분법손실은 '당기순손실 × 지분율'과 '관계기업투자 + 추가 손실 인식 항목' 중 작은 금액이 된다. 추가 손실을 인식하는 항목과 인식하지 않는 항목은 다음과 같다.

추가 손실을 인식하는 항목	추가 손실을 인식하지 않는 항목
우선주, 장기수취채권, 장기대여금	매출채권, 매입채무, 담보부대여금

지분법을 중단할 때 관계기업에 대한 투자지분에는 주식뿐만 아니라 우선주와 장기수취채권이나 장기대여금이 포함될 수 있다. 그러나 매출채권, 매입채무 또는 담보부대여금과 같이 적절한 담보가 있는 장기수취채권은 추가 손실을 인식하지 않는다. 담보부대여금은 담보가 있으므로 관계기업의 재무상태가 좋지 않더라도 회수할 수 있다고 예상하는 것이다. (왜 매출채권, 매입채무를 회수할 수 있다고 예상하는지는 궁금해하지 말자.)

3. 추후에 이익을 보고할 경우

지분법이익 = 당기순이익 × 지분율 − 인식하지 못한 지분법손실

만약 관계기업이나 공동기업이 추후에 이익을 보고할 경우 투자자는 자신의 지분에 해당하는 이익의 인식을 재개하되, 인식하지 못한 손실을 초과한 금액만을 이익으로 인식한다.
관계기업투자주식이 0인 경우 추가로 지분법손실을 인식하지는 않지만, 이후에 지분법이익을 인식할 때에는 그동안 인식하지 않은 지분법손실을 초과하는 부분만 인식하라는 뜻이다. 관계기업투자주식이 자산이어서 지분법손실을 인식하지 못한 것인데, 이를 무시하고 이후에 지분법이익을 모두 인식하면 관계기업투자주식이 관계기업의 순자산과 비례하지 않기 때문이다.

사례

20X1년 초 ㈜김수석은 ㈜이차석의 보통주 20%를 ₩200,000에 취득하여 유의적인 영향력을 행사하고 있으며 지분법을 적용하여 회계처리한다. 20X1년 초 현재 ㈜이차석의 순자산 장부금액과 공정가치는 동일하게 ₩1,000,000이다. ㈜이차석의 20X1년 당기순손실은 ₩1,500,000이며, 20X2년 당기순이익은 ₩1,000,000일 때, 다음 각 물음에 답하시오. 각 물음은 독립적이다.

물음 1. 20X2년에 ㈜김수석이 인식할 지분법이익은 얼마인가?

물음 2. 20X2년에 ㈜김수석이 인식할 지분법이익은 얼마인가? 단, 20X1년 말에 ㈜김수석은 ㈜이차석에 대하여 장기대여금(무담보) ₩50,000과 매출채권 ₩100,000이 있다.

해설

물음 1
(1) 20X1년 지분법손실: min[당기순손실 × 지분율, 관계기업투자]
= min[1,500,000 × 20%, 200,000] = 200,000
지분율을 고려한 지분법손실은 300,000이지만, 관계기업투자가 200,000이므로 지분법손실은 200,000만 인식한다.

(2) 20X2년 지분법이익
: 당기순이익 × 지분율 − 인식하지 못한 지분법손실 = 1,000,000 × 20% − 100,000 = 100,000
지분율을 고려한 지분법이익은 200,000이지만, 20X1년에 인식하지 못한 지분법손실이 100,000이므로 지분법이익은 100,000만 인식한다.

|회계처리|

20X1년 말	지분법손실	200,000	관계기업투자	200,000
20X2년 말	관계기업투자	100,000	지분법이익	100,000

물음 2

(1) 20X1년 지분법손실: min[당기순손실 × 지분율, 관계기업투자 + 추가 손실 인식 항목]

= min[1,500,000 × 20%, 200,000 + 50,000] = 250,000

장기대여금이 없었다면 지분법손실은 200,000이지만, 장기대여금이 있으므로 지분법손실을 250,000만큼 인식한다. 관계기업의 재무상태가 악화된 상태에서 장기대여금이 무담보이므로 이를 회수하지 못할 것이라고 예상하여 장기대여금을 제거한다.

(2) 20X2년 지분법이익

: 당기순이익 × 지분율 − 인식하지 못한 지분법손실 = 1,000,000 × 20% − 50,000 = 150,000

지분율을 고려한 지분법이익은 200,000이지만, 20X1년에 인식하지 못한 지분법손실이 50,000이므로 지분법이익은 150,000만 인식한다. 20X1년에 제거한 장기대여금을 다시 계상한다.

|회계처리|

20X1년 말	지분법손실	250,000	관계기업투자 장기대여금	200,000 50,000
20X2년 말	관계기업투자 장기대여금	100,000 50,000	지분법이익	150,000

답 물음 1 ₩100,000 물음 2 ₩150,000

4 지분법의 중단

관계기업투자주식을 보유하여 지분법을 적용하던 기업이, 일부 주식을 처분하여 유의적인 영향력을 상실하고 지분법이 중단될 수도 있다. 이 경우 회계처리는 다음과 같다.

현금	①수령액	관계기업투자주식	②처분 전 장부금액
FVPL or FVOCI	③팔고 남은 거의 FV		
지분법 자본변동	④OCI 중 **재분류 조정되는 것만**		
	⑤관계기업투자처분손익 XXX (PL)		

STEP 1 현금 수령액

주식을 처분하여 수령한 금액을 적는다.

STEP 2 관계기업투자주식 장부금액 전부 제거

이제 유의적인 영향력을 상실하여 지분법을 중단해야 하므로 '관계기업투자주식'이라는 계정과목을 사용할 수 없다. 따라서 처분 전에 계상한 관투 장부금액을 전부 제거한다.

STEP 3 금융자산 공정가치 평가

회사가 팔고 남은 주식은 더 이상 지분법을 적용하지 않기 때문에 FVPL 금융자산 혹은 FVOCI 선택 금융자산으로 분류한다. 금융자산은 공정가치로 평가하므로, 어느 계정으로 분류하든 남은 주식을 공정가치로 계상한다.

지분법 자본변동 제거

지분법 사용을 중단한 경우 관계기업과 관련하여 OCI로 인식한 모든 금액에 대하여 관련 자산, 부채를 직접 처분한 것과 동일하게 회계처리한다. 즉, 재분류 조정 대상은 재분류조정하고, 재분류 조정 대상이 아닌 항목은 이익잉여금으로 직접 대체할 수 있다.
지분법의 중단에서 출제될만한 OCI별 재분류 조정 여부는 다음과 같다. 재분류 조정 대상 OCI는 Step 5에서 관계기업투자주식처분손익에 반영할 것이므로 지분율을 곱한 만큼 제거하자. 재분류 조정 대상이 아닌 OCI는 이익잉여금으로 대체하거나, 그냥 두면 된다.

재분류 조정 X	유형자산 재평가잉여금, FVOCI 지분상품 평가손익, 재측정요소
재분류 조정 O	FVOCI 채무상품 평가손익, 해외사업장환산차이

관계기업투자주식처분손익: 무조건 PL

Step 1~4까지 완료하면 대차가 안 맞을 것이다. 대차를 맞추는 금액을 당기손익으로 계상하면 된다. 계정과목은 중요하지 않다. PL이라는 것만 기억하면 된다. 2차 답안지에도 그냥 'PL XXX'이라고 써도 된다.
여기서 잔여 금융자산을 어느 계정으로 분류하든 상관없이 무조건 대차차액을 PL로 계상한다는 것을 기억하자. 남은 주식을 FVPL로 분류하든, FVOCI로 분류하든 상관없다. FVOCI로 분류했을 때 차액을 OCI로 계상하지 않도록 주의하자.

예 제

01 ㈜대한은 20X1년초에 ㈜민국의 의결권 있는 보통주식 30주(지분율 30%)를 ₩150,000에 취득하여 유의적인 영향력을 행사하게 되었다. 취득 당시 ㈜민국의 순자산 장부금액은 ₩500,000이며 공정가치와 일치하였다. 20X1년도에 ㈜민국은 당기순이익 ₩120,000과 기타포괄이익(FVOCI 채무상품 평가이익) ₩50,000을 보고하였으며 배당결의나 지급은 없었다. ㈜대한은 20X2년초에 보유하고 있던 ㈜민국의 주식 20주(지분율 20%)를 주당 공정가치 ₩6,500에 매각하여 유의적인 영향력을 상실하였다. 나머지 10주는 FVOCI 금융자산으로 재분류하였다.

㈜민국의 주식 20주 처분과 10주의 재분류가 ㈜대한의 20X2년도 당기순이익에 미치는 영향은? 2017. CPA 수정

① ₩6,000 감소　② ₩9,000 증가　③ ₩6,000 증가
④ ₩9,000 감소　⑤ ₩15,000 증가

해설

현금	①130,000	관계기업투자주식	②201,000
FVOCI	③65,000		
지분법 자본변동	④15,000		
		관계기업투자처분이익(PL)	⑤9,000

1. 현금 수령액: 20주 × @6,500 = 130,000

2. 관계기업투자주식 장부금액: 201,000

	X1
취득원가	150,000
Σ지분법이익	36,000
Σ지분법자본변동	15,000
− Σ배당액 × R	−
관투	201,000

(1) 지분법이익: 120,000 × 30% = 36,000
  − FV − BV 차이 및 내부거래: 없음
  − 영업권 상당액: 150,000 − 500,000 × 30% = 0 (염가매수차익 없음)
(2) 지분법자본변동: 50,000 × 30% = 15,000

3. 금융자산 공정가치: 10주 × @6,500 = 65,000

4. 지분법 자본변동: 50,000 × 30% = 15,000
  FVOCI '채무상품' 평가이익이므로 재분류조정 대상이다. 따라서 지분법 자본변동을 제거한다.

5. 관계기업투자주식처분손익: 130,000 + 65,000 + 15,000 − 201,000 = 9,000 이익(PL)
  → 당기순이익 9,000 증가

답 ②

5 연결의 중단 심화

종속기업투자를 보유하여 연결을 적용하던 기업이, 일부 주식을 처분하여 지배력을 상실하고 연결이 중단될 수도 있다. 지배기업이 종속기업에 대한 지배력을 상실한 경우 회계처리는 다음과 같다.

구분	차변		대변	
지배기업 F/S	현금 주식	처분가액 남은 주식의 FV	종속기업투자 처분이익	취득원가 처분이익
+				
종속기업 F/S	– 회계처리 없음 –			
‖				
합산 F/S	현금 주식	처분가액 남은 주식의 FV	종속기업투자 처분이익	취득원가 처분이익
+				
연결조정분개	종속기업투자 비지배지분 OCI	취득원가 비지배지분 재분류 조정만	순자산 영업권	BV 영업권 잔액
	처분손익 XXX (PL)			
⇓				
연결 F/S	현금 비지배지분 주식 OCI	①처분가액 ②비지배지분 ③남은 주식의 FV ④재분류 조정만	순자산 영업권	②BV ②영업권 잔액
	⑤처분손익 XXX (PL)			

1. 합산재무제표

별도재무제표에서는 종속기업투자를 원가로 기록하므로, '처분가액과 남은 주식의 공정가치'의 합과 종속기업투자의 취득원가 사이의 차이를 처분이익으로 인식한다.

2. 연결재무제표

연결재무제표 상의 회계처리는 다음과 같으며, 지분법의 중단과 굉장히 비슷하다.

STEP 1 현금 수령액

주식을 처분하여 수령한 금액을 적는다.

STEP 2 지배력을 상실한 날의 종속기업의 순자산, 영업권, 비지배지분 제거

지배력을 상실하여 연결을 중단하므로, 연결재무제표에만 표시되는 항목들을 제거해야 한다. 연결재무제표에는 원래도 종속기업투자가 표시되지 않으니, 종속기업투자를 제거하지 않도록 주의하자.

(1) 종속기업 자산, 부채의 장부금액
연결재무제표에는 종속기업의 자산과 부채를 표시한다. 이제 연결을 중단하므로 종속기업의 자산, 부채를 제거해야 한다. 문제에서 당기손익에 미치는 영향을 물을 것이므로, 계산 편의상 자산, 부채를 따로 제거할 필요 없이 순자산(= 자산 − 부채)을 제거해도 된다.
이때, '지배력을 상실한 날'의 연결재무상태표 상 장부금액을 제거해야 한다. 취득일에는 공정가치로 평가하지만, 지배력 상실 시까지 종속기업의 자산, 부채 금액이 변화했을 것이기 때문이다.

(2) 영업권
연결을 중단하므로 영업권은 더 이상 존재하지 않는다. 지배력을 상실한 날의 영업권(= 최초 영업권 − 손상차손누계액)을 제거한다.

(3) 비지배지분 장부금액
연결을 중단하므로 비지배지분도 존재하지 않는다. 종속기업 자산, 부채를 제거할 때와 마찬가지로, 지배력을 상실한 날의 비지배지분 장부금액을 제거한다.

STEP 3 잔여 주식 공정가치 평가

회사가 팔고 남은 주식은 문제의 분류에 따라 FVPL 금융자산, FVOCI 선택 금융자산, 혹은 관계기업투자주식으로 분류한다. 어느 계정으로 분류하든 남은 주식을 공정가치로 계상한다.

STEP 4 종속기업에 관하여 OCI로 인식한 금액은 재분류조정 or 이잉 직접 대체

기존에 회사가 종속기업에 관하여 인식한 OCI 중 재분류 조정 대상은 제거한다.

대차차액은 PL로 인식

대차차액은 당기손익으로 계상하면 된다.

단계적 취득 vs 지분법 or 연결 중단

1. 단계적 취득: PL or OCI

금융자산 (FVPL or FVOCI 선택)	─ 단계적 취득→ PL or OCI	연결

단계적 취득은 기존에 보유하던 금융자산을 추가로 취득하여 지배력을 취득하게 된 경우이다. 따라서 기존에 보유하던 금융자산의 분류에 따라 **평가차액을 PL (FVPL) 또는 OCI (FVOCI 선택)로 인식**한다.

2. 지분법 or 연결의 중단: PL

기존		중단 후
지분법 (관투)	─ 중단→ PL	FVPL or FVOCI 선택
연결 (종투)		FVPL or FVOCI 선택 or 관투

지분법 및 연결의 중단은 기존에 보유하던 관투 혹은 종투를 처분하여 유의적인 영향력 혹은 지배력을 상실하게 된 경우이다. 관투 및 종투는 처분손익을 PL로 인식하므로 지분법 및 연결의 중단 이후에 어느 금융자산으로 분류하든 관계없이 처분손익을 PL로 인식한다.

3. 연결조정분개: 종속기업투자처분손익 조정 심화

합산재무제표 상의 회계처리와 연결재무제표 상의 회계처리의 차이를 조정하면 연결조정분개가 된다. 이때, 종속기업투자처분손익을 조정해야 한다는 것을 주의하자. 별도재무제표 상의 처분손익과 연결재무제표 상의 처분손익은 각각 다른 과정을 통해 계산되므로 금액 또한 다르다. 따라서 연결조정분개를 통해 종속기업투자처분손익을 조정해주어야 한다.

별도처분손익
+ 연결조정분개
=연결처분손익

문제에서 연결처분손익만 묻는다면 연결재무제표 상의 회계처리만 하면 답을 바로 구할 수 있다. 하지만 문제에서 지배기업의 별도재무제표 상 당기순이익을 제시하고, 연결 당기순이익을 묻는 상황이라면 별도재무제표 상 당기순이익에 별도처분손익이 이미 포함되어 있을 것이다. 따라서 별도처분손익과 연결처분손익을 모두 계산하여 연결조정분개를 통한 종속기업투자처분손익의 증감을 분석해야 한다.

예 제

02 ㈜대한은 20X1년 초에 ㈜민국의 보통주 80주(80%)를 ₩240,000에 취득하여 지배력을 획득하였다. 취득일 현재 ㈜민국의 순자산은 자본금 ₩150,000과 이익잉여금 ₩100,000이며, 식별가능한 자산과 부채의 장부금액과 공정가치는 일치하였다. 취득일 이후 20X2년까지 ㈜대한과 ㈜민국이 별도(개별)재무제표에 보고한 순자산변동(당기순이익)은 다음과 같으며, 이들 기업 간에 발생한 내부거래는 없다.

구분	20X1년	20X2년
㈜대한	₩80,000	₩120,000
㈜민국	20,000	30,000

20X3년 1월 1일에 ㈜대한은 보유중이던 ㈜민국의 보통주 50주(50%)를 ₩200,000에 처분하여 ㈜민국에 대한 지배력을 상실하였다. 남아있는 ㈜민국의 보통주 30주(30%)의 공정가치는 ₩120,000이며, ㈜대한은 이를 관계기업투자주식으로 분류하였다. ㈜민국에 대한 지배력 상실시점의 회계처리가 ㈜대한의 20X3년도 연결당기순이익에 미치는 영향은 얼마인가? 단, 20X3년 말 현재 ㈜대한은 다른 종속기업을 지배하고 있어 연결재무제표를 작성한다.

2022. CPA

① ₩10,000 감소 ② ₩10,000 증가 ③ ₩40,000 증가
④ ₩50,000 증가 ⑤ ₩80,000 증가

해설

지배기업 F/S	현금 관투	200,000 120,000	종속기업투자 처분이익	240,000 80,000
+				
종속기업 F/S	— 회계처리 없음 —			
‖				
합산 F/S	현금 주식	200,000 120,000	종속기업투자 처분이익	240,000 80,000
+				
연결조정분개	종속기업투자 비지배지분 OCI 처분이익	240,000 60,000 0 40,000	순자산 영업권	300,000 40,000
⇓				
연결 F/S	현금 비지배지분 관투 OCI	①200,000 ②60,000 ③120,000 ④0	순자산 영업권 처분이익	②300,000 ②40,000 **⑤40,000**

연결재무제표 상 회계처리의 계산 과정은 다음과 같다.
1. 현금 수령액: 200,000

2. 종속기업의 순자산, 영업권, 비지배지분 제거
(1) 지배력을 상실한 날의 종속기업 순자산 장부금액
: 250,000 + 20,000(X1년 NI) + 30,000(X2년 NI) = 300,000
(2) 영업권: 240,000 − 250,000*80% = 40,000
(3) 비지배지분: 250,000*20% + (20,000 + 30,000)*20% = 60,000
— 비지배지분의 평가방법에 대한 언급이 없고 비지배지분의 공정가치가 제시되지 않았으므로, 비지배지분의 영업권은 없다고 본다.

3. 잔여 주식 공정가치 평가: 120,000

4. 종속기업에 관하여 OCI로 인식한 금액은 재분류조정 or 이잉 직접 대체: 없음

5. 대차차액은 PL로 인식
처분손익: 200,000 + 60,000 + 120,000 − 300,000 − 40,000 = **40,000 이익**

참고〉 종속기업투자처분이익

별도처분손익	80,000
+연결조정분개	(40,000)
=연결처분손익	**40,000**

이 문제는 연결처분손익을 물었으므로 별도처분손익과, 연결조정분개를 구할 필요는 없었다.

답 ③

6 지분법 말문제

1. 관계기업

관계기업이란 투자자가 유의적인 영향력을 보유하는 기업을 말한다.

2. 유의적인 영향력

유의적인 영향력이란, 피투자자의 재무정책과 영업정책에 관한 의사결정에 참여할 수 있는 능력을 의미한다. 그러나, 그러한 정책의 지배력이나 공동지배력은 아니다. 유의적인 영향력에 대해서 다음 사항들을 주의하자.

(1) 의결권의 20% 기준이 절대적이진 않음

기업이 직접 또는 간접으로 피투자자에 대한 의결권의 20% 이상을 소유하고 있다면 유의적인 영향력이 있는 것으로 보고, 20% 미만을 소유하고 있다면 유의적인 영향력이 없는 것으로 본다. 다만, 유의적인 영향력이 없다는 사실이나 있다는 사실을 명백하게 제시할 수 있는 경우에는 그렇지 않다.

일반적으로는 의결권의 20%를 기준으로 유의적인 영향력을 판단한다. 하지만 기준서는 의결권을 절대적인 기준으로 보지 않으며, 유의적인 영향력 유무에 대한 사실을 명백하게 제시한다면 그를 인정한다.

기업이 다음 중 하나 이상에 해당하는 경우 일반적으로 유의적인 영향력을 보유한다는 것이 입증된다.

① 피투자자의 이사회나 이에 준하는 의사결정기구에 참여
② 배당이나 다른 분배에 관한 의사결정에 참여하는 것을 포함하여 정책결정과정에 참여
③ 기업과 피투자자 사이의 중요한 거래
④ 경영진의 상호 교류
⑤ 필수적 기술정보의 제공

(2) 다른 투자자가 지배력을 가져도 유의적인 영향력을 보유할 수 있음 ★중요!

다른 투자자가 해당 피투자자의 주식을 상당한 부분 또는 과반수 이상을 소유하고 있다고 하여도 기업이 피투자자에 대하여 유의적인 영향력을 보유하고 있다는 것을 반드시 배제하는 것은 아니다. 다른 투자자가 피투자자에 대한 지배력을 가지더라도 기업이 유의적인 영향력을 보유할 수 있다는 뜻이다. 예를 들어, 다른 투자자가 80%의 주식을 보유하고, 내가 20%의 주식을 보유하면 다른 투자자는 지배력, 나는 유의적인 영향력을 보유할 수 있다.

(3) 간접 소유 주식: 종속기업만 고려 (not 관계기업)

(1)번 기준서 문장을 보면 기업이 직접 또는 '간접으로' 소유하는 의결권을 기준으로 유의적인 영향력을 판단한다.
이때, 간접으로 소유하는 주식에는 종속기업이 소유하는 주식만 포함하며, 관계기업이 소유하는 주식은 제외한다. 종속기업은 투자자가 지배력을 보유하는 기업이므로, 종속기업이 소유하는 주식은 투자자가 통제할 수 있지만, 관계기업은 투자자가 유의적인 영향력만을 가지므로 관계기업이 소유하는 주식은 투자자가 통제할 수 없기 때문이다.

(4) 잠재적 의결권

① 유의적인 영향력: 잠재적 의결권 고려 O
기업이 유의적인 영향력을 보유하는지를 평가할 때에는, 다른 기업이 보유한 잠재적 의결권을 포함하여 현재 행사할 수 있거나 전환할 수 있는 잠재적 의결권의 존재와 영향을 고려한다. 예를 들어, 잠재적 의결권을 미래의 특정일이 되기 전까지 또는 미래의 특정사건이 일어나기 전까지는 행사할 수 없거나 전환할 수 없는 경우라면, 그 잠재적 의결권은 현재 행사할 수 있거나 전환할 수 있는 것이 아니다.
잠재적 의결권이 유의적인 영향력에 기여하는지 평가할 때 기업은 잠재적 의결권에 영향을 미치는 모든 사실과 상황을 검토하여야 한다. 여기에는 잠재적 의결권의 행사 조건과 그 밖의 계약상 약정내용을 개별적으로 또는 결합하여 검토하는 것을 포함한다. 다만, 그러한 잠재적 의결권의 행사나 전환에 대한 경영진의 의도와 재무 능력은 고려하지 아니한다.

② 지분법손익: 잠재적 의결권 고려 X
유의적인 영향력이 있는지 평가할 때에는 잠재적 의결권(CB, BW 등)을 포함한다. 그러나 지분법손익은 잠재적 의결권을 고려하지 않고 현재 소유지분에 따라 계산한다. 잠재적 의결권을 갖고 있으면 관계기업에 영향력은 행사할 수 있지만, 현재 실제로 관계기업의 주식을 갖고 있는 것은 아니기 때문이다.

(5) 지분율 변동 없이도 유의적인 영향력 상실 가능

유의적인 영향력은 절대적이거나 상대적인 소유지분율의 변동에 따라 또는 소유지분율이 변동하지 않더라도 상실할 수 있다. 기업이 피투자자의 재무정책과 영업정책의 의사결정에 참여할 수 있는 능력을 상실하면 피투자자에 대한 유의적인 영향력을 상실한다. 예를 들면, 관계기업이 정부, 법원, 관재인, 감독기구의 통제를 받게 되는 경우에 유의적인 영향력을 상실할 수 있다. 또 계약상 약정으로도 유의적인 영향력을 상실할 수 있다.

3. 상호거래

투자자와 관계기업 사이에 발생한 거래는 '상호'거래라고 부른다. 연결에서 배운 '내부'거래와 같은 개념이라고 보면 된다. 계산문제를 풀 때 명칭은 중요하지 않으므로 지금까지 지분법에서도 내부거래라는 표현을 계속 사용하였지만, 정확히는 상호거래가 맞는 표현이다.

투자자와 관계기업 사이의 상향거래 또는 하향거래의 결과로 발생한 당기손익 중 투자자는 그 관계기업에 대한 지분과 무관한 손익까지만 투자자의 재무제표에 인식한다.

(1) 상향, 하향 모두 제거

지분법손익을 계산할 때, 관계기업의 NI에서 상향뿐만 아니라 하향거래의 미실현손익까지 전부 제거했었다. 이는 위 기준서 문장에 따른 계산방법이다.

(2) '지분과 무관한' 손익까지만 인식

지분법손익 계산 시 관계기업의 조정 전 NI에 내부거래 미실현손익을 제거한 뒤, 투자자의 지분율을 곱했다. 따라서 미실현손익 중 투자자의 지분과 관련된 손익은 투자자의 재무제표에 반영되지 않는다. 이를 기준서는 '지분과 무관한 손익까지만 인식한다.'라고 표현한 것이다. 이론적으로 따지면 상당히 어려운 문장이다. 이해가 안 되면 이해하려고 애쓰지 말고 그냥 외우는 것을 추천한다.

(3) 상호거래가 손상차손의 증거를 제공하는 경우(=연결) 중요!

하향거래	투자자는 손실을 모두 인식
상향거래	투자자는 손실 중 자신의 몫을 인식

하향거래가 매각대상 또는 출자대상 자산의 순실현가능가치의 감소나 그 자산에 대한 손상차손의 증거를 제공하는 경우 투자자는 그러한 손실을 모두 인식한다. 상향거래가 구입된 자산의 순실현가능가치의 감소나 그 자산에 대한 손상차손의 증거를 제공하는 경우 투자자는 그러한 손실 중 자신의 몫을 인식한다.
위 기준서 문장은 말문제로 종종 나왔던 내용이다. 상호거래 시 장부금액보다 처분금액이 더 낮을 수 있는데, 만약 이것이 자산의 가치가 감소한 증거라면 상호거래를 제거하면 안 된다. 상호거래가 없었더라도 어차피 손실을 인식해야 하기 때문이다. 이때, 하향거래냐 상향거래냐에 따라 손실을 인식하는 비율이 다르다. 하향거래 자산은 원래 투자자의 자산이므로 손실을 전부 인식하고, 상향거래 자산은 관계기업의 자산이므로 투자자 몫만 인식한다. 이해가 되지 않는다면 위 표에 있는 내용만 기억해도 문제는 풀 수 있다.

4. 관계기업투자의 손실 및 손상

(1) 관계기업투자의 손실

	분류	부(-)의 금액
비지배지분	자본	가능
관계기업투자	자산	불가

자본으로 분류하는 비지배지분과 달리, 관계기업투자는 자산으로 분류한다. 따라서 **관계기업투자는 0이 될 때까지만 감소시킬 수 있으며, 부(−)의 금액으로 더 감소시킬 수는 없다.**

(2) 관계기업투자의 손상

관계기업투자에 대해 손상징후가 있는 경우 손상차손을 인식해야 한다. 다만, 지분법은 연결과 달리 영업권을 별도 자산으로 계상하지 않고, 관계기업투자의 금액에 포함시킨다. 따라서 **영업권에 대해 별도의 손상검사를 하지 않는다.** 또한, 영업권이 없으므로 영업권 손상차손환입 금지 규정도 적용되지 않는다.

5. 관계기업투자의 매각예정 분류

(1) 매각예정 분류

관계기업투자가 매각예정 분류기준을 충족하는 경우 관계기업투자를 매각예정비유동자산으로 재분류하면서, BV와 순공정가치 중 작은 금액으로 측정하고, 차액은 PL로 인식한다.

(2) 매각예정 분류되지 않은 잔여분: 지분법 중단 X ★중요!

관계기업투자 중 일부만 매각예정인 경우 매각예정으로 분류되지 않은 잔여분은 **매각예정으로 분류된 부분이 매각될 때까지 지분법을 적용한다.**

6. 지분법 기타사항

다음은 지분법의 기타 규정으로, 연결 규정과 유사하다.

(1) 보고기간 종료일

기업은 지분법을 적용할 때 가장 최근의 이용가능한 관계기업이나 공동기업의 재무제표를 사용한다. 기업의 보고기간종료일과 관계기업이나 공동기업의 보고기간종료일이 다른 경우, 관계기업이나 공동기업은 실무적으로 적용할 수 없는 경우가 아니면 기업의 사용을 위하여 기업의 재무제표와 동일한 보고기간종료일의 재무제표를 작성한다.

지분법을 적용하기 위하여 사용하는 관계기업이나 공동기업 재무제표의 보고기간종료일이 기업 재무제표의 보고기간종료일과 다른 경우에는 기업 재무제표의 보고기간종료일과 관계기업이나 공동기업 재무제표의 보고기간종료일 사이에 발생한 유의적인 거래나 사건의 영향을 반영한다. 어떠한 경우라도 기업의 보고기간종료일과 관계기업이나 공동기업의 보고기간종료일 간의 차이는 3개월 이내이어야 한다. 보고기간의 길이 그리고 보고기간종료일의 차이는 매 기간마다 동일하여야 한다.

(2) 동일한 회계정책

유사한 상황에서 발생한 동일한 거래와 사건에 대하여 동일한 회계정책을 적용하여 기업의 재무제표를 작성한다.

(3) 지분법적용 면제

기업이 연결재무제표 작성이 면제되는 지배기업이거나 다음의 조건을 모두 충족하는 경우, 관계기업이나 공동기업에 대한 투자에 지분법을 적용할 필요가 없다.

① 기업이 그 자체의 지분 전부를 소유하고 있는 다른 기업의 종속기업이거나, 그 자체의 지분 일부를 소유하고 있는 다른 기업의 종속기업이면서 그 기업이 지분법을 적용하지 않는다는 사실을 그 기업의 다른 소유주들(의결권이 없는 소유주 포함)에게 알리고 그 다른 소유주들이 그것을 반대하지 않는 경우
② 기업의 채무상품 또는 지분상품이 공개시장(국내·외 증권거래소나 장외시장. 지역시장 포함)에서 거래되지 않는 경우
③ 기업이 공개시장에서 증권을 발행할 목적으로 증권감독기구나 그 밖의 감독기관에 재무제표를 제출한 적이 없으며 현재 제출하는 과정에 있지도 않은 경우
④ 기업의 최상위 지배기업이나 중간 지배기업이 한국채택국제회계기준을 적용하여 작성한 공용 가능한 재무제표에 종속기업을 연결하거나 종속기업을 공정가치로 측정하여 당기손익에 반영한 경우

(4) 누적적우선주

관계기업이나 공동기업이 자본으로 분류되는 누적적 우선주를 발행하였고 이를 기업 이외의 다른 측이 소유하고 있는 경우, 기업은 배당결의 여부에 관계없이 이러한 주식의 배당금에 대하여 조정한 후 당기순손익에 대한 자신의 몫을 산정한다.

예제

01 '관계기업 투자'에 관한 설명으로 옳지 않은 것은? 2011. CTA 수정

① 관계기업이란 투자자가 유의적인 영향력을 보유하는 기업을 의미한다.

② 지분법 적용시 투자자의 지분이 '영(0)'으로 감소된 이후 추가 손실분에 대하여 투자자는 법적의무 또는 의제의무가 있거나 관계기업을 대신하여 지급하여야 하는 경우, 그 금액까지만 손실과 부채로 인식한다.

③ 별도재무제표란 기업이 이 기준서의 규정에 따라 종속기업, 공동기업 및 관계기업에 대한 투자를 원가법, 기업회계기준서 제1109호 '금융상품'에 따른 방법, 기업회계기준서 제1028호 '관계기업과 공동기업에 대한 투자'에서 규정하고 있는 지분법 중 어느 하나를 적용하여 표시한 재무제표이다.

④ 지분법 적용 시 잠재적 의결권이나 잠재적 의결권이 포함된 파생상품이 있는 경우, 관계기업이나 공동기업에 대한 기업의 지분은 현재 소유하고 있는 지분율과 잠재적 의결권의 행사가능성이나 전환가능성을 반영하여 산정한다.

⑤ 투자자(A) 외의 다른 투자자(B)가 해당 피투자자(C)의 주식을 과반수 이상 소유하고 있다고 하여도 투자자(A)가 피투자자(C)에 대하여 유의적인 영향력이 있다는 것을 배제할 필요는 없다.

해설

지분법 적용 시에는 잠재적 의결권이나 잠재적 의결권이 포함된 파생상품이 있는 경우, 관계기업이나 공동기업에 대한 기업의 지분은 현재 소유하고 있는 소유지분에만 기초하여 산정하며, **잠재적 의결권과 그 밖의 파생상품의 행사가능성이나 전환가능성은 반영하지 않는다.**
실제로 지분법 회계처리를 적용할 때에는 현재 지분율만 고려하지, 잠재적 의결권 등은 반영하지 않는다는 뜻이다.

답 ④

02 다음 중 관계기업 투자와 관련한 설명으로 옳지 않은 것은 어느 것인가? 2011. CPA 수정

① 하향거래가 매각대상 또는 출자대상 자산의 순실현가능가치의 감소나 그 자산에 대한 손상차손의 증거를 제공하는 경우 투자자는 그러한 손실을 모두 인식한다. 상향거래가 구입된 자산의 순실현가능가치의 감소나 그 자산에 대한 손상차손의 증거를 제공하는 경우, 투자자는 그러한 손실 중 자신의 몫을 인식한다.

② 관계기업이 유사한 상황에서 발생한 동일한 거래와 사건에 대하여 투자자의 회계정책과 다른 회계정책을 사용한 경우 투자자는 지분법을 적용하기 위하여 관계기업의 재무제표를 사용할 때 관계기업의 회계정책을 투자자의 회계정책과 일관되도록 하여야 한다.

③ 관계기업에 대한 유의적인 영향력을 상실한 경우, 투자자는 관계기업이 관련 자산이나 부채를 직접 처분한 경우의 회계처리와 동일한 기준으로 그 관계기업과 관련하여 기타포괄손익으로 인식한 모든 금액에 대하여 회계처리한다. 그러므로 관계기업이 이전에 기타포괄손익으로 인식한 손익을 관련 자산이나 부채의 처분으로 당기손익으로 재분류하게 되는 경우, 투자자는 관계기업에 대한 유의적인 영향력을 상실한 때에 손익을 자본에서 당기손익으로 재분류(재분류 조정)한다.

④ 투자자가 직접으로 또는 간접(예: 종속기업을 통하여)으로 피투자자에 대한 의결권의 20% 이상을 소유하고 있다면 유의적인 영향력이 있는 것으로 본다. 다만 유의적인 영향력이 없다는 사실을 명백하게 제시할 수 있는 경우는 제외한다. 따라서 투자자 외의 다른 투자자가 해당 피투자자의 주식을 상당한 부분 또는 과반수 이상을 소유하고 있는 경우 투자자가 피투자자에 대하여 유의적인 영향력이 있다는 것을 배제한다.

⑤ 투자자와 관계기업 사이의 '상향' 거래나 '하향' 거래에서 발생한 당기손익에 대하여 투자자는 그 관계기업에 대한 투자지분과 무관한 손익까지만 재무제표에 인식한다.

해설

다른 투자자가 해당 피투자자의 주식을 상당한 부분 또는 과반수 이상을 소유하고 있다고 하여도 기업이 피투자자에 대하여 유의적인 영향력을 보유하고 있다는 것을 **반드시 배제하는 것은 아니다.**

답 ④

7. 공동약정

공동약정이란, 둘 이상의 당사자들이 공동지배력을 보유하는 약정을 의미한다.

(1) 공동지배력

공동지배력은 약정의 지배력에 대한 합의된 공유로서, 관련활동에 대한 결정에 지배력을 공유하는 당사자들 전체의 동의가 요구될 때에만 존재한다.

(2) 공동약정의 종류: 공동영업과 공동기업

<table>
<tr><th colspan="2">별도기구로 구조화</th><th>공동약정 구분</th><th>재무제표</th></tr>
<tr><td colspan="2">X</td><td rowspan="2">공동영업</td><td rowspan="2">각자 자산, 부채, 손익 인식</td></tr>
<tr><td rowspan="2">O</td><td>당사자에게 자산, 부채 부여 O</td></tr>
<tr><td>당사자에게 자산, 부채 부여 X</td><td>공동기업</td><td>지분법</td></tr>
</table>

공동약정은 공동영업과 공동기업으로 나뉜다. 공동영업은 약정의 자산에 대한 권리와 부채에 대한 의무를 보유하는 공동약정을 의미한다. 반면, 공동기업은 약정의 순자산에 대한 권리를 보유하는 공동약정을 의미한다.
쉽게 말해서, 공동영업은 개별 자산, 부채에 대한 권리, 의무를 보유하는 반면 공동기업은 기업 전체에 대한 권리를 갖는다고 생각하면 된다. 공동약정은 다음 조건에 따라 공동영업과 공동기업으로 나뉜다.

① 별도기구로 구조화되지 않은 공동약정: 공동영업
별도기구로 구조화되지 않은 공동약정은 공동영업이다.

② 별도기구로 구조화된 공동약정: 공동영업 or 공동기업
별도기구로 구조화된 공동약정은 법적 형식 등을 고려하여 공동영업 또는 공동기업으로 분류한다. 별도기구의 법적 형식이 당사자에게 자산에 대한 권리와 부채에 대한 의무를 부여하면 공동영업으로 분류하고, 부여하지 않는다면 추가적인 조건을 충족하는 경우에 한해 공동기업으로 분류한다. 공동영업과 공동기업의 자세한 분류 기준은 수험목적 상 생략한다.

(3) 공동영업 및 공동기업의 재무제표

① 공동영업: 각자 자산, 부채, 손익 인식

공동영업은 자산에 대한 권리와 부채에 대한 의무를 보유하므로 공동영업자는 공동영업의 **자산, 부채, 수익 및 비용 중 자신의 지분에 해당되는 금액을 인식**한다.

② 공동기업: 지분법

공동기업 참여자는 공동기업에 대한 자신의 지분을 **지분법**으로 회계처리한다.

공동영업과 공동기업 암기법

공동영업과 공동기업 중 '영업' 보다는 '기업'이 보다 구조화되고, 공식적인 뉘앙스를 풍기는 단어이다. 따라서 공동기업은 지분법을 적용하고, 공동영업은 각자 자산, 부채, 손익을 인식한다고 기억하자.

(4) 관계기업 ↔ 공동기업: 계속하여 지분법 적용. 재측정 X 중요!

관계기업 투자가 공동기업 투자로 되거나 공동기업 투자가 관계기업 투자로 되는 경우, 기업은 **지분법을 계속 적용하며 잔여 보유 지분을 재측정하지 않는다.**

관계기업과 공동기업 모두 지분법을 적용하기 때문에 서로 바뀌더라도 지속적으로 지분법을 적용할 뿐, 보유 주식을 재측정하지는 않는다.

예제

03 지분법 회계처리에 관한 설명으로 옳지 않은 것은? 2016. CTA

① 관계기업이나 공동기업에 대한 투자를 최초 인식시 원가로 인식한다.
② 취득일 이후에 발생한 피투자자의 당기순손익 중 투자자의 몫은 투자자의 당기순손익으로 인식한다.
③ 기업은 투자가 관계기업이나 공동기업의 정의를 충족하지 못하게 된 시점부터 지분법의 사용을 중단한다.
④ 지분법의 사용을 중단한 경우, 그 투자와 관련하여 기타포괄손익으로 인식한 모든 금액에 대하여 기업은 피투자자가 관련 자산이나 부채를 직접 처분한 경우의 회계처리와 동일한 기준으로 회계처리한다.
⑤ 관계기업 투자가 공동기업 투자로 되거나 공동기업 투자가 관계기업 투자로 되는 경우, 기업은 지분법을 계속 적용하며 잔여 보유 지분을 재측정한다.

해설

관계기업 투자가 공동기업 투자로 되거나 공동기업 투자가 관계기업 투자로 되는 경우, 기업은 지분법을 계속 적용하며 잔여 보유 지분을 재측정하지 않는다.

답 ⑤

04 기업회계기준서 제1111호 '공동약정'에 대한 다음 설명 중 옳지 않은 것은? 2024. CPA

① 공동약정은 둘 이상의 당사자들이 공동지배력을 보유하는 약정이다.
② 공동지배력은 약정의 지배력에 대한 합의된 공유인데, 관련 활동에 대한 결정에 지배력을 공유하는 당사자들 전체의 동의가 요구될 때에만 존재한다.
③ 약정의 모든 당사자들이 약정의 공동지배력을 보유하지 않는다면 그 약정은 공동약정이 될 수 없다.
④ 공동약정은 약정의 당사자들의 권리와 의무에 따라 공동영업이거나 공동기업으로 분류한다.
⑤ 공동기업은 약정의 공동지배력을 보유하는 당사자들이 약정의 순자산에 대한 권리를 보유하는 공동약정이다.

해설

공동약정은 '둘 이상의' 당사자들이 공동지배력을 보유하는 약정으로, '모든' 당사자들이 공동지배력을 보유하는 것은 아니다. 모든 당사자들이 공동지배력을 보유하지 않아도 공동약정이 될 수 있다.

답 ③